慎海雄 主编

當代嶺南文化名家

DANGDAI LINGNAN WENHUA MINGJIA

马镇坤

林超 马勇 编著

SPM 南方出版传媒 广东人民出版社

·广州·

图书在版编目（CIP）数据

当代岭南文化名家·马镇坤 / 林超，马勇编著. —广州：广东人民出版社，2018.3（2023.1重印）
（当代岭南文化名家）
ISBN 978-7-218-12358-5

Ⅰ.①当… Ⅱ.①林… ②马… Ⅲ.①文艺—作品综合集—广东—当代 Ⅳ.①I218.65

中国版本图书馆CIP数据核字（2017）第295797号

DANGDAI LINGNAN WENHUA MINGJIA · MA ZHENKUN

当代岭南文化名家·马镇坤

林超　马勇　编著

出 版 人：肖风华

责任编辑：林　冕　刘　奎
责任技编：吴彦斌　周星奎
装帧设计：书窗设计 赵焜森 / 钟清 / 张雪烽

出版发行：广东人民出版社
地　　址：广州市大沙头四马路 10 号（邮政编码：510199）
电　　话：（020）85716809（总编室）
传　　真：（020）83289585
网　　址：http：//www. gdpph. com
排　　版：广州市友间文化传播有限公司
印　　刷：三河市同力彩印有限公司
开　　本：787毫米×1092毫米　1/16
印　　张：19.875　　字　数：310 千
版　　次：2018年3月第1版
印　　次：2023年1月第2次印刷
定　　价：98.00元

如发现印装质量问题，影响阅读，请与出版社（020-85716808）联系调换。
售书热线：（020）87716172

前　言

五岭之南的广东，人杰地灵，物丰民慧。自秦汉始，便是沟通中外的重要门户，海上丝绸之路即发祥于此。近代以来，中国遭遇外来侵略，一批有识之士求索救国图强，广东成为民主革命的策源地。进入20世纪70年代，广东敢为天下先，以杀出一条血路的气魄，成为改革开放的前沿地。钟灵毓秀，得天独厚，哺育出灿若星辰的杰出人物，也孕育出独树一帜的岭南文化。谦逊、务实、勤勉的广东人，用他们的智慧和力量，悄然推动着中国历史的进程，也赋予了岭南文化不拘一格、不定一尊、不守一隅的丰富内涵和特质，成为中华文化的瑰宝。

改革开放大潮涌起珠江，广东的经济社会发展取得了巨大成就，涌现出一大批德艺双馨的文化名家，在文学、音乐、美术、建筑等众多领域取得开拓性成就，岭南文化绽放出鲜明的时代亮色。今天，我们又面临一个新的、更大的历史机遇——实现中华民族伟大复兴的中国梦。习近平总书记在文艺工作座谈会上指出，实现中华民族伟大复兴需要中华文化繁荣兴盛。广东如何响应要求，创作无愧于时代的优秀作品？省委常委、宣传部部长慎海雄同志就此提出，要按照中央和省委省政府部署，大力推动文化创新，打造岭南文化高地，打造一批弘扬中国精神，具有中国风骨、岭南风格、世界风尚的精品力作，形成一支规模宏大、门类齐全、结构合理的“文化粤军”，并主持策划了《当代岭南文化名家》大型丛书。

记录当代，以启后人。本丛书以人物（文化名家）为线索，旨在为当代岭南文化名家提供一个集体亮相的舞台，展现名家风采，引导读者品鉴文艺名作，深切体悟当代岭南文化的独特魅力，提升广东民众的文化自信和地域认同，弘扬新时期的广东精神，为广东全面建成小康社会、书写中国梦的广东篇章提供源源不断的文化驱动力。

为此，我们从文学、绘画、雕塑、音乐、舞蹈、戏曲、影视、新闻出版、工艺美术、非遗传承等领域，遴选出一批贡献卓著、影响广泛的广东文化名家。他们之中，既有土生土长的“邑人”，也有长期在广东生活、工作的“寓贤”。我们为每位名家出版一种图书，内容包括名家传略、众说名家（或对话名家）和名家作品三大篇章，读者可由此了解文化名家的生平事功、思想轨迹、创作理念、审美取向和艺术造诣等。同时，我们将结合多媒体技术，在视频制作、名家专题片、影音资料库和新媒体推广等方面大胆创新，多形式、多渠道地向读者提供新鲜的阅读体验。

我们深信，当代岭南文化名家丰富的文化实践，一定会编织出一幅底蕴深厚、内容丰富、精彩纷呈的文化长卷，它必将成为一份具有重要历史和现实意义的文化积累，价值非凡，传之久远。

《当代岭南文化名家》丛书编委会

2016年6月

◎ 马镇坤

马镇坤，广东连州人，1935年10月生于广东潮阳县。羊城晚报社原社长，高级编辑，享受国务院政府特殊津贴，广东省首届新闻终身荣誉奖获得者。1994年至1996年担任羊城晚报社社长，带领《羊城晚报》走向报业的高峰。

1953年9月师范学校毕业后，先在商业部门工作，十二年商界的摸爬滚打，积累了丰富的从商经验。1965年6月，转行进入《广州日报》，涉足报业，足迹遍及广东三大报。从记者、编辑做起，到部门副主任、主任、报社副总编辑，直到社长。

1994年3月，被任命为羊城晚报社社长，并在报社管理体制方面，探索出采编和经营并驾齐驱、社长领导下的总编辑总经理负责制的管理模式，成为当时全国多家媒体学习创新管理体制的样板。

任羊城晚报社社长期间，报社经营管理实现跨越式发展，报纸日发行量始终保持在110万份以上。以广告为龙头的多领域、多形式、多层次的经营开发体系，为《羊城晚报》赢得了全国报纸广告收入榜首、外商广告全国报纸类排行第一等殊荣。在新闻宣传方面，马镇坤显示出敏锐的洞察力，他和领导班子成员组织、策划了许多引领社会强烈反响的报道，至今仍留在广大读者的记忆里。

◎　1993年12月，与前来参观并指导工作的时任中共中央政治局委员、广东省委书记谢非合影

◎　1994年冬，陪同中共广东省委原书记任仲夷（前排中）参观《羊城晚报》出报流程并指导工作

◎　南方日报社新址落成后，与中共广东省委原书记林若合影

◎　2014年春节前，时任中共广东省委常委、宣传部部长庹震和羊城晚报社社长刘红兵到家看望

◎　1995 年 7 月 24 日，时任解放军总政治部副主任周子玉中将（左三），会见羊城晚报社社长马镇坤（左二）等，称赞“姚慈贤”这个典型报道抓得好

◎　1989 年，《华商报》史学会在南方日报社新址召开座谈会，送夏衍同志（左一）前往会场

◎　1989年春，《南方日报》创刊四十周年暨新址落成庆典之日，在采编大楼前留影

◎　1992年，在《广州日报》创刊四十周年招待会上，与林里（中）、关国栋（左）合影

◎ 20世纪80年代，与《南方日报》理论部同事合影

◎ 1990年10月21日，陪同前来访问南方日报社的《墨西哥日报》社长迪亚斯（右一）一行参观采编大楼

◎ 1988年9月，接待日本新闻印刷考察团一行，双方交流印刷技术

◎ 1994年春，在办公室思考羊城晚报社如何创“三个一流”目标的问题

◎　1994年秋，与报社领导班子成员共商发展大计

◎　1994年冬，为《羊城晚报》北京记者站随中国科考队赴南极考察的记者刘刚送行

◎　《羊城晚报》的“追猪”报道影响很大，1994 年 10 月，接受湖南省有关部门向报社赠送的锦旗

◎　1995 年，羊城晚报社引进高斯彩色印报机，与外商在签约仪式上合影

◎ 1995 年，带队赴美考察美国印刷设备

◎ 1994 年夏，羊城晚报社在广州图书馆广场举行订报会，读者订报十分踊跃

◎　2006年12月5日，省老记协成立二十周年纪念大会在广州东方宾馆举行，省委领导、省老同志及会员欢聚一堂，气氛热烈

◎　2016年夏，羊城晚报社老同志参观旧貌换新颜的东风东路旧社址羊城同创汇

◎ 1952年，在广州读书，此为学生证上的照片

◎ 退休后，与夫人经常爬白云山

◎　小孙女给二老倒茶

◎　全家福

目　录

第一篇

马镇坤传略

林 超 马 勇

实至名归受表彰

2012年4月23日，广州阳光格外灿烂温馨。这一天，是马镇坤荣获广东省首届新闻终身荣誉奖的日子。他是原羊城晚报社的社长。

广东省委礼堂，坐落在花香鸟语、风光绮丽的东湖畔。

这天下午，名为“时代之眼”的颁奖典礼，就在这里举行。与马镇坤一起获得这一殊荣的，还有老一辈报人杨奇等十多人。香港凤凰卫视著名主持人吴小莉，应邀与王鹏、杜伟一起担任典礼主持人。

会场内肃穆而热烈，典礼仪式按预定流程进行。当进入宣读颁奖词时，更是高潮迭起，全场掌声不断。

颁奖典礼分成四个篇章：筚路蓝缕、激浊扬清、卓尔不凡和推陈出新。马镇坤在“推陈出新”篇章接受颁奖。颁奖词说：

> 马镇坤足迹遍及广东三大报，身份亦儒亦商亦记者。他是传媒机制创新的先驱，开创以广告为龙头的多领域、多形式、多层次的经营体系，首倡报社采编经营“三驾马车”管理体系。他是《羊城晚报》跨越发展的领路人，是新闻传媒人开拓创新的职业标杆。

一

获奖，对一个在党的新闻战线上奋战了三十多年的老新闻工作者来说，是得到党和人民的肯定并给予崇高的荣誉，马镇坤心里自然很欣慰。

他的家人喜悦之情也同样溢于言表，尤其他的夫人文大姐。数十年来，马镇坤工作一直很忙，她担负起家头细务，照料家人，无怨无悔地默默支持他的工作。虽然她也是另一家报社的编辑，也经常加班加点，无日无夜。

获奖当晚，当马镇坤回到家时，惊喜地发现：家中灯火通明，布置得像过节一般。一家人欢聚在客厅里，正热切地等待他的归来。一进门，两个可爱的小孙女，各捧着一束美丽的鲜花，高高兴兴地迎上去，献给她们敬爱的爷爷。这两个小女孩心里无比自豪。

这一夜，马镇坤家中电话铃声不断，亲戚朋友和同事纷纷向他表示衷心的祝贺。远隔重洋的侄女文珊娜，在美国旧金山从事传媒工作，当她从广东卫视的新闻节目中看到这一消息时，第一时间拨来越洋电话，向他道贺。随后她又发来自己精心制作的贺卡。

在之后的许多日子里，向马镇坤道贺的电话仍然接二连三。报社有的同事还登门前来祝贺，表示他们对这位老社长的敬意。

二

在此之前，马镇坤也曾多次受到表彰——

1996年1月19日，广东省委宣传部发文，对《羊城晚报》连续15年日发行量超百万份，高居全国报纸第三位，认为“绝非易事”而特予表彰。

同年11月27日，时任广东省委常委、宣传部部长于幼军，在羊城晚报社干部大会上，代表省委宣布报社领导班子换届，马镇坤因年龄关系退居二线，由曹淳亮接任社长职务。对马镇坤在社长任内努力团结全社干部职工，开拓进取，不断提高《羊城晚报》的办报质量和经营管理工作所取得的突出成绩给予充分肯定。

1997年3月25日，广东省委宣传部发文表彰奖励马镇坤。由副部长邹启宇在全社干部大会上宣读。文件称：马镇坤同志1965年开始从事党的新闻工作，先后在广州日报社、南方日报社和羊城晚报社工作30多年，兢兢业业，恪尽职守，为发展广东新闻事业做出了贡献。特别是他在1994年3月至1996年11月担任羊城晚报社社长期间，坚持党的基本路线，与党中央保持一致，坚决执行中央和省委的指示，坚持民主集中制，团结社委会一班人，开拓了羊城晚报社物质文明和精神文明建设的新局面，并且初步探索出一条社长领导下的总编辑、总经理负责制这一新领导体制的路子。鉴于他所做出的成绩以及他对党的新闻事业做出的贡献，决定予以表彰并给予三万元奖励。

广东本地报纸对此都做了报道。中国报业协会信息会刊更以“广东省委宣传部首次决定表彰奖励报社主要领导人”为题，详细做了介绍。

一个事业成功者，人们都有兴趣听听他光辉成就背后的故事，更想探知其成功的内在因素。

马镇坤这一代新闻工作者，与筚路蓝缕开辟蒿莱的老一辈不同。他们的成长历程，年轻时经受过十年浩劫的冲击，成熟期处于改革开放大潮的风口浪尖，既是改革开放道路的宣传者和捍卫者，又是面对新闻事业改革风险、敢吃“螃蟹”的先锋战士。可以说，是时代需要造就了他们。马镇坤把自己融入到这个时代之中，让自己的聪明才智发挥得淋漓尽致。

在伟大时代的大舞台上施展自己才华的机会，对每个有志者来说都是均等的。然而，从来只有少数人成为时代的骄子。那是因为，时代总是选择具有强大素质的优秀者，而不是偶然的侥幸。

古今中外的哲人都讲过同类的话。我国古智者在《淮南子》书中说，成大器者，“心欲小而志欲大，智欲圆而行欲方，能欲多而事欲鲜”。意思是说，成大事的人必须具备小心谨慎、志向远大、智虑周全、行为正直、多才多艺、精力专注等优秀素质。马镇坤正是具备了这些优秀素质，所以他是我们这个时代的佼佼者。

在马镇坤身上，似乎有一种与生俱来的亲和力。在他工作过的地方，他都给人留下深刻印象。他自己曾说：“我这个人从来处事低调，与人为善，淡泊名利，崇尚实干，所以各方面的关系都处得很好。”

三

才高不自夸，居功不自傲，为人处世宽人严己。这样的人，周围的人自然愿意接近他，愿意与他交朋友，愿意与他共事。这便是马镇坤善于凝聚人气的人格魅力。

他在领导羊城晚报社期间，年轻人视之为忠厚长者爱戴他，同事信任而尊重他，朋友推心置腹敬重他。惟其如此，他才能把全报社上下团结在一起，拧成一股绳，朝着既定目标，一同开拓进取，一同创造奇迹和辉煌。

人们或许还记得这个情景：在1997年3月25日的表彰会上，马镇坤听了表彰他的决定之后，站起来向同志们深深鞠了一躬，说出一番情真意切的话。

他说，作为社长，他个人纵然有三头六臂，也不可能把一个报社搞好。办报是一个系统工程，是群策群力的工作，既要有坚强的领导班子，又要有一支精干的员工队伍，才能把报纸办好，把经营管理搞上去……如果没有大家团结协作，形成合力，奋发进取，要取得今天这样的成绩——报纸日均发行量一直保持在110万份以上，在全国报纸发行中由第五位上升到第三位，一年上升一位；广告营业额在全国报业中连续三年名列第一——这是不可能的。

形成合力，凝聚人心，是政治思想方面的复杂工程。“合力”的反面是“内耗”。“合力”，使单位事业成功兴旺；“内耗”，则一切鸡飞蛋打。马镇坤在《消除内耗，形成合力》（《羊城晚报》1994年10月20日）一文中，有过精到论述。

报社绝非真空地带。在市场经济条件下，社会上存在的问题，报社内同样存在。比如竞争激烈。竞争使人好学上进，勇于开拓。竞争也会带来某些不良现象。为了胜出，互相掣肘，互相拆台，甚至拉帮结派，搞庸俗的“窝里斗”，造成内耗。领导的责任，就是要在报社提供一个公平竞争的环境，营造良性竞争的氛围。在全社干部职工中，提倡积极参与竞争，也要精诚合作；有进取心，但不追名逐利；有自信心，还要见贤思齐；既严于律己又宽厚待人的良好风气。马镇坤与社委一班人做到了，所以报社才有“人心齐，泰山移”的生动局面。

马镇坤向来重视人才，不搞帮派关系。在一次相关会议上，他公开表明：“你只要是办报优秀人才，就是与我不相熟，见面不打招呼，我同样会重用你。”在他任期内，办很多事都是成立专门小组，由他们去办。比如分房子，他事先声明：“你不要往我家里跑，跑也没用。”他都交给房管小组去办，按员工的分数，排着队去挑。他不会插手，按制度办事。所以那时报社内风清气正，队伍战斗力很强。

马镇坤今天获得的崇高荣誉，是他用血和汗垒起的，是他用智慧与成就铸造的，实至名归。人们说：他造就了《羊城晚报》的新辉煌，同时也完成了自己人生征途上的第三次跨越。

马镇坤开创的路子与卓越的实践，在报界中树立了榜样。获益当前，启蒙后者。

崎岖不平求学路

古语云："万丈高楼平地起。"

马镇坤的童年故事并不平常。他祖籍在粤北的连县，1935年10月末出生于粤东潮阳。那时，他父亲在广州一家盐业商行当店员，做买卖手，常年在广东沿海一带东奔西跑。一家人的生计，全靠那点工钱维持，生活并不富裕，却也其乐融融，安安稳稳。谁料不久，这种平静的日子，便被侵华日军的炮火击碎了。

一

1938年10月21日，日寇进攻广州，国民党守军全线退却。广州沦陷。

一时间，广州城内外，街头巷尾，到处是慌乱逃难的人群。马镇坤的父母也慌忙带着年幼的子女，随着仓皇的人群，一路奔波来到汕头。

谁知喘息未定，日军的炮火又跟着到来。1939年6月21日，汕头也沦陷了。

战火纷飞，流离失所，何处是安身之地？马镇坤一家只好跟着盐商老板一家，随着惶恐的人群，在潮阳、潮安、饶平一带，躲来躲去。一有风声，不管白天黑夜，赶紧拔腿就跑。马镇坤那时虽然年幼无知，但那种天天担惊受怕、流离颠沛的日子，也让他吃尽苦头。

直到抗日战争胜利，才结束这种苦难的日子。马镇坤的父亲回到广州工作，母亲带他到惠来县的外婆家安顿。不久，大人们便安排他去县里的诚信小学读书。

惠来地处粤东滨海。此地丘陵起伏，交通极不方便，有"草县"之称，非常贫瘠。马镇坤能够读书，心里十分高兴。从家里到学校要翻过一道城墙，不管刮风下雨，但他从不缺课，放学后便在学校做完功课再回家。他特别喜欢唐诗宋词，小学的时候就能背诵近百首。

1948年，马镇坤以优异的成绩考入惠来诚信中学，后来又转入当地最好的学校惠来第一中学就读。

转眼到了1950年，惠来与全国各地一样，沐浴在新中国的阳光下，处处生机勃勃。

此时正值深秋时节。有一天，15岁的马镇坤接到父亲从广州寄来的一封信。信中夹着一张《南方日报》，上面用黑笔圈出一则南方大学的招生消息。父亲在信中一再叮嘱，赶快上广州赴考。他捧着这封信，心怦怦直跳，久久不能平静……

当时从惠来到广州，路程约400公里。那时的路几乎都是羊肠小道，更没有直通广州的长途客车。唯一的办法，就是迈开双腿，徒步前往。

正所谓“少年心事当拏云”。或许是幼年逃避战乱的苦难经历，锻炼了他的坚强意志和过人胆识。凭着一股豪气，马镇坤决定徒步去广州。恰好此时有两个同龄人也想到外地闯一闯，于是他们约定结伴前行。

出发前，马镇坤的外婆把一个旧的小藤箱给他，并帮他收拾一些行李，其实就是几件破旧的衣服，并特意煮了四个番薯和三个鸡蛋，用纸包住塞到小箱中。

从此，小藤箱一直陪伴着马镇坤，激励着马镇坤。结婚时，入新房唯一拿的就是这个小藤箱。妻子的娘家人还笑话他，“这么破旧的箱怎么还放在新房？”但马镇坤始终当成宝贝，珍藏着。

出发前的晚上，外婆把马镇坤叫进房间，塞给他一个小手帕包着的布囊，里面鼓鼓的。马镇坤打开看看，竟然有10块钱港币。这在当年可是一笔足以从惠来到广州的路费，是外婆从亲友中借来的。外婆依依不舍地说：“一个人出外要小心，要努力读书，埋头苦干，不要怕吃亏。这点路费你拿着。”马镇坤推让了很久，含着眼泪收下了。

这时，年幼的弟弟妹妹在门口偷偷地抹泪。由于父亲长期在外打工，弟妹的照看，主要靠大哥。三兄妹相依为命，感情非常好。大哥是亦兄亦父。马镇坤暗下决心：有机会，一定把家人接到省城。他拉着外婆的手说：“阿婆，弟弟妹妹就交给您了，照顾好他们，我会努力的！我一定也让他们到广州来。”

二

南方的冬天，虽没有北方凛冽的风雪，但大地也已出现萧索的气息。路边没脚的野草开始枯黄，漫山遍野的树林叶子落尽，往日叽叽喳喳的飞鸟也仿佛绝迹，去躲避即将来临的严寒冬天。

三个各自怀着美好希冀的少年，怀里揣着微薄旅费，背着简单行李，告别家人，沿着弯弯曲曲的海边小道，一路西行。

逢山过山，遇水涉水。渴了，捧起一口小溪水；饿了，蹲在路边吃番薯。在傍晚时分来到葵潭，少年人血气方刚，此时也已腰酸背痛，身心俱疲。眼看急急跑了一天，还未出惠来地界，心中不免气馁。

葵潭是惠来一个大镇，周围丘陵遍布。正当他们累得瘫坐在坡上歇息时，一眼便望见坡地上有一片桃花林。这时节，一丛丛桃花争奇斗艳，一串串花苞含露凝香。整个山坡生机勃勃，仿佛正在等待吐蕊绽放的美妙时刻，要为大地增添一抹瑰丽的色彩。

眼前生机无限的景象，让三个行色匆匆疲惫不堪的少年，心中振奋。一种对未来模模糊糊却又切切实实的向往之情油然而生。他们忘掉疲倦，站起来继续向前。终于，在镇上找到一个远房亲戚的家住下。

过了葵潭便是陆丰。地势相对平坦，人烟也旺起来。陆丰与别的城市一样，清匪反霸运动如火如荼。沿路能见到用石灰粉刷在墙壁上的大字标语。他们说说笑笑，寻路而行，绕过甲子渔村，直奔海丰而去。

海陆丰一带，过去有许多爱国志士和革命前辈都曾在这里从事过革命活动。南宋抗元英雄文天祥，转战到海丰的五坡岭，留下“方饭亭”遗迹；著名革命家彭湃曾在这里开展农民运动，向农民宣传革命道理。留下赤山约农会、海丰红宫、海丰红场等革命遗迹。周恩来等领导同志也到过这里开展革命活动。

马镇坤那时虽然匆匆一瞥，却在心中留下了深刻印象。后来他在《南方日报》当记者时，曾到海丰采写过宣传彭湃革命事迹的稿子，采写过反映海丰民兵先进事迹的稿子，对当年路过此地的情景记忆犹新。

海丰马路，倚山临海。晨光下海天浩浩茫茫，夹着咸味的海风吹到人身上，寒意逼人。他们走着走着，不觉到了海丰鲘门镇。这是个千年古镇，面临惊涛骇浪的滔滔南海，《旧唐书》对此已有过记载。从这里到广州，还有很长的路程要走。

三

太阳升得老高，大海便开始涨潮。

在这里看大海涨潮，那磅礴的气势，震魂裂魄。起先还不觉得什么，只看到在辽阔滩涂上挑贝类捡鱼虾的男女老少，警觉地迅速撤回岸上。然而一眨眼间，天际间顿时动荡起来并传来轰隆隆的巨响，一排排滔天巨浪，以排山倒海之势，横扫一切的沉雄之力，呼啸着，咆哮着，席卷黑色的沙滩，撞击着海岸边坚韧的磐石。看得这三个毛头小伙目瞪口呆。他们凝望着这景象，任由心灵震荡！

怪不得那些“十五壮游”、四处求学的古人都说：登高山可知高远，临大海能壮人襟怀。此时此刻，三个少年只觉心中蓬勃，豪气直冲胸臆。于是迈开大步，昂首前行。这一幕，这一景，马镇坤终生难忘。

大海，并非都如此惊心动魄。当他们走进惠东，路过巽寮湾畔时，眼前是一派迷人的风光。三座石岛错落在海面上，海浪飞驰犹如奔雪，簇拥这琼楼玉宇般的石岛。

漫步沙滩上，渔号声声可闻，天际间归舟点点，让人感受的大海温柔，领略大自然的奇妙。这地方现在成了个海滨旅游胜地，那时却还是个偏僻渔村。

他们晓行夜宿。从惠东出发去惠州淡水，再由淡水经大鹏湾到达深圳。屈指数来，足足步行了六天时间。对这三个少年来说，那也算是一个壮举了。

当时，从深圳到香港，还未封关，可以自由出入。两地的经济以及就业情况差不多，其中一个小伙伴执意要去香港，一个留在深圳火车站当搬运工。六天六夜苦乐与共，依依惜别，然后各奔前程。

马镇坤在深圳过了一夜，第二天便独自搭乘火车来到广州。一个不好的消息，让马镇坤怅然若失，南方大学的报考时间已经错过了。校方说：明年再来报名考吧。

“家里贫困，不可能坐等明年再考。自己必须尽快找到新的学校，就业或许可以快些。”无奈之下，马镇坤只能重新思考自己日后的人生道路。

人们都说：马镇坤这六天路没有白跑。

人总是在吃了苦头之后才会成熟，在艰苦历练中增长见识，拓宽眼界，壮大胸怀，才会有成大事的气质。恐怕他自己也觉得获益匪浅。在事情过了许多年之后，他踏入报门，从事新闻生涯，特把“读万卷书，行万里路”这句话，作为自己的座右铭，置于案头。

学有所成奔前程

上世纪50年代初，人们最喜欢的一位文学家是奥斯特洛夫斯基，这位苏联作家在《钢铁是怎样炼成的》中描写的主人公保尔·柯察金，曾是当年少男少女们的偶像。

对于主人公的经典名言“一个人的生命应当这样度过：当他回首往事的时候，他不因虚度年华而悔恨，也不因碌碌无为而羞愧”，马镇坤和当年许多年轻人一样，把这话铭记在心，并一路践行。

马镇坤来到广州后，虽然错过了报考南方大学的机会，但是他并没有放弃继续深造的希望。半年多时间，一边打零工维持生计，一边在家里自学功课。他不愿虚度年华，不愿碌碌无为。读书，深造，成了他此时最大的心愿。他坚信，读书可以改变命运。

一

1951年夏末秋初，马镇坤再次跨入校门，就读于广州市致用会计学校，读的是银行会计专业。这个专业实行一年学制。第二年夏天，他便以优良的学习成绩从这间学校毕业。接着，马镇坤又报考广州粤秀师范学校，顺利地被录取。

粤秀师范学校是公办学校，不仅不用学费，而且每月还有14元助学金，除去9元伙食费，还剩下5元零用钱。他心满意足。马镇坤在学期间，是个品学兼优的好学生，而且是班里的副班长。

马镇坤家里经济情况不太好，可这并不影响他对学习的热爱。上课时，他一动不动地坐在座位上，聚精会神地听老师讲课。下课了，他还总是在座位上看书。书，早已成为他的一个知心朋友，每天他都在知识的海洋里尽情遨游。

学校图书馆，成了马镇坤最喜欢去的地方，在那里看书，做作业。有时候，他遇到难题不会做，却没有人可以讲解。他就拿出那张已密密麻麻的草稿纸，画来画去。想出来了，他就满意地笑了，要是想不出来，就眉头紧锁，做到深夜也要把它做出来。他几乎每天都是最后一个离开图书馆的，往往是被管理人员请出来的。

皎洁的月光照在马镇坤身上，星星眨着明亮的眼睛，好像在说：“你真是个刻苦学习的好孩子。”

在学校的每个清早，天刚蒙蒙亮，马镇坤就起床。他坐在学校的石凳上，小声地朗读课文。树上那刚刚苏醒的绿叶，草地上那晶莹的露珠，仿佛正伸伸懒腰，认真听着他的朗读。路过的人纷纷赞扬。

1953年夏天，马镇坤从广州粤秀师范学校毕业。这一年间，他在学校里学到的专业知识很多，教育学、心理学、语文、数学等，还有各种教材教法课程。这些知识，参加工作之后直接派上了用场。那时候，干部队伍普遍文化水平不高，为了提高大家的文化素质，广州市第 商业局就办了业余文化中学。马镇坤被该中学校长看中，聘请他为初中代数兼职老师，每周上课两个晚上，一教就是两年，学员反映都很好。这是后来的事了。

广州粤秀师范学校的毕业生，按国家计划量才录用，分配到各级机关、学校和国有单位。不像现在这样，毕业了就得自己到处找工作，东奔西跑去应聘。

二

1953年9月，马镇坤被分配到广州交通电工器材采购供应站，从事商业工作。这是他踏入“社会课堂”的第一步，开启了人生征途的又一扇大门，心中激动不已。

此时，马镇坤刚满18岁。

上世纪50年代初，新中国成立不久，学习苏联，实行计划经济体制。这个“采购供应站”就不简单了。它面向中南地区的国营商业企业，实际控制了中南几省的所有交通电工器材分配权。在人们眼中，这是个统购统销的“好单位”。

1953年还属新中国成立初期，人的思想没有像时下这么多元，都很单纯，尤其是年轻人。进入国营单位，吃“公家饭”，就是参加革命工作，成为革命队伍中的一员。能进国营单位工作，别人羡慕，自己也自豪。

此时的马镇坤已有些阅历，人也成熟许多。两年来，在不同学校转来转去读书，学了各种知识，对许多行业的情况也有粗略认识。既能够独自到外省采购，也能合理做好商品供应工作。所以进单位不久，工作很得力。

他本来人就勤快，实干，办公室里的种种杂事，比如扫地打开水夹报纸什么的，他都抢着干；遇事又总是与人为善，从不张扬，同大家相处得很融洽，同事们都很喜欢他。

那时候的人看事情都很直观。参加工作干革命，首要的是听党的话，好好工作为人民服务。在人们眼里，单位领导叫办的事就得好好办，老老实实做事，就是听党的话。

马镇坤属于穷苦出身的年轻干部，条件好。他社会关系简单，年轻有为，工作出色，思想要求进步，群众关系又好。很快便进入领导眼中，被列入考察、培养的对象。

1953年11月，马镇坤被选送到上海交通电工干部培训班学习。这期间，他学习了电学理论和电工商品知识，考试成绩总是班里数一数二，每逢派发考试成绩卷，同学都以羡慕的眼光看着他。

三

1954年6月，马镇坤回到广州原单位工作。这年10月，他加入中国共青团。一年多之后，于1956年6月，被吸收入党，成为一名光荣的中国共产党党员。同时，被任命为主办科员。

书是智慧的源泉，有潜移默化之功，对一个人的成长，起着举足轻重的作用。马镇坤在交电站工作的时候，非常爱读小说，但又买不起书。于是，他白天工作，晚上就和女朋友小文到人民南路新华书店看书，一看就是两个小时，一些大部头的中外著名小说，就是在这种情况下读完的。晚上9时，书店关门了，他就和小文到沙面散散步，谈谈心，交流读书体会，然后各自回宿舍。这也许就是当年谈恋爱最甜蜜的时刻。

有哲人曾经说过：命运之神总是光顾那些敢于努力向上、有所作为的人，而抛弃懒惰者。马镇坤参加工作后，一路“春风得意马蹄疾”。一个关于他今后事业发展的机会，又摆在他眼前。

那时，广州市第一商业局党委，为适应社会政治经济形势发展需要，到基层选拔政治好、能力强的干部，充实到局里有关部门工作。马镇坤于1957年1月被抽调上去，任局党委监委主办干事。在职期间，局领导对他的工作十分满意，认为他是个可造之材，遂于1958年9月选送他到中共广东省委中级党校进修，系统学习马克思主义哲学和政治经济学。

不知为什么，马镇坤对学习理论，似乎有一种天生的浓厚兴趣。到了党校后，他如鱼得水，废寝忘餐，努力钻研。那些对他来说还很陌生的道理，摆在眼前，却犹如可口的大餐，令他如饥似渴。连那些授课的教员看在眼里，都觉得他进步很快，多次要他作专题发言。

马镇坤如此刻苦钻研马克思主义理论，除了个人兴趣外，心里想到的，恐怕就是不能辜负领导的培养和期望，而绝对没有意识到，这些经历会在他往后的发展中，产生那样巨大的影响和帮助。

在省委中级党校学习一年结束后，马镇坤于1959年6月回到原单位，任一商局党委宣传部主办干事，兼理论教员。更重要的是，在宣传部工作，刚学到新鲜热辣的马克思主义理论，就有一展拳脚的机会。

四

那时候，根据上级安排，理论学习抓得很紧。马镇坤在一商局宣传部的主要任务是安排学习计划，上理论课，讲解中央那一阶段都有什么重大精神，一些重大的政策问题应当怎样认识，提高干部职工的思想觉悟等。

1960年起，我国国民经济面临严重困难。物资紧缺，城乡群众的经济生活受到严重影响，城市居民的生活必需品都实行定量配给。面对困难，就要对大家讲明道理，如何跟中央同心同德，战胜困难，发展生产，共渡难关。

那个时期，中央根据商品经济的价值规律和流通原则，实施一些新的政策，作为计划经济的补充，搞活经济。例如，放开农贸市场，互通有无；商店可出售高价商品，如高价饼、高价烟等，让买得起的人去买。为统一认识，就通过讲座形式，解惑释疑。马镇坤把从党校学过来的基础理论，结合当时的实际情况，跟大家讲。说明困难时期，社会主义市场经济很重要，很适合时宜，分析中央这项政策的正确性。对于马镇坤授课，大家的评价都很好。

广州市第一商业局是管理广州市商业的，下面有十几个单位，有很多好人好事需要宣扬表彰，这也是宣传部门的职责。马镇坤头脑灵活，遇事精明。下面送上来的一大堆情况汇报，他总能从中发现某些有新闻价值的线索，写成消息、通讯，发到报社，被采用率很高。后来，他还动手写些切合时局的言论、理论文章。

那时，广州三大报的记者、编辑，都能慧眼识珠。在每天一堆来稿中，发现脑子活、笔头硬的作者。一经发现便抓住不放，经常上门去拜访约稿。如此一来二去，马镇坤很快便跟他们熟络。其中有好几个资深的老记者、老编辑，还与他结成了要好的朋友。

在他们的悉心指导下，马镇坤进步很快。他本来文字功底就不错，在广州市一商局党委宣传部工作，接触基层机会多，对中央各个时期的方针政策也能“吃得透”，人也好学多问，写的稿子质量都很高。自然而然便成为各大报的积极通讯员，被列入经常联系的名册。

为了提高自己的文学素养，以适应工作需要，1963年9月，马镇坤考入广州市业余大学中文系本科班。业余大学以自学为主。直到他调入广州日报社后，仍然坚持白天工作，晚上读书。在修完六个学期的课程后，才因“文革”时停课闹革命，被迫中断。

马镇坤现在还自感疑惑：他从参加工作到进入《广州日报》当记者，一路走来，冥冥之中似乎有一双大手，在一步一步地把他推向报社的大门。

初入报门当先进

“铁肩担道义，妙手著文章。”这句李大钊的名联一直深深影响着年轻的马镇坤。写作之梦，不休不止。

1965年，带着执着的勇气，揣着惶恐的期待，马镇坤进入了《广州日报》理论部，开启人生征途上第一次重大转折——弃商从文，踏足其一生为之奋斗不息的传媒行业，践行新闻理想的梦想。

一

那时的《广州日报》也是百废待兴。马镇坤加入时，《广州日报》正在筹备复刊，尚未出版。马镇坤说，在中国报业史上创造诸多奇迹的《广州日报》，在当年也是经历了很多磨炼。

新中国成立初期，广东三大主要报纸分分合合：

上世纪50年代初，国民经济处于恢复期，纸张供应捉襟见肘，几经艰辛办起来的《广州日报》难以为继。1955年元旦，创刊仅两年的《广州日报》并入《南方日报》。

一年多后，由于广大读者要求，《广州日报》复刊的呼声日高，市场上纸张供应情况亦有好转，中共广州市委遂决定《广州日报》从1956年6月15日起复刊。社址就设在人民中路同乐路现址（旧称“西瓜园”）。

复刊四载之后，国家经济困难，纸张供应又异常紧张。中共广东省委决定，1961年2月1日起，《广州日报》与《羊城晚报》合并。合并后的《羊城晚报》社址仍是“西瓜园”。

1965年，经济困难的阴霾终于过去。上级部门决定，《羊城晚报》与《广州日报》分家。从当年7月1日起，《广州日报》再次复刊。“西瓜园”内呈现“一园两报”的景观。《羊城晚报》搬到一楼办公，《广州日报》在二楼。工厂也是两报共用。

《羊城晚报》属于中共中央中南局直接管理，由中南局第一书记陶铸亲自过问。《广州日报》是中共广州市委的机关报。

马镇坤说，复刊的《广州日报》许多人是从《羊城晚报》分出来的，也有从各基层单位抽调来的。采编人员都很年轻，充满活力，充满激情。他到广州日报社后，工作热情很高，不知疲倦地忘我工作，白天写稿、改稿，晚上读书、做作业。1965年6月至1968年8月，在广州日报社工作期间，他几乎天天如此。当年，同事们都戏称他为不知疲倦的“小马驹”。

二

当年的马镇坤玉树临风，较为瘦弱，1米7高的个子才100斤多点。负责招收马镇坤进入《广州日报》理论部的是一位老编辑，这位伯乐当年总是苦口婆心对他说，“小马驹，注意身体啊！不要太拼，你已经很棒的了。”

热爱是最好的老师，他热爱新闻工作，自然上手就快。在当年报社抽调的记者中，马镇坤算是比较拔尖的。用这位老编辑的评语就是，他知识面比较宽广，因为读过会计学校、师范学校，到上海学过电学知识，进过党校系统学习马克思主义理论，又正在广州业余大学中文系学习，而且还有十多年的工作经验，当过多年的报社通讯员，是一个当记者、编辑的好料子。

“采写稿子有些基础，但编辑业务是陌生的。”马镇坤始终不满足于自己的能力。他说，新闻不允许陌生，更不允许瑕疵。所以，马镇坤不断地“积学以储宝，酌理以富才”。他认为，最重要的就是学习，积累知识。

孜孜不倦的学习，以及多年累积的知识和经验，让马镇坤很快就进入良好的新闻职业状态。到报社不久，在《广州日报》复刊的第一个理论版上，他就发表了两篇文章：《怎样用一分为二观点看帝国主义》《一张汇款单的来历》（《广州日报》1965年7月6日）。

在这段时间里，他一边学一边干。除了当编辑，为理论版编辑稿子、写文章外，还写消息、通讯。例如，一版头条消息《广州市二商局领导带头学习》（《广州日报》1966年2月4日），长篇通讯《群众爱戴的好护士——刘瑞燕》（《广州日报》1966年5月4日）等，便是这个时期的作品。由于业务进步较快，写稿、编稿较多，进入媒体第一年，马镇坤被广州日报社评为1965年度先进工作者。这一称号，让他实实在在地感受到自己是一个名副其实的新闻工作者。

三

在新闻生涯中，有两位名记名编对马镇坤帮助很大，可以说是他新闻之路的领路人，给他启迪，助他成长。后来，他把这些人作为心目中的偶像或老朋友。其中一位就是当年号称“记者王”的林里，他当时是《广州日报》的总编辑。

说起林里，年轻的新闻人不一定认识，但是一定看过或听过他的作品。反映改革开放最前沿——深圳特区的新闻《时间就是金钱》《效率就是生命》，就出自他的笔下。这些让新闻人视作范本的报道，当年在全国产生了深远的影响。

林里是出自太行山的老新闻工作者。上世纪30年代末期，他们这些年纪不大，知识、文化水平不高的新闻爱好者，凭着一腔革命热血，在共产党教育和领导下，锲而不舍，百折不回，边打日本，边学新闻。不少人牺牲了，也有人不干了，许多幸存者闯出来，林里是其中相当突出的一个。

他原在对敌斗争更加紧张的基层工作，1946年调到环境相对稳定的领导机关，在晋冀鲁豫《人民日报》当记者，新中国成立后不久南下广州从事新闻工作，曾任《广州日报》总编辑。

对于这位“记者王”，马镇坤至今依然赞不绝口，认为林里是“新闻奇才”，是一位对新闻有着自己独到见解、让人终生受益的良师。

1966年4月下旬，马镇坤接到任务采写广州市第一人民医院的护士刘瑞燕，这是一位非常关心病人的好护士。马镇坤当即深入采访，连续几天跟着护士转，感受其工作，与其周边的人交流，从点滴中感受刘瑞燕。当时理论部主任林庆荣还陪同他到广州郊区石马刘瑞燕的家进行采访。采访后通宵达旦赶稿，洋洋洒洒几千字的通讯就出来了。

这篇通讯见报后，林里很认真地看了，然后把马镇坤找到办公室里说，采访很深入，内容很详实，但写得不怎么样。他给马镇坤建议，采用新闻式的通讯来写稿，这样会更好。这篇通讯发表后，虽然反响不错，许多人在热议刘瑞燕，马镇坤却认为这只是一篇学生作业。

什么叫新闻式的通讯？它和常见的通讯有什么不同？林里说，新闻式的通讯，不同于新闻。一般新闻要用导语来统率，一个导语统率一条新闻；而新闻式通讯则用一个主题来统率许多新闻。他又说，新闻式的通讯不同于夹叙夹议的通讯。一般夹叙夹议的通讯是叙议各半，甚至议多于叙；可新闻式的通讯主要是摆事实，让事实说话，不说空话，议论最多只占十分之一，有时根本不写结论，结论让读者根据事实去得出来。这就叫让事实说话，事实胜于雄辩。对于这种新闻写作方法，马镇坤谨记在心，在其后的新闻生涯中，获益匪浅。

一老一少，经常联系。马镇坤有时跑到林里办公室，向他请教。林里虽为总编辑，但没有官架子，马镇坤喜欢跟这样的领导促膝谈心，虚心地向他请教其新闻技巧。两人谈新闻，谈人生，谈天说地。

有一次，马镇坤笑着请教林里："您没有念过多少书，是怎样成长起来的？"林里开玩笑说："主要是因为那时没有手表。"马镇坤表示惊讶。林里说，这容易理解：没有表，不知道上班、下班时间。一觉醒来，就是工作、学习，学习、工作，直到吹哨开饭。除了睡眠，日日如此。心静神凝，进步当然比较快。林里也因此成为马镇坤学习的榜样。

林里在同辈人中是下过"笨功夫"的，也就是"真功夫"，不久就有了实实在在的结果。他在1952年写的揭露重庆反动资本家非法活动的系列报道《星四聚餐会》，在当时引起很大的反响，许多人至今还有清晰记忆。林里离休之后，还在写，不停地写。可有些人，一旦担任报社行政工作，当了"官"，忙这忙那，蓝笔换成红笔，就不再写了。他却不是这样，而是"活到老，学到老"，还应该加三个字："写到老"。

1981年，林里从广东的媒体调回人民日报社工作，一直到离休。马镇坤任羊城晚报社社长时，有一次到北京开会，还特意到他家拜访。两人相见，马镇坤非常激动，深深感谢林里的教导之恩，林里也盛情请他吃饭。两人谈笑风生。

马镇坤还要感谢的一个人，是当时《广州日报》理论部主任林庆荣。林庆荣是新会人，出生于马来西亚，他热爱祖国，新中国成立初期，他回国参加革命。他为人厚道，又曾到中国人民大学进修，文字功底很好。林庆荣为培养锻炼马镇坤，时常派一些重要采访任务给他，如采写陶铸在广东迎宾馆接见学习毛著积极分子。他分配马镇坤去采访，并告诉他一些采写技巧——领导接见群众，对这个人说说，对那个人说说，又没有讲稿，一定要抓住领导人讲话最重要的精神，把讲话系统化，使其具有逻辑性和高度。在林庆荣的指导下，马镇坤写出的新闻稿见报后，很得领导喜欢。这在“政治挂帅”的年代，可说是莫大的信任和荣誉。

四

1967年，“文化大革命”开始后的报纸正常出版秩序遭到极大破坏。更有甚者，1967年5月15日，《广州日报》被勒令停刊，是为“5·15”封报事件。报社被封后，“西瓜园”内满目疮痍。

社会上乱哄哄，报社内也乱哄哄。马镇坤虽然没有什么工作可做，但他觉得这时倒是一个读书的好机会。

起初，他每天照样回办公室，一是阅读社会上小报印发的毛主席尚未发表过的文章；二是阅读新闻写作教材和新闻经典作品。

后来，看到回办公室的人越来越少，他干脆躲在大新西路的家里看书。当时的家也就是天台上搭的一个小阁楼，约20平方米，这里简直是书的天地，到处都是书，床上除躺卧的位置外，也全都被书占领了。

马镇坤看书很杂，什么书都看，而且他反对只图快、不讲效果的读书方法。对名家名著他总是一篇篇仔细研磨，从词汇、句读、章节到全文意义，方方面面都细细滤过。对一些马列、哲学、历史方面的书籍，他反复读的遍数就更多了。《资本论》等经典著作，他都读过。

马镇坤每阅读一本书，一篇文章，都要在重要的地方画上圈、杠、点等各种符号，在书眉和空白的地方写上体会。有时还把书或文章中精彩的句子摘录下来，随时写成读书笔记。

有位名人说过：只有书籍，能把辽阔的天空和漫长的时间浇灌给你，能把一切高贵生命早已飘散的信号传递给你，能把无数的智慧和美好对比着愚昧和丑陋一起呈现给你。区区五尺之躯，短短几十年光阴，居然能驰骋古今，经天纬地，这种奇迹的产生，至少有一半要归功于阅读。说实话，读书，再读书，这是当记者、编辑的日常功课。

腹有诗书气自华，读书万卷始通神。这时，马镇坤就成了一个狂热的读书者，直到现在也养成闲来无事看书的习惯，基本上是书不离手，一切可以利用的时间都用上了。外出办事，也常常带一本书，一有空闲就看起来。

五

1968年9月1日，广东省革委会决定《南方日报》《羊城晚报》《广州日报》三报合并成新的《南方日报》，并实行“军管”。合并后的南方日报社最初就设在“西瓜园”。

对于这一合并决定，当时大部分从业者事先都不清楚，是突然宣布的。马镇坤也是在报社领导通报的当天才收到消息，但是否能做记者，则不太清楚。事先他只听说，如果不能去《南方日报》，就要到干校，或者转行。

那几天，马镇坤心里十分忐忑。毕竟新闻事业是自己的挚爱。直到三天后，“军管”才公布《南方日报》采编人员名单，他的心头大石才放下，终于可以继续圆自己的新闻梦。

获知消息那天，他早早回家，让爱人做了一顿比过年还丰盛的饭菜，三肉一菜，一家人好好地庆祝了一番。这在当年可是不得了的奢侈。

后来，马镇坤才知道，广州地区的三家报社合并，“军管”人员对三报的干部情况做了研究。他们认为，《广州日报》的干部队伍，平均年龄37岁，在三报当中，算是最年轻的，而且成分普遍较好。因此在组织新的《南方日报》干部队伍当中，就确定了以《广州日报》为主的方针。

随后，又具体规定了个“五三二”的比例。就是每百人中，《广州日报》的干部占50人，《南方日报》占30人，《羊城晚报》为20人。实际上，《南方日报》和《羊城晚报》的干部都没有达到预定数额，缺额部分，又从《广州日报》的干部队伍中递补。这样一来，《广州日报》的干部比重竟占了60%以上。很多要害部门，如政工组、保卫组等，都是安排《广州日报》的干部。

1968年，对于马镇坤来说，是双喜临门，幸福之年。3月，小儿子出生；9月，他十分幸运地得以继续从事新闻工作，而且进入的还是省委机关报《南方日报》。他心中有一种说不出的震撼和满足。

潜心静气做采编

人生的道路虽然漫长，但紧要处常常只有几步，特别是在转折的关头。马镇坤转入南方日报社后，迎接他的大道并非平坦，而是荆棘丛生。“文革”期间从事新闻工作，很容易翻船。他一路小心翼翼前行，凭着良心精心写稿、编稿。

1968年9月，广东三大报合并后的《南方日报》，很长一段时间内是“军管”的。那时候的记者、编辑相对比较年轻，以见报率为荣，以编发稿件受到中央报刊转载为荣，发了稿子就很受鼓舞。那时就是紧跟形势跑，拼命写，拼命编。

一

1969年5月，马镇坤就被任命为报社第三采编组的副组长。主要是负责理论和文艺方面的报道。他说，这个部门的名称不断在变，有时叫组，有时叫部。职务的名称也在变，有时叫副组长，有时叫副主编，有时叫副主任，但其实工作任务都一样。

为了办好理论版，为了给一版提供优质稿件，马镇坤抓蓝色钢笔，但更多的是抓红色毛笔，为通讯员、记者改稿，把不能见报的稿子改成能见报的稿子，把一般的稿子改成优质的稿子，这也就是部门小头头的职责所在。

虽然如此，马镇坤到《南方日报》的头八年，写了不少稿，编了不少稿，也有被中央报刊转载的，但由于当时受“左”倾错误路线的影响，许多稿子是不可取的。

回忆起那段时期的新闻经历，马镇坤颇为感慨：当时的新闻，政治色彩很浓，基本上少有民生新闻、社会新闻，大部分是宣传式新闻。现在回头看来，那个时期写的百分之八十的东西都应该付之一炬。

但是，马镇坤也写过一些批判极“左”思潮的稿子。如《水楼大队是怎样批判假共产主义的》（《南方日报》1972年11月17日）、《阳江闸坡公社落实政策纪实》（《南方日报》1972年11月26日）等。这些稿子在当时的历史条件下算是比较好的，为百姓说话，曾引起社会上的关注。

“文革”时期，“能够写出这样的稿，非常不易”，马镇坤说。水楼大队批判假共产主义的稿，采访很细，用了几天时间，下到村里与农民同吃同住，几位农民讲话特别认真，也很动人，报道中的灵感、话语，几乎全是来源于他们。他一边采访一边构思，写了一个夜晚。这次从采写到见报还算顺利。

那时，写省里领导的会议消息或评论，颇费周折。稿子排字后，必须刷出很多份小样，分别送给报社领导、省里的领导审查，有的还要送给有关采访当事方审阅。

马镇坤说，经常会遇到这样的情况，稿子还没有送出，麻烦就来了。排字车间按部就班，只能自己动手。排字车间，占的是以前广东工学院的礼堂。高大，宽敞，光线好。记者到排字车间打小样，这是经常的事。记者、编辑和排字师傅关系都很好。

送审稿如期分送出去，许多双眼睛，盯着同一份小样，可以看出许多个侧面。再说，“人人都是批判家”，不同意见，自不待说，这可苦了送审人。稿子通过了，大家高兴；通不过，则还要重新写。

二

在《南方日报》工作不久，有一件事，马镇坤至今记忆犹新，也让他对新闻操作更为谨慎。

1971年9月下旬的一个晚上。这恐怕是马镇坤踏入报社大门以来最紧张的一晚。

马镇坤拿着已经给主管领导看好的理论版大样送给当班值委，让他们签付型。“不好意思，这个大样还得送给报社主要领导看一看。”夜班室显得有点紧张。马镇坤听后颇为惊讶，只好按值班领导意见，送有关领导看看，并等着。

不久，时任《南方日报》革委会副主任的陈越平把大样送回给马镇坤，并删去一些字，还说：“从明天开始，处理稿子要特别认真。”

另据其他领导传出，暂不许外出采访的记者、编辑坐飞机、轮船。供记者、编辑采访用的汽车、摩托车，不准开出市区。马镇坤等听后很愕然，但没有问为什么，只是互相对视了一眼。

接着，马镇坤把陈越平看过的理论版大样细看，发现把涉及林彪的内容删掉了。他自言自语地说一句：“以后看版要更小心些。”那天晚上，夜班室的灯，通宵达旦。

不久，有同志放出小道消息：“出事了。”但他不肯说出什么事。又有一位同志不知从哪儿知道“林彪完蛋了”。但他只说结果，不说过程。其实，这时离林彪事件发生已有近半个月了。

三

有领导把关，理论部没有出现任何问题。上级看到他们很遵守纪律，又较能干，因此常常把时间紧迫的任务，交给他们去完成。例如，《人民日报》向广东约稿，要写一篇关于把“缺口”变“满口”的经济方面文章，省委抽调马镇坤和党校一位教研室主任去写，由马镇坤执笔。他很快便完成任务，文章发表在1970年6月3日的《人民日报》上。他曾多次担负省委常委会举行的学习会的报道工作。这种报道，往往是当天晚上活动，当天晚上写稿，第二天见报，每一次他都能按照要求完成任务。

在“文革”十年动乱中，“四人帮”对新闻舆论采取了严密的控制，办报纸从制订报道计划到版面安排，都得特别用心，不能给人抓住把柄。经验和教训使他懂得，要使自己的作品经得起实践的检验，就必须尊重客观实际，善于独立思考。

这期间，马镇坤受老领导陈越平的影响很大。1969年9月至1972年12月，陈越平任南方日报社革委会副主任、党委书记、社长、总编。这位领导两袖清风，一身正气，在报社饭堂吃饭，自己带着碗筷，和其他干部一样到厨房窗口排队买饭菜。他边吃饭边和同事聊家常，谈工作。因此他同群众关系非常融合，大家都非常敬重他。

陈越平从善如流，为群众谋福利。当年的一些事，至今马镇坤还历历在目。为出早报，出好报，一些干部、职工经常上夜班。陈越平时常督促有关部门办好食堂，做好夜宵。虽然当时社会物资供应比较困难，但《南方日报》的饭堂供应较好，夜餐更令大家十分满意，连住在报社招待所写稿的通讯员也可以免费享受夜餐。

这些点点滴滴深深印在马镇坤的脑海里。后来，马镇坤当了《南方日报》和《羊城晚报》领导后，也一如既往，始终把群众的福利铭记在心。

马镇坤还记得，陈越平当时住在新河浦四横路的一幢宿舍里。“我们有时晚上送稿给他审阅，看见他家的陈设、家具都非常简朴，同一般干部没什么两样。”马镇坤说。有一次谈起他在延安的情况，他津津乐道，还把在延安中央党校学习时的一些出版资料拿出来给他们看。他对当年延安干部廉洁、朴实的优良传统始终铭记在心。

当时，张汉青同志也是《南方日报》领导之一，曾分管过理论部的工作。他向记者、编辑提出过“三有益”的要求，即“开卷有益，迈步有益，提笔有益”，这对马镇坤办报、写稿，提高业务水平起了很大作用。马镇坤至今仍念念不忘。

黄浩这时也在《南方日报》评论组和理论部工作过，并曾和马镇坤到惠阳地区的博罗县、惠东县采写新闻稿。黄浩的评论写得非常好，针对性强，又有文采，众口赞誉。

正是这些良师益友的言传身教，在“文革”那艰难的岁月，马镇坤在新闻道路上坚持住底线，“虽然不能做到想写什么就写什么，但是坚持学习，坚持说真话，不做违背良心的事，还是可以做到的。”并且在写作上不断有所提高。

四

1976年10月粉碎“四人帮”后，办报环境不断好转，束缚人们的精神枷锁被砸烂了，工作也就更有成效。这时期，马镇坤写的文章比较多，评论和理论文章比较注意从实际出发，坚持理论与实际相结合的原则，做到有针对性和战斗性。例如，《正确宣传共产主义思想和坚持现行政策的关系》（《南方日报》1982年10月26日），对于帮助读者划清发扬共产主义精神与执行现行政策的界限，坚持实事求是的思想路线，起到一定的促进作用。《知识分子政策还要继续落实》（《南方日报》1982年12月15日）。在当时来说，这篇文章针对性强，对不重视知识，不重视人才的思想作了尖锐的批评。

上世纪80年代，马镇坤写过一批很有意思的杂文。他写杂文注意做到哲理性、知识性、趣味性三者统一，以理服人。例如，《说“放”》（《南方日报》1981年8月10日）、《知识的价值》（《南方日报》1983年2月16日），等等。

这期间，马镇坤选稿和编稿的水平也有较大提高，以他为主编发的《哲学讲座》（由中山大学几位老师撰写），深受读者欢迎。吉林人民出版社还将这套稿子编成书出版，一版再版，发行量很大。

1978年冬，在纪念毛泽东同志诞辰八十五周年时，报社领导要求理论部写一篇《毛泽东同志教导我们实事求是》的通讯。当时报社领导给予了很大的指导，出谋划策，指出文章必须旗帜鲜明，为全党工作重点的转移和思想解放鸣锣开道。

马镇坤当时是理论部副主任，他牵头，找了部门几位同志一起研究，决定对六位参加过延安整风的老同志进行采访。他们是省委书记吴南生、省委常委陈越平、省革委会副主任黄静波、省外事办主任马甫、省委党校副校长郑星燕、省文联主席欧阳山。马镇坤等几位记者找这些同志一一采访，深刻了解到毛泽东同志领导的延安整风，是坚持实事求是的生动体现。

凡是到过延安中央党校的同志都清楚地记得，一进大门，就可以看到毛泽东同志亲笔题写的“实事求是”这四个大字。实事求是是毛泽东思想的精髓，是中国革命取得胜利的法宝。宣传“实事求是”精神，在当时来说，对解放思想、拨乱反正、平反冤假错案是很有意义的。

他们这篇访问记写成后，长达七千多字，载于1978年12月27日的《南方日报》，后被上海人民出版社收入《学习毛泽东》一书中，深受读者喜爱。

马镇坤主编的《南方日报》理论版，积极参加“实践是检验真理唯一标准”的讨论，组织和发表了许多文章，对教育人们提高思想认识，纠正极“左”思潮，起了较大作用。许多文章都用事实讲话，效果特别显著。

五

在此期间，马镇坤还参加过在兰州召开的全国新闻理论研讨会，回来后发表了几篇有关新闻理论方便的文章。包括《试谈党报的指导性》（《南方日报通讯》1980年第3期）、《真实性是新闻的第一特性》（《南方日报通讯》1980年第5期），等等。同时，编写过《评论文章写作讲义》，到各地和县的通讯员学习班上讲课，也到中山大学、华南师范学院讲课，在培养人才方面，做了一些工作。

1983年底，他被任命为理论部主任，采编的组织工作能力又有较大提高。他像杜鹃啼血一样，尽情讴歌改革开放的伟大时代。

从1983年12月到1986年12月，这个时期，马镇坤的主要精力是出主意，培养人才，做组织工作，以提高理论部的报道水平。在编委会领导下，在部门同志支持下，理论宣传不断有所突破。他主持理论部工作，一是抓提高可读性，把原来的理论版分成《读书与修养》和《理论战线》版。实践证明，效果是好的。《读书与修养》版，生动活泼，可读性强。在它刊出一百期时写了一份总结材料，并带到全国总编辑座谈会上分发。《理论战线》版的质量不断有所提高。1986年3月至7月，被中央或全国性报刊转载的文章就有六篇七次。这期间，理论部的专版都是由他签付型的，一直很顺利。为一版供稿的《直言录》，就事论理，针对性强，许多读者来信称赞。

他除了负责部门的工作外，也写评论员文章、消息等。他写的消息《升学有奖，不读书受罚——饶平县霞光致富不忘文化建设》（《南方日报》1984年6月4日）、评论员文章《必须继续抓紧查处大案要案》（《南方日报》1986年6月3日），由于被转载或受表扬，分别获得报社好稿奖。由他编写和主持出版的《哲学问答一百题》《政治经济学问答一百题》，出版后成为自学考试的复习读本，发行量达10多万册。由他主持并参与撰写的关于党风问题的一组评论，报纸发表后，一些地方党委来信要求汇编成书。省纪委接受了大家的意见，把它编印成册，发给党员、干部学习。这组稿还获得报社好稿奖。另外，关于《商业职业道德讲座》的一组稿，也在商界引起热烈反响。

为建新址献新猷

1987年元旦前几天，《南方日报》总编辑张琮对马镇坤说：“老马，省委要给你压担子，晋升你为副总编辑。”马镇坤听后感觉有点突然，虽然事先省委组织部有人来报社做调查，并进行民意测验，要干部投票提名，准备安排人进领导班子，他万万没想到是自己。

很快，任命通知书下达：从1987年1月起，马镇坤被任命为《南方日报》副总编辑。

按照当时编委会的分工，他主要分管理论部、信息部、《广东画报》，参加编委轮流值班。同时又要他负责经营管理。

这是马镇坤人生征途上的第二次重大跨越——从进行新闻报道跨入报社经营管理的行列，为报社创造可观经济效益。

二

为培养他，任职不久，这年的2月至7月省委便派他到北京中央党校干部进修班学习科学社会主义理论，并领到毕业证书。学习回来后，马镇坤继续分管原来的采编工作，但重点已放到抓经营管理和广州大道中的新址建设工程上。

这是马镇坤在担任副总编辑岗位期间遇到的最大的一个挑战。一位老同事私下跟他说："这可不是一份好差事啊，'书生做事，眼高手低'，你们盖房子，难啊！"

讲起《南方日报》的社址，真是不断在变。《南方日报》创刊时的社址，是创刊前3天接管的原国民党《中央日报》社址——位于广州市光复中路48号一个狭小的房子。1950年报社搬到沙面复兴路一座四层高的楼房。但以当时的技术条件来说，是不利于工作的。直到1953年，才在西堤新基路37号建起了一座新楼房，后来又在邻近的西堤二马路建起了新印刷厂。从此，《南方日报》有了自建的物业。

"文革"开始以后，广东的新闻事业受到极大冲击，《南方日报》被"四人帮"诬为"造谣放毒"的报纸。1968年9月，实行三报合并，从南方、羊城、广州三报中抽调人力出版《南方日报》，大部分员工则被下放到英德县黄陂"五七干校"，社址也随之迁至广州同乐路的原《广州日报》社址。

1969年，当时的省领导决定把已迁往韶关郊区办学的广东工学院（原名广东矿冶学院）南院划给南方日报社，同年7月15日报社搬迁完毕，而南方日报社原来自建的物业则被划给别的单位。在广工的南院办报，虽然地方宽敞，但毕竟占了别人的地方，办报环境一直不安定。《南方日报》在此足足待了20年。后来，广工从韶关郊区搬回广州，学校与报社挤在一起实在不行了，省委同意报社择址另建。经过多次选择，最后选定了杨箕村一块菜地。

二

马镇坤说，当年《南方日报》搬离广东工学院有一番折腾：1980年8月，省委决定广东工学院迁回广州建校。关于校址问题，广东省委省政府曾经多次研究，一开始是采取“共处”方案，即广工和《南方日报》共同使用广工旧址南院。

但是，大家觉得共处一地，尴尬，不利于管理。1983年7月，经过多方协调，省委省政府领导决定《南方日报》选址新建，广东工学院在原址办学。《南方日报》新址定在广州市中山一路口以南、杨箕村以东、广州大道以西的地段，共3.6万平方米。

马镇坤说，当时的这块地是一块菜地，种菜心的，周边有些农民房。“当年的征地及‘三通一平’费用，还是合算的。”从资料上看，青苗费、安置费、征地补偿费，加上“三通一平”费用，总共不到600万元。

另外，还安置了30名农民。其中，5名农民进了报社，做后勤工作；另外20多名农民则安置到广州公共汽车公司当售票员。

据透露，由于羊城晚报社当时也寄居在广东工学院办公，省委也曾考虑在南方日报社新址附近给地羊城晚报社建新办公大楼。但当时的羊城晚报社并不积极，说要发扬窝棚精神，艰苦奋斗办公。

南方日报社新址从征地到“三通一平”，再到挖大楼地基，先后经历了三任总编辑，历时四年多。曾经参与过基建工作的一位负责人说，文人搞基建，难啊！看到一堆图纸，的确头都大了。

马镇坤从中央党校学习回来，时任总编辑张琮对他说，经营管理这块工作越来越重要，毕竟他从事过商业工作。重中之重的工作，是要把新大楼盖上去，要求在《南方日报》四十华诞前能搬新家，并在新址举行庆祝活动。张琮还说：不仅工程速度要快，质量也要高。

三

分管经营管理，有人说这是马镇坤的强项，因为他曾经学过会计，又在商业部门工作多年。当时，新闻界正在实行改革，把统收统支的行政机制，改为事业单位、企业管理。并要求报社领导做到政治家办报，企业家管理。这样总编辑就选中他去抓报社经营管理工作。

马镇坤暗下决心：不辜负社委会期望，一边管采编，一边抓经营。在总编辑领导下，马镇坤经常带人下地、市、县搞发行，服务广告客户，使报纸发行量和广告收入不断增加。同时，还积极筹建深圳、珠海记者站综合楼，办好员工饭堂，改善员工生活。

在众多经营项目中，最花费马镇坤精力的，就是新社址建设。他为此呕心沥血，魂牵梦萦，不知掉了多少头发。据他的妻子介绍，两年多时间，马镇坤瘦了10多斤，经常跑工地，白净书生竟成了“黑炭子”。

1987年8月，马镇坤接手分管新社址建设。他第一次去工地看，眼前的境况让他大吃一惊：偌大的工地还在挖地基，一个个的坑，周边几个工棚，工人虽然日夜在挖，基建办的队伍也很强，但经常意见不一致。“两年时间，要在此建一栋高二十三层的采编大楼，还有配套的综合大楼、印报大楼、生活楼，有可能吗？”这样的问题，不断在他脑海里翻腾。

他问施工方的领导以及设计院的工程师：“有可能吗？”对方回答，正常情况下，不容易，除非你玩命地干，而且还要有足够的资金、材料等准时到位。设计单位是广州设计院，建筑单位是广州一个国营建筑公司。

一番调研后，马镇坤召集报社基建办的同志，以及施工方和设计方的有关人员召开现场办公会议，把报社的要求向大家提出来，希望在保证质量的基础上，快马加鞭地建设。

他们遵照总编辑的意图去做：钢筋、水泥、装修材料由报社自己买，建筑盖楼的事由工程公司去做，基建办负责准时供应材料和严格督工。马镇坤还规定，“我们的人员可以请人家吃，但不能吃请；可以送相关人员一点小礼品，但不能接受别人的小礼品。”事后，施工方的负责人说，这在以前项目施工中，还从来没有过。

很快，采编大楼的地基挖好了，其他大楼也陆续动工，齐齐兴建。为了完成这一任务，马镇坤夜以继日，马不停蹄。白天忙采编，夜里巡看工地。他给自己暗下规定，一周安排三个晚上时间从云鹤南宿舍骑自行车到新址工地巡视。

马镇坤后来回忆起当年建新址的日日月月，也颇为感叹。下午看完版面下班后，骑着自行车就直奔工地，虽然路程不算远，但当时很多是烂泥路，看完工地回到家，全身邋邋遢遢。妻子说他是“泥人”，埋怨他衣服难洗。如果下班太迟，马镇坤就晚上赶过去看，由于当时宿舍通往环市东路的小路，一边是菜田，一边是竹林，晚上出行十分不便，但他已经习惯了。两年时间，他多次骑坏自行车，很多时候只能推着车子回家。

一些不合理的施工设计，马镇坤还亲自与设计部门协商。有一次，工厂领导要了解工厂的建设布局是否适合，他把图纸拿给他们看。工厂领导发现有些地方不太合理。于是，马镇坤就与厂领导以及一些工人一起，拿着图纸跑到施工现场，看地形，量尺寸，不断提出修改意见，设计部门也做了一些修改，使得整个设计更加合理了。为了保证钢筋、水泥合格，他甚至还和基建办工作人员一起到工厂采购，确保质量。

四

人心整齐，方法对头。两年时间，新址一座座大楼拔地而起，包括采编大楼、综合大楼、印报大楼、生活楼和东兴南路宿舍，林林总总。最让马镇坤欣慰的是，新址工程质量很好，采编大楼还获得“鲁班奖”。而且，建设费用也比较节省，全部费用也就六千万元左右。

在设计上，新址也有很多前卫之处。在报社入门处，一边是传达室，一边竖着五根柱子。有人对这几根柱子很好奇，也有人八卦出内幕，说这表示当时正副总编辑五个人，马镇坤属于最矮的一根，因为他名列第五。对此，马镇坤回应说：“其实是设计部门为了美观而设计的。”当时，他看了图纸，就要求更改，但设计部门不同意，认为这是整个建筑群的神来之笔，这五根柱子代表南方之光，代表新闻单位顶天立地，不同意更改。就这样，这五根柱子就一直留到现在了。

1989年春，他怀着欣喜的心情，南方日报社的新址终于可以交付使用了。

《南方日报》四十周年社庆之前，报社第六次搬迁，在新址上热热闹闹地举行了隆重的庆祝典礼。这座采编大楼在当年应该是全国各省市新闻单位最“高大上”的办公地方。省委省政府的领导参加了报社的社庆，对新办公楼给予高度赞赏，兄弟省、市报社也纷纷派人前来参观取经，都认为大楼有气派，设计新颖。

五

这一时期的马镇坤一面抓经营管理，一面还抓新闻报道。

1987年9月，当时他已经是报社的副总编辑。省委举办市地县书记学习班，学习三中全会以来路线两个基本点。当时，总编辑派他去参加，他既是学习和闭卷考试的参加者，又是学习班的新闻报道者（见《南方日报》1987年9月1日）。

在新闻工作实践中，他还勇于探索，大胆创新。改革开放的浪潮冲击着各行各业，也使新闻工作面临着一个如何跟上时代步伐的课题。1988年2月，马镇坤被评为主任编辑。

1988年秋，马镇坤分管的《广东画报》，也更上一层楼。当时《广东画报》时代气息不浓，可读性较差，并且出现亏损，一年要报社补贴四五十万元。为改变面貌，在《南方日报》社编委会的领导下，他除了抓画报领导班子建设和经营承包外，着重抓画报的内容改革，强调要创新，提高画报的可读性，注意宣传改革开放的成就，宣传侨乡日新月异的变化，减少过去版面上那些经常出现的会议及送往迎来的报道。

从此，画报的同志重视了广东改革开放的报道，如深圳十年、拱北的变迁、汕头经济特区新貌等，都曾经陆续出现在版面上；有些重大建设题材，如反映广东桥梁建设的《桥》，反映广东电讯建设的《微波电路连千里》，反映广东宾馆建设的《“白天鹅”带上五星冠》，还有反映侨乡建设的《树绿花红映江门》等，都用了较多篇幅去报道，读者反响较好。这样，画报的内容就能为群众所喜闻乐见，又能寓爱国主义教育于宣传报道之中。画报的可读性增强了，发行量有所增加，亏损也逐渐减少，直至能自供自给。

古人云：“德者业之基，业者德之著。”道德与事业的关系，从来就是相辅相成、相映生辉的。马镇坤向来是遇事亲力亲为，各方面关系处理得很好。他宠辱不惊，很少计较个人得失，心平气和。而他对新闻事业的热爱，是始终如一的。

1991年2月，省委组织部通知马镇坤到组织部办公室找一位副部长。到了之后，这位副部长告诉他，组织上准备调他去《羊城晚报》工作，问他意见如何。马镇坤回答说："我是共产党员，绝对服从组织分配。"这时，马镇坤已经在《南方日报》工作了22年。

继往开来谱新篇

俗话说："二人同心，其利断金。"1991年3月间，马镇坤奉调到羊城晚报社任副总编辑，协助总编辑关国栋主持全面工作。他与关国栋共过事，都是老"南方"，彼此很了解。两人配合默契，遇事互相支持。

在马镇坤到《羊城晚报》的第一次编委会上，总编辑就高兴地说："欢迎老马到来，我担子可以轻些了。"因为马镇坤熟悉经营和理论工作，这次会议决定其分管经营管理部门，以及理论部和《羊城晚报·港澳海外版》，编委们一致赞成。

对于组织的重托，员工的厚望，马镇坤觉得自己肩上的担子沉甸甸的。有挑战便有动力。他决心涉深水，擒蛟龙。根据报社当时的实际情况，马镇坤决定调整自己的思路：在《羊城晚报》的工作是，一抓"票子"，二抓"房子"，三抓"稿子"。

一

马镇坤到《羊城晚报》时，是这个报社历劫重生后的第十一个年头。复刊之初，总编辑吴有恒在坚持"老晚报"传统特色的同时，提出办报十六字新方针："反映生活，干预生活，引导生活，丰富生活。"报纸旗帜鲜明宣传党的十一届三中全会精神，为改革开放鸣锣开道。新闻报道贴近实际，贴近群众，泼辣而有特色，言论敢为人先，扬善惩恶，针砭时弊，大得民心。《羊城晚报》一纸风行。

继任者也乘改革开放东风，报纸在反映实际、反映群众、反映生活上下大力气，迈出新步伐，闯出一条适应改革开放时代的办报新路。经过十年开拓发展，《羊城晚报》已蜚声中外，成为一份具有强大影响力的百万大报。

但是，这样一份报纸，这时却在它的发展道路上遭遇困境。复刊后，报社本身是事业单位，但实行企业管理，自负盈亏。一位老晚报人告诉马镇坤，当时的晚报就是钱自己赚，没有钱自己解决，报社经营管理面临步步紧逼的市场经济，纸张价格和发行费用年年上涨，而报社资金却入不敷出，捉襟见肘。1988年前后还出现严重亏损。如果仍旧依据行政管理体制模式运行，是没有出路的。

马镇坤在这个时间节点上来到《羊城晚报》，注定了他的使命是要"继往"更要"开来"，面对未来，去再创辉煌。

破解难题，改善经营管理现状，就成了马镇坤迫在眉睫的事。他总对人说："这是这段时间我花心血最多的地方。"

马镇坤说：其实全国所有报纸的经营状况，都与《羊城晚报》一样，大家心里也都清楚。改革开放这么多年，全国各行各业都在市场经济体制下运行，按价值规律办事；报纸经营却还在沿用计划经济时期的运行模式，报纸不能提价，没有钱，由经管部门四处奔走，"烧香拜佛"要求上面拨款，要求银行贷款，始终解决不了问题，制约了报社的发展。

二

到任的第一道难关，就是敢不敢突破，怎么去突破。

按马镇坤的话说：报社的经营管理就是"要赚钱，赚大钱！"在报社领导班子的会议上，他常向大家算账：改善办公条件要钱，购置印刷设备要钱，买纸张要钱，发行报纸也要钱，改善员工生活福利待遇更要钱。有钱好办事，没钱难又难。

为此，马镇坤与经管部门的同志一道，开始探索一些既不“犯规”又能赚钱的经营管理手段，首开报界先河。

当时，在报纸的经营系统中，广告最赚钱。马镇坤一伸手就抓住这个“龙头”。

增加广告，便要扩版增张。按当时的运作模式，得先向省新闻出版局打报告，获批准后才可实施。打报告常常是有时候准，有时候不准。尽管如此，1991年的广告收入还是比上年增加了63.5%，利润增加50%，均创历史新高。1992年，从一月份起，每周一、三、五均出八版，新开辟五个专版。这一年广告收入超过发行收入，全年利润达到复刊以来的最高水平。

1993年新年伊始，广州春意渐浓，这时传来的一个好消息，更令人喜上眉梢：省新闻出版局开始放权，报社可以自行决定增张、增广告。马镇坤抓准机会，立刻密锣紧鼓，开会研究，筹划布置。一面发动广告部门乃至其他相关人员放开手脚开发广告资源；一面筹划扩版，增加广告品种和形式。

这年的11月间，马镇坤调整了报社经营管理机构，将经管处一分为三，设立出版处、行政处和多种经营办公室，下辖读者服务公司，适应新形势的要求。

随着一项项新举措的实施、落实，广告源源不断涌来，报社内也一片热火朝天。

事隔多年之后，马镇坤在接受外地记者采访时，曾经这样描述当年的盛况：“当年晚报的广告商，排着队要求登广告，我们就不断扩版增张。但是还不能满足需求，甚至要提前两三个月预约。”那时候晚报的广告营业额很大，特别是香港、日本的广告，络绎不绝。

那些年，《羊城晚报》大楼，晚上最灯火通明的，恐怕就是广告部的办公室。广告部一位老员工回忆说，在广告部工作，接单、排版，加班加点是常态，她从来没试过在晚上七点前下班的。在不影响新闻的情况下，尽可能腾出版面做广告。有企业甚至走后门登广告，希望能够插队，他们都婉言谢绝。“没办法！顺得哥情失嫂意。”事实上，那时许多在商界有朋友的职工，都曾遇到过被人找上门要求帮忙“通融”登广告的事情。如今人们对此仍然记忆犹新。

马镇坤还定了一个规则，班子成员不能批广告折头，全部按规矩办。这么多年来，马镇坤也践行了这一规则，没有批过一个广告折头。

那时候，《羊城晚报》开启一种合作模式，广告公司向晚报供稿，都有一定比例提成。在市场经济中，这是一种互惠互利的关系。很多广告公司都愿意合作，使得《羊城晚报》的广告资源非常丰富。

广告量激增，刊登的都是大广告，整版、半版篇幅。尽管按量增张，广州市还有数量巨大的各种小广告无法容纳。而对这一情况，报社又研究出一个新策略，增设广告版——《金页》。于是，它在1993年3月便应运而生，每周两期，随报附送。

《羊城晚报》此时的日均发刊量也达到了100万份左右，分布面也广，大约是广州占三分之一，各地市县占三分之一，外省占三分之一。还发行到欧、美、亚、非、澳的五大洲82个国家和地区。这给报社的经营管理又带来了非常好的社会效益和经济效益。到1994年，广告收入已达3亿多，在全国报纸的广告中，名列榜首，盈利也名列前茅。当时被人称为新闻界的一个奇迹。

三

钱有了，报纸的发展便有了可靠保证。

报社的钱，当然大部分投向了与办报有关的各个方面。1993年1月，报社印刷厂开始用彩色照排系统制版，用配备先进电子彩色跟踪装置的印报机印报；财务工作实现电脑化；编辑、记者也开始配备采编所需的各种先进设备……

马镇坤是个有高尚情怀的人。平时常听他说，当一个单位遇到困难的时候，领导人就要求员工勒紧裤腰带一起上；事业发展了，经济好转了，就应该关心员工的福利。单位与员工一起“水涨船高”，苦乐共享，才是道理。清人郑板桥都说，“些小吾曹州县吏，一枝一叶总关情。”领导人不能缺少这种情怀。

报社钱多了，马镇坤就想到也应该让员工的生活好过点。在上级政策规定的范围内，他制定了一些奖励办法，使多劳者能够多得。开展各种活动为报社赚到钱的，也可以适当提取一点劳务费。这样一来，员工的积极性大大提高，收入也大幅度提高，形成良性循环。

对一些看来是“小事”，如改善员工饭堂，改善员工停放自行车的场地等，马镇坤都记挂在心，请后勤部门逐一加以解决。报社内，人人都以“羊城晚报人”为荣，广东新闻界也闻风瞩目。

当年，《羊城晚报》很让兄弟单位的人羡慕。一些记者，只要勤奋，肯跑，肯写，收入都不菲。一般人每月都有几千元，拔尖者甚至可达近万元。这在上世纪九十年代，可是很“牛”的。进入《羊城晚报》，就像进了“金库”似的。

能够到《羊城晚报》工作，也是当时新闻界以及新闻学专业的年轻人的荣耀。一位曾在《羊城晚报》人事部门工作过的同志回忆起当年事，感慨地说，那些年对于大学生来说，《羊城晚报》可是最受欢迎的单位之一，炙手可热。招聘几个人，报名者竟然有上千人。应聘者不仅来自北京大学、复旦大学、中国人民大学等名校，而且有的人还是地方高考状元。

羊城晚报社，一时又成为“求经者”的一个“圣地”。

四

当年，广东新闻界有这样一个传言：要房子，到“南方”；要票子，到“羊城”。对此，马镇坤并不满足，他认为：羊城晚报人的胃口应该大些，“鱼”与“熊掌”要通吃。“票子”也要，“房子”更要。

正在这个时候，有两位员工找到马镇坤，一边谈话一边哭鼻子，说没有宿舍住，靠在外面租房子，日子不好过。其实，马镇坤早就想过，要像南方日报社那样，全面解决员工的宿舍问题，只要提出申请，并符合上头规定的，就能分配到一套房子。他早已在进行这项工作，把这事告诉两位员工后，她们笑逐颜开地离开。

为改善员工住宿条件，马镇坤和当时经管部门的领导林志东东奔西跑，上至房产公司，下至建筑工地，不知跑了多少地方，买了一座又一座房子。

为能找到更多既便宜又地段好的房子，马镇坤还提出，哪位员工能为报社找到好的房源。报社可以降低条件，优先分配给他房子。经济部一位门路多的记者自告奋勇说，“我有路子。”他推荐了天河火车站（今广州东站）附近一栋楼房，经管部门的人看后觉得果然不错，最后成交了。这位记者也因此优先分了一套两房一厅的宿舍。

因为在不断买宿舍，以致有人哈哈大笑说：“《羊城晚报》买房子就像买菜一样啊！”这种情况延续到1996年，职工宿舍已近600套，面积41663平方米。这些房子都采取“以职务为主，适当考虑工龄和家庭人口进行计分，按分数高低顺序办法分配”，透明度很高。

这时宿舍充分，凡是有需要的基本上都能分到房子住。连司机班的司机、饭堂的阿姨都可以参与分房子，他们说：“做梦都没想到能分到房子”，有的房子地段还不错。这些普通员工住进新房后，高兴得合不拢嘴，不断有人打电话给马镇坤，表示衷心的感谢。马镇坤总是笑笑说：“这是你们应得的。”

马镇坤为员工买了很多新宿舍，他自己却始终住在《南方日报》的旧宿舍，直到现在还是住在那里，而且没有装修，较为陈旧。有人建议：“老马，你为员工谋了那么多的福利，也应该分一套大房子。”马镇坤笑笑说，我现在住的房子挺好，把房子留给更有需要的人。

五

马镇坤在抓“票子”“房子”的同时，也不忘抓“稿子”。

晚报强调时效，上午新闻，下午见报。长期以来，编辑和记者往往是单线联系。马镇坤认为，这种采编运作好处是速度快，不足之处是不利于群策群力。

他跟关国栋商量，能否把《南方日报》的制度搬过来，每周开一次周会，上传下达，传达上头指示精神，又让部门主任汇报各条战线出现的新情况。老关一听很高兴，说这种办法好，两人一拍即合。从此，周会制度一直延续到现在。

马镇坤在《广州日报》和《南方日报》主持理论版多年，经验很丰富。他认为，《求是》作为《羊城晚报》一个版，必须与晚报总体风格相适应，才能更上一层楼。他要求编辑部编发理论文章，要联系实际，具有通俗性和可读性，让不同文化水平的读者都爱看，看懂，产生兴趣。

在马镇坤指导下，《求是》版进一步向副刊化方向发展。那个时候，内容丰富多彩，杂而有序。每一期，除骨干文章外，还配发内容各异的其他文章，体裁形式也逐渐多样化，除政论、评论、学术探讨文章外，还有专访、杂文、随笔、文摘及哲理漫画等。在版面编排上，也尽量让它活起来，这样做了，就很受各阶层读者的欢迎。

1992年春，邓小平同志视察南方并发表了重要谈话。马镇坤为了加强宣传力度，百忙中动手亲自操觚，以“谈更好地坚持以经济建设为中心”为总题，撰写《改革也是解放生产力》（3月11日），《迈开对外开放的步伐》（3月18日）、《坚持一切从实际出发》（3月25日）、《打击犯罪这只手也要硬》（4月1日）、《经济发展靠科技》（4月15日）、《重用坚持改革并有政绩的人》（4月29日）等七篇系列评论文章，全面系统地阐述了邓小平谈话的重要精神。文章刊出后，在读者中产生了良好影响。

《羊城晚报·港澳海外版》是应香港新闻界朋友的建议创办的，于1981年1月4日创刊。广东毗邻港澳，也是全国最大的侨乡。海外版向世界打开一扇“窗口”，更好地沟通海内外联系，传递祖国建设尤其是侨乡建设信息，介绍改革开放方针政策和侨务政策。经过五年实践，海外版迎来了蒸蒸日上的喜人局面。

在此基础上，马镇坤为扩大海外版在海内外的影响力，极力促进海外版进行改革，多次和该版领导探讨扩版增张事宜，使海外版在“三胞”及其在大陆的亲属之间，充分发挥桥梁作用。

1993年11月6日，海外版实施扩版试刊，于次年元旦向读者表明海外版在内容和形式上，求新求变。当日的版面焕然一新，新鲜热辣。四大版扩为八大版，并发表了题为《增加可读性　更上一层楼》的编辑部文章。

1994年6月11日，马镇坤为纪念海外版创刊13周年，撰写了《博采众长，办出特色》专文，为此后海外版的发展指明方向，提出“把爱国主义作为宣传的主旋律，努力增强可读性，做到一报在手，既可采撷中华文明精英，又可领略殊方异域风情”。

马镇坤还说：山外青山楼外楼，英雄面前有强手。在报纸竞争激烈的形势下，要发扬自己优势，又要抓住机遇，学习先进，博采众长而独出机杼，按自己的宗旨办出特色。海外版扩版求新阶段这三年，成绩显著，发行量逐年上升。

有人调侃说：这是“三子”闹“羊城”。

三驾马车齐奔驰

时间的车轮驰向1994年初春。

在神州大地上，市场经济大潮汹涌澎湃，猛烈冲击着多个领域，包括新闻界。身处改革开放前沿的广东报纸，改革与此不相适应的旧领导体制，似乎蓄势已久，箭在弦上。

一

在1994年之前，《羊城晚报》与国内多数报社一样，实行总编辑负责制，采编和经营“一元化”领导。总编辑是个“大管家”，统管报社一切事务，事无巨细，都由他决定。在计划经济体制下还好，赚钱归财政，亏损财政补。经营管理这一块事情简单，使用好拨款就算万事大吉，总编辑可集中精力办报。那时的领导也都重视社会效益，精力基本放在办好报纸上。这样一来，报社内部就自然形成了“大编辑部，小经理部”的格局。

现在不同了。市场经济形势逼人，报社实行自负盈亏，于是报社的独立自主发展便提到总编辑的议事日程。“大管家”要心顾两头，采编经营一把抓。万事缠身，常叹分身乏术。

当时，省委对此十分了解，也很信任马镇坤。

马镇坤从事新闻工作近三十年。当记者、编辑、部主任时很优秀；在《南方日报》，尤其《羊城晚报》的领导岗位上，为报社的发展做出了突出贡献，对党的新闻事业忠诚，是个作风正、有能力、有建树而又经验丰富的好领导。他开拓进取，步伐稳妥，堪当重任。

1994年2月9日，中共广东省委做出决定：《羊城晚报》试行领导体制改革，实行社长领导下的总编辑、总经理负责制。任命马镇坤为社长，曹淳亮为总编辑，林志东为总经理。同时任命社委会成员。

从副总编辑跨进社长岗位——马镇坤实现了人生征途上的第三次跨越，并从此开创了“三驾马车齐奔驰”的新局面。

马镇坤说，这个新领导体制，就是社长统揽全局，主要是组织社委商议大事，抓宣传导向，把握经营方向。总编分管采编部门，总经理分管经营管理部门，责任分明，各司其职。

不管人们如何称呼，马镇坤已被历史推向新的旅程。社委会作为报社最高领导层，行使着与党委同样的职能。用现在的说法，他就是党委书记和社长。他可以摆脱报社一些繁琐事务，专心于报社发展的总体构想，并组织实施。他站在时代的新舞台上，再展风华，为全国报纸首开先河。

但这毕竟是一种崭新的领导体制，需要“摸着石头过河”，不断去探索，去完善。在他心里，深感任重道远。

二

在最初的一个多月里，人们经常见到他在报社内的许多办公室里谈笑风生，问长问短；在社长办公室内，见到他的桌上，一杯单枞茶，几宗文件卷，数支签字笔。一脸沉静自信，如同临战前的将军，指挥若定。

4月12日上午，报社干部大会召开。

马镇坤在会上，郑重宣布报社今明两年发展的《总体构想》，提出“创一流报纸，一流效益，一流设备”的总目标，同时出台1994和1995两年的具体工作方针和阶段目标。明确具体，犹如板上钉钉。

在说到“创一流报纸”时，马镇坤说：全社的根本任务，就是办好报纸，提高质量，开创新局。这关系到报纸的生存和发展。要坚持传统特色，处理好报纸“姓党姓羊又姓晚”的关系，让报纸“飞入寻常百姓家”；明确正副总编辑职责，完善指挥系统，领导靠前指挥，主要精力用于出点子，抓稿源；重视对突发事件的报道，组织有重大影响的深度报道和连续报道；增辟新专版，创出新名牌。1995年报纸扩大到每日12—16版，日均发行量达120万份。

“创一流效益”，就是大力发展经营事业，以广告为重点，广开财路。具体目标：成立广告部，下设综合广告科和分类广告科，出版广告增张。以1993年为基数，每年广告营业额都要大幅度上升。同时，继续拓展外商广告业务，办好与港商合作的香港羊城报业广告有限公司、日本觉士广告株式会社等，逐步形成广告的大规模、国际化经营体系；开展多种经营活动，在第三产业及高科技产业领域拓展，争取成为报社经济的另一个重要支柱。

马镇坤在谈到“创一流装备”时，如数家珍。他说，现在本报进口高速印报机已有8台，每小时可印报80万对开张，但还不够，必须再增加印刷设备。1994年下半年每周出二至三次彩色报纸，1995年天天出彩报；1995年12月前，建立起新闻综合业务处理网络系统，实现写稿、编辑、审稿、资料检索、图片处理、传递等电脑化、网络化；1995年5月起给编辑、记者发电脑；10月起，部门实行编辑、拼版一体化，并在条件成熟时实行连网。

此外，汕头、珠海、湛江各个记者站综合大楼的建设工程，也陆续在1994年内落成，尽快开展经营活动。

马镇坤当日在大会上发布这个《总体构想》，话音一落，便赢得了掌声一片。

这个《总体构想》描绘了报社的美好发展前景，的确符合大家的愿望，符合报社与群众的共同利益。这些年，大家也都看到，个人利益与报社事业成功与否，息息相关。大家明白“一荣俱荣，一损俱损”的道理，情绪都很高涨。记得当年报社从窝棚搬到新编辑大楼时大家欢欣雀跃的情景，今日的《总体构想》，再次令全体员工个个深受鼓舞，斗志昂扬，都说：“目标明确，看到前景，大有奔头！”

应该说，这是马镇坤和新领导班子交给上级党委和报社员工的第一份满意答卷。后来，中国报业经营管理学会、省委宣传部都转发了《羊城晚报》这个《总体构想》。

三

当时，马镇坤看到群情如此振奋，心里自然也很激动。不过他很快冷静下来，心里明镜似的清澈。《总体构想》虽然激动人心，但如果不能落实，大家观望了一段时间，必然“心淡”，鼓起来的劲很快就会消失。要紧的是，按《总体构想》提出的要求，逐步落实，抓一件，成一件，一步一个脚印去实现。

落实《总体构想》的工作千头万绪，而时间只有两年。时间紧，任务重。谁也没有三头六臂，关键是“一班人”同心同德。马镇坤向来平易近人，与同事下属坦诚相处，能团结人，因此大家对他都很尊重。当时他就说，曹淳亮主管报纸，他来自《南风窗》，采编经验丰富；林志东主管经营多年，脑子活，办法多，是搞经营的好手。他作为一把手，只要集思广益，指挥得当，大家努力去做，默契配合，就有战斗力和凝聚力。

在调整、充实采编、经营、人事各部门中层干部之后，一批德才兼备的干部被提拔到领导岗位上来；同时建立、健全、完善工作定额、新闻奖励、出勤奖罚等十多项制度。总编辑、总经理，便各自带着他们手下的一班人马展开工作，风风火火干起来。

马镇坤后来在全国性新闻界会议上介绍经验时说，社委会成立后，我们十分明确，在落实“三个一流”的过程中始终把办好报纸放在首位。首先认真抓好采编业务。报纸是报社办好各项事业的“主心骨”。搞经营，首先靠办好报纸。报纸有特色，可读性强，发行量大，广告就会跑上门来。所以，办好报纸是头等大事。11位社委中，9位专职办报。实行新领导体制，总编辑专职抓报纸，有职有权，一心抓采编，采编工作很得力。

办好报纸，又需要物质作保证。增强报社经济实力，就得靠抓“广告”，抓“多种经营”。但这并非易事。挂几个公司招牌，不等于就能赚钱。这需要领导花精力。在市场经济的激烈竞争中，要有正确的策略。马镇坤总结了过去的经验教训，强调报社的经营活动必须以报纸为依托，所开办的公司都与广告、印刷有关。买地、购置物业是打基础，为后来的人创造一些财富。这些事情由总经理管。新的领导体制突出一点，就是提高了分管经营管理的总经理地位，第三把手办起事来得心应手，使经营活动得以顺利开展。

马镇坤这席话，的确是经验之谈，且戳中要害。

四

《羊城晚报》实行新的领导体制后，方向正，方法对，目标明确，“三驾马车”，便在“一马平川”的路上一齐飞奔起来。报社各项工作井井有条，忙而有序，效率都很高。

随着《总体构想》任务的逐渐实现，《羊城晚报》出现采编业务与经营管理共长、精神文明与物质文明争辉的新局面，收到良好的社会效益和经济效益。两年来的新闻报道有声有色。尤其是领导靠前指挥、精心策划一批精品，不断引起轰动效应。

1994年，报道了韩素云爱国拥军的事迹和广州人民帮助她治病的情况，歌颂了“好军嫂”韩素云“位卑未敢忘忧国”精神，歌颂广州人“一人有难，众人相帮”的新风尚，在社会上引起强烈反响，受到中央和解放军总政治部的重视。

1995年，对“好军妈”姚慈贤的感人事迹，以更大的篇幅，从各个侧面宣传她“舍小家为大家”，送子参军服役，报效国家的高尚情操，更起到震撼人心的报道效果，受到军队和地方政府领导的好评。

那些年，影响较大的正面典型报道，还有深圳市沙头角“活雷锋”陈观玉、揭阳市勤政廉政的农业局长李楚生等。同时还抓了不少社会热点问题的报道，如“追猪”“打击果霸”“卖花女”“打击盗窃自行车”“打假”等，读者和领导都叫好。作为《羊城晚报》传统特色之一的《花地》《晚会》等副刊，从内容到形式，不断推陈出新，保持了质量上乘、品位高雅的特色。

这样，报纸便受到广大读者的欢迎。报纸日发行量保持110万份以上，真正成为“飞入寻常百姓家”的“燕子”。

经营管理迅速崛起，上了一个新台阶。初步形成以新闻事业、印刷出版业为主体，以广告业为龙头的多领域、多形式、多层次的经营开发体系。形成广告的多样化、国际化的大规模经营体系。报社产业除广州外，在其他地方都置有物业；实现印刷设备现代化，拥有高、中速高斯彩色印报机6组16台，生产能力达到每小时132万对开张；报纸排版实现电脑化，为国内省、市级报社之冠。

敢为天下先，是羊城晚报人最引以为豪的。如采访设备，《羊城晚报》在当年一直走在全国前列，只要国际市场上有先进的采访设备露脸，便会慷慨地采购回来。一位摄影部老记者谈及这些“威水史”不禁感叹，当年的报社领导确实够魄力，敢喝“头啖汤”。

有一件事，这位摄影记者至今记忆犹新。在马镇坤任社长前几天，他拿着购买新设备申请报告走入马镇坤办公室，说：最近国际上开发了一款先进的照相设备——数码相机，不用胶卷，可以即时传输。但价格较贵，整套设备连相机、电脑、打印机，约60万元。新华社也是刚引进，其他媒体都没有。

“对出报有多大帮助？”马镇坤问。这位记者答：“很大，绝对让羊晚新闻捷足先登。”“既然这样，那就买！”《羊城晚报》因此成为全国地方媒体中最先拥有数码相机的媒体。

数码相机让《羊城晚报》的新闻增添了不少活力，记者的足迹到达什么地方，就可以在报纸上及时反映那个地方的图像，甚至可以遍及全球每一个角落。1994年，《羊城晚报》记者随中国科考团深入南极大陆，数码相机图文并茂地发回现场报道，羡煞众多新闻同行。

不久，《羊城晚报》又在全国媒体中首开先河地引进当年最为先进的全球海事卫星电话，在全球任何一个角落均可发稿。这台电话不便宜，价值几十万元，每分钟通话费三美元。《羊城晚报》记者就是拿着这台宝贝电话跑到杳无人烟的新疆罗布泊荒漠，采访广东探险团一路跋涉、一路探险的事迹。每天，记者与总部实时通话，传递最新信息。读者像看连续剧似的，紧追新闻。当年这组报道，让《羊城晚报》一时洛阳纸贵。

当年这样敢为天下先的事例，不胜枚举。先进设备，装配队伍，抢占先机，为报社今后的新闻改革和经济发展打下良好基础。

在马镇坤的领导下，《羊城晚报》在短短的两年多时间里实现了跨越式发展。他在实践新领导体制中，探索出一条成功的新路子。他据此撰写论文《新体制带来新面貌》（《新闻战线》1994年第10期），曾三次在全国性新闻界会议上宣读，并被编入1995年度《中国新闻年鉴》；他在探索新闻工作规律，摸索报纸改革途径方面，也发表了多篇新闻理论文章，其中试论《羊城晚报》的特点和风格的论文《突出一个“晚”字》，发表在《中国记者》1994年第11期上。

后来，有人问马镇坤，《羊城晚报》为什么在短短两年多时间，创造出如此辉煌的成绩。他直率地说，当时社长、总编辑、总经理都有创新意识，积极性高，团结合作，天时、地利、人和三者兼备，这自然就能出成绩。

在《羊城晚报》的文化建设上，马镇坤主持编辑了《羊城晚报社史》《我是羊城晚报人》《羊城晚报藏书画选》。退休后，还与报社关工委、老记协的同志一起，编辑出版《与时代同行》一书，作为《羊城晚报社史》的补充。

典型报道新探索

马镇坤有锲而不舍的个性，任何事都尽力做到最好。这就是“马镇坤风格”。

在新闻探索上，也是这样。

马镇坤有丰富的新闻经验，他笑称自己以“理论”起家，多年就有个心愿：希望广东新闻界携起手来，共同把实践经验升华为理论认识，从中找出带规律性的东西，反过来指导当前的新闻实践。

他说：“这是利在当前，功在千秋的大事！”

一

1995年夏天，马镇坤自己有一次出色的实践和探索。

当时，《羊城晚报》汕头记者站传来信息，说潮阳井都镇的上南村，有一位叫姚慈贤的农村妇女，把养儿报国作为自己的最大心愿和光荣义务，为国防建设事业做出积极贡献，事迹十分感人。国家民政部、解放军总政治部对这个爱国拥军典型很重视。

马镇坤敏锐地嗅到，这是广东改革开放中涌现的又一个爱国拥军先进典型。于是他考虑尝试采用各种新闻报道手法和形式，把这个典型的宣传做深、做透、做大，扩大影响。

1995年6月初，社委会决定在4月初步报道的基础上，加大力度进行宣传。马镇坤当即派出经济部两位记者，还有摄影部一位记者，作为“先头部队”出发采访。临行前，他召开“报道策划会”，明确报道定位在弘扬爱国主义的时代主旋律上。作为“重头戏”的主稿，主题定位在传统美德与时代精神的结合点上。稿子要写得有晚报特色，有人情味，从平凡中见伟大。

三位记者立刻动身，直奔潮阳姚慈贤家乡，从细节入手，采访姚慈贤和他的儿子，以及当地政府，与当地乡亲座谈。经过几天下田间、进民房，深入生活，实地调查，掌握了大量的第一手材料。记者打电话向广州总部的领导汇报，说姚慈贤事迹的确十分感人：十六年前，在南疆硝烟尚未散尽之时，她把大儿子送去部队。从1979年至1990年十一年间，伴随改革的春风，潮阳县的经济已发展起来，许多农户靠勤奋也都发家致富。姚家有好男儿，不愁挣钱致富。但姚妈妈说“好男儿就应当报效祖国”，先后把五个儿子中的四个，送到陆、海、空军和武警部队服役。儿子入伍后，她以瘦弱之身，挑起家庭重担，既要照顾双目失明的婆婆、长期卧病的丈夫和患有残疾的女儿；又要辛勤耕种四亩责任田，发展家庭副业。十几年含辛茹苦，克服困难，支持儿子们安心服役，报效祖国。

姚慈贤以纯朴的爱国之心，教育儿子奋发向上，立志成才。四个儿子都先后入党，考上军事院校，立功受奖。

二

听了记者的汇报，马镇坤深受感动。当即带领两名编辑前往潮阳，与记者一起进一步深入采访。姚慈贤是个普通妇女，与千千万万平凡女性一样生活、劳作；她不识字，不善言辞，更不会讲大道理。采访时便尽力从她平凡的日常生活中，去寻找母亲养儿报国的细节；从浓郁的风土人情的感人故事中，去发掘她的优秀品质。从而提炼出她的精神精粹："先公义后私利，先国家后小家，爱国拥军，默默奉献。"由此去体现中华民族优秀妇女的善良贤惠、勤劳坚强、艰苦奋斗的传统美德；体现一位普通军人的母亲甘于吃苦、乐于奉献的博大胸怀，而没有把她放在"高大全"的位置上。

马镇坤对他身边的记者说："新闻是时代的记录，记者采写的报道是否真实、深刻地反映他所处的时代，就看他能否从普通人身上发现闪光的思想火花，能否从平凡的事迹中揭示足以启迪人的道理来。"这一席经验之谈，在记者后来写作这篇稿子时，启发很大。

在即将成稿的时候，马镇坤又带着报社的两位相关领导、要闻部主任、副刊部主任，专程从广州飞到汕头，现场采访，现场编辑，现场审稿。

6月12日当晚，在《羊城晚报》汕头办事处，找来一台电脑摆开阵势，开始流水作业：608房，经济部两位记者用电脑写出初稿；楼下的508房，马镇坤与一班"老编"围在一张饭桌旁，对稿子一页页进行修改。夜深时，办事处的同志送来热粥。直到东方发白，这篇长篇通讯终于完稿，即时传真到报社，由要闻部主编对稿件进行最后润色，并请微音撰写《街谈巷议》。

6月19日，长篇通讯《慈怀报国贤母心》与读者见面。当日版面打破了传统的编排手法，采用大标题、大照片，出彩报、印彩照等形式，版面大气、醒目。

这篇通讯努力发掘姚慈贤生活中最有吸引力、影响力的事实，不仅生动活泼地描写出她最吸引人的细节，而且浓墨重彩刻画了她的高尚情操。姚慈贤的故事感人肺腑，报纸又以“破格”形式展现，立即产生震撼人心的效果。当晚，许多读者忍着泪水读完这篇报道。

接着，跟踪新闻事实的发展，不断派记者采访，及时捕捉新的信息作连续报道。同时，言论及时跟上配合。一版有微音的五六篇《街谈巷议》，从时评角度评述这个典型的时代意义和社会价值；副刊《晚会》由马镇坤撰写的《夜谈》十篇，又用引古通今的事例，纵论中华传统美德在新时代的继承和发展的重要性，把姚慈贤的事迹提升到应有的高度。

一情一理，相得益彰。全景式的综合报道与进行式的追踪报道，又产生了生动活泼的动感。马镇坤洞察先机于前，周密谋划于后，使整个报道过程气势磅礴，震撼心灵，强化了宣传效果。

三

这个报道从4月2日起，到8月中旬，共发表文章、照片78篇（幅），在社会上引起强烈反响。民政部、解放军总政治部做出决定，授予姚慈贤“爱国拥军模范”称号，号召全国军民展开向姚慈贤学习的活动；广东省委、省政府、省军区做出决定，授予姚慈贤“爱国拥军好母亲”称号，并号召全省军民向姚慈贤学习。

许多领导人会见姚慈贤，包括时任中共中央政治局委员、广东省委书记谢非，中央军委委员、国务委员兼国防部部长迟浩田，广州军区司令员李希林等。时任解放军总政治部副主任周子玉会见《羊城晚报》领导和记者时，赞扬姚慈贤这个典型报道抓得好，并说：“我平时就爱读《羊城晚报》，我们的总政治部主任更是长期订阅《羊城晚报》。”

2009年8月25日，来自《南方日报》的报道称，由《人民日报》等三家中央媒体公布，姚慈贤当选为全国“十大爱国拥军新闻人物”。姚慈贤的事迹，又一次引起广泛重视。

这个报道中的通讯和评论分别获广东省当年度的新闻奖一等奖。由广东新世纪出版社出版的《慈怀报国贤母心——爱国拥军模范姚慈贤事迹报道选编》一书，是一本生动的爱国主义教材，也获得了当年全国政治类图书优秀奖。

这组系列报道，同时也引起了新闻学研究者的浓厚兴趣。《新闻战线》杂志在1995年第11期上，发表了彭朝丞撰写的评述性文章——《有益的探索，喜人的成果——读〈羊城晚报〉“爱国拥军模范”姚慈贤系列报道》。他在文章中说，他几乎一篇不拉地读了这些报道，心中始终激动不已。这是为什么呢？

彭朝丞认为，这是因为《羊城晚报》在这次报道中“有许多新的探索，并取得了可喜的成功”。其中至少在三个方面给人启迪。其一，作为系列报道的“重头戏”——《慈怀报国贤母心——姚慈贤和她五个儿子的故事》，把报道推向高潮，紧紧地“抓住”读者的心；其二，这组系列报道取得成功的关键，得力于“精心提炼主题”——把主题定在传统美德与时代精神相结合上，并以此作为主线，将方方面面的报道统领起来；其三，系列报道这种在报纸上具有重要作用的新闻手法，是一项时间长、对同一事物强化次数多和综合性强的新闻活动。《羊城晚报》这组系列报道，按照新闻规律合理安排报道结构——不按图索骥，“搞单向灌输”，力求在跟踪新闻事实的新发展中，实现编者与读者双向交流，使整个报道充满新鲜的动感。它给人启示：“过去那种设想一篇稿子、一篇社论解决问题，拉开架式搞全景式的长篇大论，看来已不是新闻传播的特有优势，至少越来越不太符合信息时代读者的需要了。”

四

应该说，马镇坤的成功探索和实践，不仅能为同行“立则”，更为岭南新闻探索提供一个可供发掘的“富矿”，并为今后的探索别开生面。

1995年4月，马镇坤当选第四届广东省新闻学会会长。履职第一天就发表宏愿，组织大家“探索新闻理论”，“把理论流传于世，沾溉后人”，用高质量的研究成果，“提高新闻质量”。他领导新闻学会期间，除继续办好《岭南新闻探索》外，精力都倾注在组织“新闻媒介岭南特色学术研讨会”上。

经过一年多的筹备，“新闻媒介岭南特色学术研讨会”于1996年10

月9日至11日在深圳举行。参会单位16家，专家34人，认真探讨，深化认识，进行新的理论概括，寻觅推动岭南新闻事业健康发展的深层次规律。经过三天的讨论，在岭南新闻的“务实性”“多样性”“开放性”和“兼容性”等特色方面，达成共识，并有较高的理论升华。特别是，明确了研究和发展岭南新闻特色的目的，不为研究而研究，而是为促进广东新闻实践更上一层楼，更好地当好党和人民的“喉舌”，为建设中国特色社会主义事业、为宣传改革开放方针政策服务。这就为今后的研究、探索指明了方向和路径。

会后，从这次提交研讨会的34篇论文中，选出28篇结集成《岭南新闻特色论文集》，马镇坤担任主编，由广东人民出版社出版。

新闻理论界的专家学者普遍认为：这次研讨会有“里程碑”式的重大意义；论文集的出版，对后来者也有“经典”性的参考价值。

1996年11月27日，省委常委、宣传部部长于幼军在《羊城晚报》干部大会上宣布：因年龄关系，马镇坤卸任社长一职。

卸下重任、退居二线后的马镇坤，在省政协和省老记协的这一片新天地上，又有一番新作为。

老骥伏枥系老记

难得人生心不老，最美不过夕阳红。马镇坤退休后，像很多人一样从“单位人”转变成“社会人”。不少忙碌一辈子的新闻人离开了工作单位，心理上有一种失落感，热爱新闻、又乐于奉献的马镇坤，为了丰富每一位退休新闻工作者的晚年生活，利用老记协的平台，组织多元化活动，让老新闻人老有所为。

一

1998年12月23日，广州，丽日蓝天，温暖舒适。广东省老新闻记者协会在广东迎宾馆举行会员大会，庆祝协会成立12周年暨换届选举。马镇坤被选为省老记协第六届会长。

老骥伏枥，这位老新闻工作者，以一颗不老的心，从此领着数百位离退休的广东老记者活跃在社会各阶层，“安老励少，传故启新”，老有所为，老有所乐。

为了老记协这个“温馨之家”，马镇坤精心服务，一干就是十年。直到2009年6月23日选举产生第八届理事会，范以锦当选为会长，马镇坤因年事已高才放下重担，但他一直心系老记协。

回忆起老记协十年掌门人的工作，马镇坤感慨良多。他说，别小看老记协，这绝对称得上是老新闻工作者之家。广东省老记协是党和政府联系老记者的桥梁和纽带，起着“安老励少，传故启新”的作用。每年一次的新春（或迎春）联谊、高龄寿星和值年寿星在重阳前后的祝寿会是省老记协的“重头戏”。这为大家提供了见面叙旧、联络感情、交流养生经验的机会，老记们个个兴高采烈。各个分会会根据各自的实际情况，开展大小不同的活动，例如参观旅游、书画义卖和饮茶聚会抒怀等。

在马镇坤被评为广东省首届新闻终身荣誉奖后，有记者采访马镇坤，问起他在省老记协任职十年，主要关注什么？马镇坤回答说，主要是为老记们“老有所学，老有所为，老有所乐”提供良好的平台。

说起当年老记协的活动，马镇坤如数家珍：组织会员学习党和国家领导人的讲话，让会员的思想与时俱进，永远与中央保持一致；发动会员写文章，练书法，学画画，既可增长知识，又可发挥余热；组织会员参观旅游，重叙友谊，交流养生经验，令人快乐。

二

十年老记协工作，留给马镇坤许多美好的回忆。一幅幅温馨的场景，一张张熟悉的脸孔，一个个动人的故事，都深深地印在老会长的脑海中，久久不忘——

高朋满座叙友情。2006年12月5日，广东省老记协成立二十周年大会在广州东方宾馆国际会议中心举行。时任省委副书记蔡东士，省委常委、宣传部部长林雄，原省委老领导林若、吴南生、黄浩、张汉青以及省市新闻界现任主要领导人及会员600余参加。

林雄代表省委和宣传部向全省新闻界老同志表示祝贺和问候。这些领导人或曾在新闻单位任职，或曾分管过新闻工作，那种深厚情谊，那种热烈掌声，真是难以言表。

马镇坤说，记协庆祝大会，省市领导和新闻媒体的大佬们能如此捧场，一请即到，让他很感动。官大官小，不分彼此，到会者谈天说地，十分融洽。

一些身体或腿脚不便的老记者，也坚持要家人推着轮椅来参加；一些不熟门路较为紧张的老记者，甚至提前一天让家人带他到聚会点视察地方，以免第二天错过地方。这些老人家谈起当年事，感慨万分，一些老同志还会带来当年的工作照或近年的生活照，与大家分享。摄影留念，已成了必备节目。老记协聚会犹如家庭聚会。

三

“秀出天南笔一支。”每当看到龚自珍这句名言，马镇坤脑海里情不自禁浮现出一个温馨的场景：两位老人，你书名句，他挥画作。

省老记协二十华诞即将来临之际，有人提出，能否给会员和参加庆典的嘉宾赠送一件有意义的纪念品。马镇坤等几个会长绞尽脑汁——送什么纪念品好呢？既要省钱，又要有意义。最后，有人指着茶杯，就它吧。此茶杯非普通茶杯，一边要有靓字，一边要有靓画，而且还得是名家大师之作。大家一拍即合。

马镇坤便与省文联副主席赖海晏商量，看能否请广东省委原书记、省政协原主席吴南生写字，广东著名画家林墉作画。赖海晏听后，笑了笑说：“两位是我的老领导、老朋友，我负责联系。”

一个周末，赖海晏领着马镇坤来到吴南生的家。进门后，老人家便热情地为他们泡茶。坐下后，说明来意。吴老很爽快，“为老记者助一臂之力，好事！”于是立即题下龚自珍名句“秀出天南笔一支”。

吴南山同志书法之功力，早已闻名遐迩，为人们交口称赞。他用笔极其有力，刚劲而又优美，变化灵活，精致而又舒展，意到笔随。吴老用纸也很讲究，用的是古味浓郁的珊瑚红宣纸。

随后，他们又请林墉作画。林墉也满口答应。画什么好呢？最好画一支花。他说，要精心画，过几天来取。很快，他就画了一幅木棉花（广州市花）。

有位老记者看了这两幅作品，赞不绝口，冲口而出："一朵木棉，一支笔，这可不正应了广东省老记协的称谓吗？"大家都笑了。

印有吴南山题字、林墉作画的茶杯由江西景德镇的陶瓷厂制作。当茶杯制作出来后，马镇坤等人捧在手上，简直不敢相信，太美了，左看右看，都舍不得放下。这件礼品，大家十分满意。

广东省老记协二十华诞庆典上，这套茶杯一亮相，惊艳了众嘉宾。大家都小心翼翼地把它当文物收藏起来。

四

老记爱心献汶川。每当谈起老记者的爱心，老会长马镇坤总会说："爆棚！"这些年来，只要会员有什么困难，老记协都会鼎力相助，如果国家有什么需要，老记协更是义不容辞。

2008年5月12日四川汶川发生特大地震，电视上，报纸里，那一幕幕惊心动魄的地震场面，那一幅幅一人有难众人相帮的情景，深深感动了老记者们。省老记协对同胞遭遇生死之劫，家园破碎，感同身受。

地震后不久，老记们自发地有力出力，有钱出钱。虽然很多老同志退休后，收入不多，但是对于捐款却是力所能及地献爱心，少到一百元，多到上千元，甚至有人解囊万元。不到几天工夫，省老记协会员就捐款20多万元。

随后，会员们还群策群力编辑出版了《我的记者生涯》（第七辑）——《广东记者抗震救灾采访纪实》，详细记述了125位记者在震区的难忘经历。该书出版后，在社会上引起广泛关注。

马镇坤介绍，为展示老记的才能，他们还举办不少摄影、绘画等展览会。2000年12月，"广东省老新闻工作者书画摄影展"在广州文化公园展出。省人大常委会主任朱森林为展览提名。省委老同志吴南生、寇庆延、张汉青参加开幕剪彩。这次参展作品共126件，观展人流如潮，个个都啧啧称赞。

五

不仅举办各种活动，马镇坤还不时亲自操刀，为老记协撰写稿子。据粗略统计，这些年他共写了30多篇关于老记协的文章，平均每年写3篇。难怪有人说，老马是老记协的高产作家。

这些文章都是反映老同志生活，书写“舞动人生心不老，最美不过夕阳红”，如《和谐温馨二十年》《真挚的友情比黄金更珍贵》《夕阳也辉煌》《乐观是健康的根本所在》《把人生的晚霞融入时代的曙光》《颐养天年乐融融》等。这些文章刊登后，很受老同志喜欢。

有人说，那些短文章都很有意思，可以汇编成小册子。马镇坤摇摇头，说这些都在会刊和书本中和大家见过面。

然而，为了让青少年了解中国文化，增长知识，更有教养，2016年，马镇坤和林超、黄新聪编写《解读千字文》一书，并以羊城晚报报业集团关心下一代工作委员会的名义出版。为了刊出此书，三位老人，自己查资料，自己翻译，自己校对，甚至自己敲电脑录入。

《解读千字文》出版后，洛阳纸贵，非常抢手。甚至海外还有外文报纸转载了。一位马来西亚华侨看后表示，要买下此书版权，到海外发行。这二位憨厚的老人说，如果此书能在海外成为传播中华文化的桥梁，能帮助海外赤子认识汉字，他们也心满意足了；至于版权无所谓，就当为中华文化传播做点微薄贡献。老华侨听后，热泪盈眶。

2009年夏天，马镇坤和省老记协副会长丁辛人及陈绍儒，多次动员范以锦出任省老记协会长，开始老范很勉强，因为他还有许多社会职务，最后终于答应。这一年的6月23日，省老记协进行换届选举，马镇坤终于卸下工作繁重的会长一职。

马镇坤说，人老心不老，他会永远心系新闻。

第二篇

众说马镇坤

创一流报纸一流效益一流装备

——访羊城晚报社社长马镇坤

肖 武 段 想

《羊城晚报》发行量位列全国第五，并在欧、美、亚、非、澳五大洲的82个国家和地区拥有众多读者；广告收入超亿元，在全国报纸广告收入中名列榜首；今年3月，在粤报中又率先实行了社长领导下的总编辑、总经理负责制，在体制改革中迈出了重要的一步。《羊城晚报》的成功，令人注目。

7月的一天，记者在穗采访了羊城晚报社社长马镇坤。初识马社长，即被他开放的构想、缜密的思绪所吸引。他说，在当今世界多媒体竞争日趋激烈的情势下，由于电视的发展和报业的竞争，晚报发展的总趋向是萎缩的。比如香港地区，原有5家晚报，目前剩下了2家。在世界新闻业发达的其他地区，趋势也大体如此，但从我国内地情况看，晚报则方兴未艾。我们在较长一段时间内，不断实行报纸改革，使之更具有现代晚报的优势和特色，从而赢得更多读者。《羊城晚报》就是要在传统晚报（作为日报的补充，以刊发娱乐性、趣味性、知识性内容为主）和机关晚报（以晚报代日报之职）之间，确定自己的坐标；一报在手，让读者知晓天下大事，掌握大量来自生活的最新信息，又增长知识，启迪思想，获得乐趣。报纸既弘扬主旋律，又注意多样化，狠抓重点报道，注重社会新闻，敢于接触群众中的热点、难点问题，积极干预、引导社会生活。

说到经营管理，马镇坤有一个感慨和一个体会。感慨的是，经营人才缺乏，有经济头脑、有开拓精神的经营管理人才难得。所以，当上级把年轻的总经理排在社长、总编辑之后，位列第三，当报社大胆启用一批经营人才时，这种魄力着实令报界同仁由衷竖起了拇指。一个体会是，多种经营主要应当围绕着新闻出版方面去开展，要扬长避短。商界有句俗语：“不熟不做”。《羊城晚报》也曾做过自己不熟悉的生意，结果是失败的多成功的少。近几年来，他们不断总结经验教训，主要经营自己熟悉的业务，使报社三年迈了三大步，连续翻番，并初步形成了以新闻业、印刷出版业为主体，以广告业为龙头的多领域、多形式、多层次的报业集团。首先抓好报纸广告；其次，利用自身优势，创办跨地区、多形式的广告公司。先后建立了金羊广告有限公司、金城广告有限公司，以及与外商合作的香港羊城报业广告有限公司、日本觉士广告株式会社。这些广告公司为报社赢得了可观的经济收入；再次，更新设备，扩大印刷能力，大力开展彩印服务，在抓好这些项目的基础上，适当向第三产业拓展，看准一个，抓好一个，确保回报。这样，报社的经营就是一个有核心、有主次、有章法的良性循环体。

有了雄厚的经济实力，就有能力改善办报条件，提高职工福利待遇，反过来再促进报社和各项事业的发展。这是一个滚动前进、循环再生的过程。几年来，《羊城晚报》先后投资近亿元，从美国进口高斯彩色胶印机，最近，又引进了3台高斯“特罗奈纳”彩色胶印轮转机，目前已拥有高斯彩色胶印机4组10台，印刷总体能力大大提高，雄踞全国省市级报纸之冠。与此同时，采编手段也走向现代化，报纸排版基本实现电脑化。记者、编辑配备了高档的电脑，从8月份起，40岁以下的记者、编辑向要闻部交稿，必须交用电脑排版的，否则退回。这一招使记者、编辑既紧张又兴奋，参加电脑培训的一批又一批。

人常说“人逢喜事精神爽”，其实，更多的时候是“万事顺精神爽”，与马社长交谈正让人体悟到这一点。《羊城晚报》已经跨入了良性循环的新时期，天时、地利、人和，三者兼备，没有理由不喜悦。这种情绪也感染了我们。

（原载《新闻出版报》1994年8月3日）

接听陌生电话的奇遇

陈镇宏

时下，不接陌生电话，已是人们的习惯。然而，在45年前，一个陌生电话，却引发了一段奇缘。

那是1972年底的一天，广东省革命委员会（中共广东省委）警卫连的一名年轻战士，接到一个陌生人打来的电话。对方自称是《南方日报》的编辑，说是你写的文章《学如逆水行舟》，写得很好，但因有关“学习”的文章已发过了，就不再发了。希望以后坚持写作，继续来稿，云云。年轻战士颇为激动，连道感谢，末了斗着胆子说，报纸发表有关“学习”的文章都看了，我这一篇角度不同，主要是强调学习要有恒心，有毅力，才能见成效。

令年轻战士想不到的是，对方竟说，文章确实写得不错，我们再考虑考虑。

更令年轻战士想不到的是，过了几天，文章竟然刊登出来了，题目改为《学习要持之以恒》（《南方日报》1972年12月15日第三版）。

在“文化大革命”期间，《南方日报》《羊城晚报》《广州日报》三报合一，广东省只有一份大报，每天只出四个版。写稿的人很多，版面很少，一个高中未毕业（我是老高一）的青年战士的习作能在《南方日报》刊登，受到了巨大的鼓舞，从此一直持之以恒学习，持之以恒写作。

说到这里，该解密了。这位打电话的陌生人，是时任《南方日报》理论组副组长（即理论部副主任）马镇坤。那个年轻战士，即是鄙人，陈镇宏，时年24岁。45年过去了，回想起来，那个陌生电话仍历历在目：连队通讯员接电话后走出连部大喊：三班长，电话！我满腹狐疑，怎么会有人给我打电话？跑步到连部接听，原来是报社打来的，一是高兴，二是感动。

那时向报社投稿，并不知道报社分为这个部那个部，只写“《南方日报》编辑部收”，而且也不懂得留电话号码。老马为了给陌生的作者打电话，通过广东省革委会总机转到警卫连。如此周折，如此用心，老马的那份盛情，那种敬业精神，真让我终生难忘。

人的一生总是会遇到各种各样的人和事，遇即是缘。因缘际遇，因与果相互交错，构成了各个人的人生轨迹。其中，能给人留下深刻印记的奇遇，则可遇不可求。45年前的那个陌生电话，确是一次奇遇。如果说，1972年老马那个电话向我打开了写作之门，那么，十年后老马则向我打开了《南方日报》理论部之门。

1977年恢复高考，我侥幸考上了中山大学哲学系。毕业后，1982年老马把我招入了《南方日报》理论部，成为理论部的一名编辑。后来，又步老马的后尘，成为理论部副主任、主任。

在马镇坤身边工作是很享受的。他方向明确，思路清晰，不会有东奔西突的疲惫，也不会有无所适从的迷茫；他点子多，那种对事物的洞察能力和应变智慧，让你学到很多东西；他要求严格，使你认真做事，努力工作，增长做事的本领；他循循善诱，从不发火，使人工作起来心情愉悦，效率倍增。老马身上有着一以贯之的稳定性，那就是坚持原则、从善如流、广结善缘。采用稿件一视同仁，不搞亲亲疏疏，展示做人做事的原则性；善于听取不同意见，博采众长，展示宽阔的胸怀；与人和气，广结善缘，展示大格局。仔细想来，那个陌生电话并非老马一时兴致所至，而是他的稳定性的自然流露。这也许是解读马镇坤的一个密码。

就在写这篇稿子其间，有一次朋友聚会，我谈起了这次接听陌生电话的奇遇。在座一位认识马镇坤的朋友说：“老马这个人心很大。”“怎么说？”我问。答曰：“他总是笑眯眯的，心里什么都装得下。”诚哉，斯言。

（作者系人民日报社广东分社原副社长、高级编辑）

一个勇于开拓又谦虚谨慎的人

——我心目中的马镇坤同志

黄国平

我从“文革”后期开始，就与马镇坤同志一起工作。先在《南方日报》，后在《羊城晚报》，至今已40年。期间，我被调到省委宣传部工作了四年，其余时间都是在一起的。所以，彼此十分了解。老马不但是我的好朋友、好同事，更是我的好领导。在工作中，他既勇于开拓又谦虚谨慎，令人敬重。

一

马镇坤有很强的事业心、责任感和奉献精神。上世纪八十年代，他在《南方日报》担任理论部领导，从副主任到主任，后来晋升为副总编辑。他一直以新闻事业为己任，尽职尽责，兢兢业业。

他常常根据广东改革开放和经济建设的实际，拟出重点选题，亲自登门约请专家、学者撰写理论文章。所以，当时广东理论界的许多知名人士，包括中山大学、暨南大学的许多教授，都成为他的知心朋友和座上客。他需要什么稿件，只要一个电话，对方都会乐意接受约请。理论部一班人在他的带领下团结一致，上下同心，各尽各力，很好地完成了各个时期的理论宣传任务。当时，《南方日报》理论版在省级兄弟报纸中是办得比较出色的，发表了不少高质量、有影响的文章，为广东的改革开放和经济建设提供了有力的舆论支持。

1991年初，马镇坤调到羊城晚报社工作，担任副总编辑（报社的第二把手），重点抓经营管理。他以战略的眼光，大抓广告和发行，并在广州以及外地购买了一批房地产。这些房地产，成了羊城晚报社一笔宝贵财富。

1994年2月，经广东省委批准，马镇坤担任羊城晚报社社长。上任后，他花大力气贯彻省委关于羊城晚报社实行领导体制改革的决定，建立社长领导下的总编辑、总经理负责制。他制定了报社两年发展的《总体构想》，提出“创一流报纸、一流效益、一流装备”的目标。在实施过程中，他统揽全局，带领社委成员，各司其职，坚持正确的舆论导向和经营方向，认真办好报纸和搞好经营，同时抓好内部建设。在他的带领下，大家发扬团结、务实、开拓、奋进的作风，力争抓一件，成一件，做到一步一个脚印。经过两年的努力，取得了优异的成绩。报纸质量在原有的基础上大大提高，广告经营收入在全国报社中名列榜首，报纸的印刷能力也居省市报社之冠。

马镇坤退休以后，还组织老同志编写对青年记者有所帮助的书籍。比如《与时代同行》一书，这本书发表的都是《羊城晚报》老领导、老编辑、老记者撰写的回忆晚报创刊和复刊情况的文章，介绍了报社的好传统、好作风和好经验，对年轻一代很有启发意义。

二

坚持民主集中制，发扬民主，对一个领导人来说，是十分重要的，往往关系到工作的成败。老马善于发扬民主，固然同他的理论水平、政策水平有关，同他的深入调查研究有关；同时也是同他重视听取大家的意见分不开的。比如前面说到的，他担任社长不久，制定了两年发展的《总体构想》，就是他坚持民主集中制，认真听取社委一班人和各部门意见，实行民主决策、科学决策的结果。这个《构想》充分总结了晚报多年办报和经营的经验，是集体智慧的结晶，反映了职工的愿望和要求，奋斗目标明确，措施切实可行。所以实施起来，步调一致，形成合力，使《构想》得以如期实现。

三

坚持做到谦虚谨慎，廉洁自律，这是老马一贯对自己的要求。三十年前，有一次，我与老马一起出差到顺德县陈村镇，住在同一房间，晚上闲聊时，他说过一句话，至今还留在我的记忆里。他说：“我们一定要谦虚谨慎，夹着尾巴做人。”他这样说，也是这样做的。不管是在《南方日报》还是在《羊城晚报》，他的工作成绩，大家有目共睹，但他并不以此为资本而居功骄傲，而是“利居众后，责在人先”。

在公车使用上，报社上下无比竖起拇指赞他。作为《羊城晚报》第一把手，老马经常外出开会、谈工作、应酬等，完全可以让报社为他购买一辆较好一点的小轿车。然而，他并没有这样做，而是坚持坐一辆顺德组装的德胜牌面包车。这部车一直坐到退休。当时《羊城晚报》经济实力雄厚，买一辆稍好的车完全可以，但是他却一直保持着勤俭节约的本色，从来不挥霍公家的钱。

四

保持与群众的密切联系，也是马镇坤的一个突出表现。《南方日报》与《羊城晚报》两个报社的人都知道，一直以来老马与群众的关系都很好。他担任社长以后，虽然身居领导要位，但与群众的鱼水关系，始终没有改变。平时他关心职工，重视听取职工意见，反映他们的呼声；职工也乐意接近他，向他反映情况，有问题找他商量解决。

现在，老马虽然离开了领导岗位，但他心里仍然记挂着报社的离退休员工，关心他们的生活，关心他们的健康。比如，对我们这些较熟悉的离退休干部职工生病了，老马知道后，一般都会打电话去询问情况，或者直接到医院探望。他这样关心体贴人，使报社离退休员工深受感动，都说：“老马是一位令人尊敬的老领导、好领导。”

有人说：“幸福是自我的感觉，成功是他人的评价。” 我这样评价一个熟悉的人，是合适不过的！

写于2017年4月18日

（作者系羊城晚报社原副总编辑）

勇挑重担　敢于担当

——记与马镇坤同志共事二三事

叶筑祥

电影《天下无贼》中有句台词：21世纪最缺的是什么？人才！这句话，说得非常有道理。其实，不论哪个世纪，哪个单位，要把事情办好，最重要的就是人才。俗话说，事在人为，人为事主。我在与马镇坤同志的接触中，也深深体会到这一点。

一

我和马镇坤是同年进入广州日报社的，广东三大报合并时又同时到南方日报社，又同年调到羊城晚报社，相识共事达半个世纪。

回想数十年的交往，无论在什么岗位上，老马对人都是那么坦诚正直，谦恭平和。与他交谈，与他相处，你无须造作，更无须奉承，你完全可以毫无顾忌与他零距离接触。这就是老马的人格魅力！我一直庆幸自己结交到这样一位师长和朋友。

我是1965年认识马镇坤的。当年7月1日，《广州日报》再次复刊。复刊前，《广州日报》筹备组从各单位的通讯员中调一批人入广州日报社，充实采编队伍。同年9月，又从高中毕业生中调16名到广州日报社，参加新闻干部训练班。我是这批人中的一名。办这样的学习班，是总编辑林里同志的主意。资深编辑记者跟我们上课，我们兴奋异常，憧憬着未来的记者生活。

在新调进报社的人员中，比较耀眼的是马镇坤。他进入报社第一年就被评为先进工作者，成了我们学习的榜样。然而，正当我们豪情满怀的时候，由于“文革”的原因，《广州日报》被停刊。

1968年秋天，广东省革委会决定《南方日报》《羊城晚报》《广州日报》三报合并，组成新的《南方日报》。马镇坤和我都被调入《南方日报》。我开始在第一采编组、评论组，后来又到记者站，再到省委党校理论班脱产学习两年，毕业后回《南方日报》理论部。当时，马镇坤是理论部的副主任，后来又当主任，一直是我的顶头上司。

二

要真实了解一个人的品格，莫过于在同一个部门共事多年。我到理论部工作期间，正值改革开放初期，思想解放的大潮猛烈地冲击着沉闷多年的思想界、理论界。作为省委机关报，如何在这种历史大转折中，正确反映广东改革开放的成果，这时候，老马的洞察力、判断力和亲和力就发挥作用了。在当时的情况下，理论部是一个重要部门，理论版的影响力极大。为了发表高质量文章，老马经常领着我们跑大学，跑社科院，跑社科联，广泛接触有威望的学者、专家。至今，我仍记得当时到中山大学教授容庚家里采访的情景，仍记得到广东社科界专家卓炯、张江明等专家家里采访和约稿的情况。

值得一提的是，广东社科院研究员卓炯，是我国著名的商品经济理论方面的学者，即使在计划经济一统天下之时，他也坚持自己的看法。卓老的商品经济思想曾引起了全国理论界的广泛关注。老马敏锐地及时刊登了卓老的文章，以及卓老在理论研讨会上的述评。

据《南方日报》资料室的统计，当时理论版的文章受中央和省市报纸转载的很多。数年后，邓小平南行正式提出社会主义市场经济的思想。广东宣传战线对卓炯的商品经济思想进行大力宣传，极力推崇，无形中为社会主义市场经济思想宣传，出了一份很大的力。

在大力宣传党的路线方针的同时，马镇坤主张增强理论版的可读性，满足读者提高自身理论修养的需求。为此，他主持开辟了《哲学讲座》《哲学问答一百题》《政治经济学问答一百题》等专栏，并将所登文章集结成书。书出版后出奇的好卖。

三

数年后，马镇坤被提拔为《南方日报》副总编辑，除了主管理论部、信息部、《广东画报》，参加编委值班外，还分管经营管理。当时最紧迫的事情就是赶在南方日报社40周年社庆之前把在广州大道旁的新社址建起来。这副担子既是对老马经营管理才华的赏识，也是对他的考验。

老马接手新址基建时，除了报建、设计、挖地基外，地面上仍是空荡荡的。然而，老马凭借强烈的责任心和出色的经营管理才能，带领强大的基建团队，硬是玩命地干了两年，终于建成了二十三层高的采编大楼，以及综合大楼、印报大楼、生活楼。

《南方日报》40周年庆祝典礼如期在新址举行时，大家像过节一样高兴。后来，采编大楼还被评上“鲁班奖”，这可以说是对新址建设者付出的心血的最好回报。

在新闻单位，既懂得采编业务，又懂得经营，这样的人才简直是稀有品种。1991年初，马镇坤被调到羊城晚报社任副总编辑，后任社长，施展才华的空间更广阔。

世事难料。1991年年中，南方日报社领导找我谈话，征求我商调羊城晚报社的意见。这太突然了。事后才知道，老马在羊城晚报社分管理论部工作，当时理论部原主任退休，部里缺少业务骨干。在征得总编辑关国栋同意后，推荐我到《羊城晚报》工作。能在老马手下工作，我当然愿意。但有朋友劝我，40多岁的人了，离开熟悉的单位，到一个陌生的单位，并非好事。我犹豫了。这时老马找我谈话，推心置腹，直白地说过来帮他的忙。“士为知己者死”的古话似乎起到作用了。我很快到位，并很卖力工作。那几年，《羊城晚报》理论版是办得很活、很有影响力的。

四

作为下属，最希望你的上级领导具备什么样的品格呢？我认为遇事敢于担当，勇于担当最为重要。记得1994年五一劳动节前，我编发了一篇杂文，内容是说：工厂实行承包责任制、股份制之前，工人缺乏主人翁精神，不关心工厂的盈亏。改制后，工人的利益与工厂的盈亏紧密相连，工人们都自觉维护工厂的利益。就是这篇杂文，被有的领导批评。他们认为，中华人民共和国成立之日起，工人阶级就翻身解放做主人了，怎么能说改制后工人阶级才真正做主人呢？立场有问题！我知道此事后心里十分恐慌。

一天，老马叫我到他的办公室。我坐下后，老马说，你有什么看法。我说，文章是我发的，我是部主任，要处分我承担。但是，我认为文章没有错。杂文是从经济体制的角度来谈工人当家做主精神的，而有人却从工人阶级的政治地位来谈主人翁精神，两者并不矛盾。听我辩解后，老马笑了笑说，你放心，如果有人要追查责任，我负责。不过，以后遇到此类问题时，你要特别小心。走出老马办公室后，我万分感慨。我受别人批评，马社长不但不责怪，不发火，还主动承担责任。有这样敢于担当的领导，何尝不是一种荣幸呢！在他手下工作，我是开心的。

马镇坤退休后，还经常有在职领导关心他，愿意与他往来，他身边还聚集了一群老朋友，经常互相访问，喝喝茶，吃吃饭，聊聊天，日子过得很充实。这些都体现了马镇坤的人格魅力吧！

（作者系《羊城晚报》原理论部主任）

报社采编经营“三个轮子一起转”
——访羊城晚报社前社长马镇坤

化麦子

人的一生总会有许多梦想，比如进入一个自己喜爱的单位，并且事业有成，五彩缤纷，金光灿烂。可是往往是“觉来春梦无处寻”，然而世界也会偶尔出现奇迹。

1965年正是马镇坤人生道路出现奇迹的一年，这样的奇迹多少带着时代的色彩。本来在广州市第一商业局党委宣传部工作的马镇坤被调入《广州日报》理论部工作。在此之前，他想都没有想过会进入新闻行业，他只是当年火爆全城的《羊城晚报》的一个读者兼通讯员；而在这之后，他开始在广东新闻界渐露头角直至大展拳脚。到他退休的前两年，他已经把《羊城晚报》带入历史巅峰。他改革报社领导体制，说“要三个轮子一起转”，车轮碾过之处，尽是他经营的谋略和智慧之印。

我没想过可以做新闻人

马镇坤于1965年进入《广州日报》理论部，在此之前，他在广州市第一商业局工作，再将时间往前推移一点，他是广州交电站主办科员。这些工作看似没有交集，却一步步将马镇坤引到新闻的道路上。

马镇坤说，在进入《广州日报》工作之前，他从来没有想到过会进入新闻传媒的领域，他在广州市第一商业局的时候搞宣传、讲授马克思主义理论课，将宣传工作做得有声有色，这些经历似乎为他日后的新闻工作和体制改革埋下了深深的伏笔。

问：请问您怎样开始涉足新闻传媒行业？

马镇坤（以下简称“马”）：1965年之前，我在广州市第一商业局宣传部工作。那时候，根据上头的安排，理论学习抓得很紧，在宣传部的主要任务是安排学习计划，上理论课，讲解中央那一阶段有些什么重大事情，应当怎样认识；那时候也是经济困难时期，讲讲市场经济问题。省委党校有个理论班，我在那里学习过哲学、经济学等，有些基础理论的东西，结合当时的实际情况就跟大家讲。因为困难时期讲市场经济很重要，所出讲课以后大家反映都很好。

那时第一商业局是管理广州市商业的，下面有十几个单位，有很多好人好事，就给报社写一些消息、通讯，有时候也写一些理论文章。这样就被广州日报社看中了，《广州日报》复刊时就把我调去了。

问：您当时进入了《广州日报》理论部，理论部做些什么具体事务？

马：理论部当时是报社里一个很重要的部门，有七八个人。主要负责学习毛泽东思想的宣传，那是压倒一切的任务。我在理论部既要当记者，又要当编辑，处理来稿，作标题，划版面，什么都干。还要到排字房去排字，每周要去半天。从写稿到印刷，我对报纸出版的整个流程都知道。

晚报读者

马镇坤进入《广州日报》时，许多人是从《羊城晚报》分出来的。新中国成立初期，广东三大主要报纸经历了分分合合：1949年《南方日报》创刊，1952年《广州日报》创刊，1955年由于纸张供应紧张，《广州日报》并入《南方日报》；1957年《羊城晚报》创刊，1958年《广州日报》复刊；1961年，《广州日报》与《羊城晚报》合并；1965年《广州日报》独立出来，又一次复刊。

这是马镇坤进入广东新闻界的背景，这时候的《广州日报》和广东其他报纸的发展情况已经初现优势。三份主要报纸之间也有明确的职能分工。其中《羊城晚报》最受读者欢迎，在广东乃至全国引起了不小的轰动。

问：您进入《广州日报》时报社是怎样的情况呢？

马：我进入广州日报社的时候，正在准备复刊，尚未出报。之前《广州日报》是合并到《羊城晚报》的。当时，《广州日报》和《羊城晚报》都在广州日报社现址（人民中路）办公。《广州日报》复刊之后，《羊城晚报》搬到一楼，《广州日报》在二楼，报社的人也从《羊城晚报》分了一部分到《广州日报》，后来人员陆陆续续来齐，便出报了。工厂是羊城晚报社和广州日报社共用。

羊城晚报社属于中南局直接管理，由省委第一书记陶铸亲自过问。有一段时间，《羊城晚报》开印之前，要将大样送给陶铸看，审阅完之后才开机印刷。那时候省委领导管理报纸管得很具体，报社的领导跟省委的领导差不多像朋友一样。这事杨奇就很清楚，创刊之初，他就是《南方日报》的主要负责人，后来又参与创办《羊城晚报》。

问：20世纪60年代的广州报业处于什么样的状态？

马：《南方日报》那时候在现在文化公园对面的一座大楼办公，《羊城晚报》和《广州日报》在人民中路同一栋楼办公。《广州日报》是广州市委的机关报，《南方日报》是广东省委的机关报。根据当时领导的指示，《羊城晚报》主要是“指导生活”，《南方日报》主要是“指导工作”。稿件的写法不大一样。举例来说，参加同样一个会议，《羊城晚报》记者可以挑选出群众最关心的一点来做报道，领导讲三点，他就着重挑选最新的、群众最想看的进行报道，其他两点就用小标题或者句子点名就行，但《南方日报》就不能这样，必须全面，它是“指导工作”的。所以《羊城晚报》是当时几张报纸发行量最高的。我当时常写稿给《羊城晚报》，他们知道我，1965年让我去《广州日报》的就是之前《羊城晚报》的人。

只做客观报道，不体现自己的声音

1966年“文革”开始，同年5月9日，中南地区“文化大革命”动员大会在广州珠江宾馆召开，这意味着“文革”在华南大地上正式展开。《羊城晚报》《广州日报》都先后停刊，后来，两家报纸并入《南方日报》。报社员工有的下放到干校劳动，有的则留在《南方日报》继续办报，《南方日报》只有80多人，马镇坤就是其中之一。他在《南方日报》理论部工作了23年，经历了大大小小不少“运动”，在变幻无穷的政治背景下做好工作，这使记者付出更大精力。

问：“文革”期间您到《南方日报》工作，广东报社是怎样的情况？

马：当时《南方日报》记者、编辑人数不多，工作十分紧张，几乎是夜以继日，一天工作10多个小时，三大报社许多人到干校去，有的也调到其他单位去。我没有被调走，一来是因为我比较年轻，社会关系相对简单；二来我处事低调，与人为善，淡泊名利；三来崇尚实干，业务上手比较快，参加新闻工作第二年就被评为报社“先进工作者”。

当时报社是军管会接手管理，领导全部来自军队，领导叫你写什么，你就写什么，只做客观报道，不体现自己的声音。领导说好，自己的日子就好过。

问：“文革”期间理论部具体做哪些事务？

马：“文革”期间，《南方日报》理论部的重要性又提升了，既要办理论专版，又要负责省委、省政府的一些重要活动的报道。比如，省委开全会、常委开会都要理论部派人去报道。又比如，毛主席“最高指示”一发表，省委当天晚上就要组织学习，学习的情况和心得体会第二天就要发表，记者得养成具有高度概括能力和写急稿的习惯；群众敲锣打鼓的热闹场面以及热烈拥护的心声，也是要立即写成稿子。这种报道，时常派我去做。

问：如何在“文革”复杂的政治背景下做好新闻工作？

马：当时政治背景极其复杂，我作为一个记者，最主要的是根据上级的意图来宣传，所以直至“文革”结束，没有犯什么组织性错误。而且当时的报道是不署名的，不能以记者个人名义发表作品。当时理论部写文章很谨慎，很多文章都是几个人一起“凑”出来的。比如一些紧跟形势的文章，我们也得领会上面的意思，领会之后几个人一起写，那就不会有错了。一般三个人，有时候两个人，在一起“凑”的相当多。

问：关于“党性、人民性和可读性的统一”，您怎样理解？

马：这是北京一些大学教授提出来的。但其实他们认为“人民性”

跟“党性”有一定的矛盾。那个时候只强调“党性”就行了，强调“人民性”的几个教授因此受到了批判，有的人还被划成了“右派”，或“右倾分子”。他们在大学原来是很有名的教授，后来都“靠边站”了。“文革”过后在兰州开了一次全国性的研讨会，这次会议我参加了，原来提出这个说法的人也参加了，实际上是把这个理论“平反”了，允许这些教授解释自己提法的意思。

问：您怎么总结自己在《南方日报》工作的23年？

马：这23年最大的经验是“跟着中央和省委领导走”。因为《南方日报》是省委的机关报，上面经常有明确指示，就是要关注社会，与时代同步。在“文革”期间我们大部分记者自己心里是有数的，对很多事情也有自己的衡量标准。后来打倒“四人帮”的时候，喜庆之心显露出来，大家都高兴非常，通宵谈论。改革开放以后环境就更好了，思想解放了，可以根据自己的意思写一些东西，认为中国大有希望。

问：您经过“文革”的洗礼，对在捉摸不定的政治环境下办报有后遗症吗？

马：这个我没有，因为办报有纪律，每个时期都有每个时期的规定。即使是现在，中央也不可能完全放松对报纸的监管，也会经常地有一些指示下来，而办报的人一旦违背了这些指示，依然会有相应的后果。其实政治环境和办报之间说到底就是这么一回事。什么能报道的，什么不能报道的，要有一定的规矩。办报人，最好是当一个和谐的因素而不是生事的因素。

改革旧体制

身处改革开放前沿阵地的广东，《羊城晚报》面临着来自市场经济和快速发展的强力冲击。由于新中国成立后中国长期实行的是计划经济，赚钱归财政，亏损财政补。在报社内部形成了“大编辑部，小经理部”格局，即编辑部负责的采访编辑是处于强势地位，经理部负责的经营管理处于弱势地位。领导人重视社会效益，重视报纸的内容，使得当时许多报社经济效益很差，经营体制非常不健全。

在1994年以前，《羊城晚报》与国内多数报社一样，实行的是采编和经营“一元化”领导。这种“大编辑部，小经理部”的报社领导体制格局在《羊城晚报》内部的体现也非常明显。

问：您到《羊城晚报》之后进行了领导体制的改革，怎么察觉到这种改革的时机？

马：这个领导体制的改革是当时的省委常委、宣传部部长提出来的。90年代以前报社的领导体制一直是总编辑负责制，但是改革开放进行了那么多年，市场经济在不断发展，报社也进行独立核算，与以前的情况有了很大不同。

在计划经济时期，报社买一套沙发，都要写报告给省计委批，再到财政厅去批，才能买东西。那个体制管得报社一点自主权都没有。报社要建房子买宿舍，要打报告上去，经过几个部门盖大印之后才能进行。但是在市场经济的条件下，就要求报社自己去赚钱，自己用钱有主动权。

在我去《羊城晚报》之前，省委已经有转变报社领导体制的意思，我也察觉到了。后来宣传部部长决定以羊城晚报社为试点，实行“社长领导下的总编辑总经理负责制”，总编辑主管报纸，总经理主管经营管理，社长做统筹。

问：你为什么能很快跟上形势？

马：在南方日报社还没有从东风路搬去广州大道中的时候，我在日报已经是副总编辑了，我当时负责理论部、信息部，还要负责出报值夜班，同时还管人事、工会，后勤工作，还有新址的建设，差不多每天上班就有很多人排着队找我。那时候对我是很大的锻炼，大家觉得我比较能干，有一定组织能力，也知道经营运作情况，所以很多任务压在我身上。

在《南方日报》的时候，我是副总编辑，按资历我是排在后面的；我到羊城晚报社时，关国栋是总编辑，我是“第二把手”。当时为了改善员工的住宿条件，我和经营部门领导东奔西跑，上至房产公司，下至建筑工地，不知跑了多少地方，买了一座又一座房子，逐步解决了员工的住宿问题。

问：为什么一定要进行领导体制改革？

马：这是为了适应市场经济发展的需要。报社自主独立发展已经提到议事日程上，领导体制改革之后，报纸经营管理这一部分提高了地位，更有权力。

过去，后勤的地位很低，后勤由总经理管，但是总经理只是一个处级干部。领导体制改革以后，社长是正厅级，总编辑也是正厅级，而总经理升为副厅级，并作为“第三把手”。

20世纪90年代以前，报社的经营是亏损的，80年代末晚报出现严重亏损，到处借债。《羊城晚报》当时那批人都是“秀才”，想的都是报纸，重点放在办报上，经营人才方面相对比较薄弱，我过去晚报之后，总编辑和我配合得很好，凡事互相支持，才使晚报发展得快。

问：既然《羊城晚报》群众喜欢，销量大，为什么经营管理跟不上?

马：说到底还是体制原因。以前总编辑常叹分身无术，因为编辑部门、经营管理部门和政工部门，许多事情都要找作为第一把手的总编辑拍板。总编辑具体事务多、会议多，经常忙得团团转，往往使经营管理成为一种从属的工作，在报业经济迅速发展的时期，这种体制的阻碍作用是难以估量的。

在体制改革以前，报纸经营管理还是按照从前的步骤在走，投钱还是去找财政厅，还是计划经济那一套观念，也就是说没有很好适应市场经济发展。后来，报社发展越来越大，新闻出版局放权给我们，让我们自己决定报纸增张，增加广告。我们及时抓住机会，适应企业刊登广告需求，拼命地扩版，另外还办专门的广告版——《金页》，这样经营就好了。

体制创新

羊城晚报社试行领导体制改革，实行社长领导下的总编辑总经理负责制，在全国范围内产生了较大的影响，此后国内多数报社都进行了领导体制的改革。广东三大报中的另外两家报纸也在《羊城晚报》领导体制改革后不久开始走上领导体制改革的道路：1995年8月，南方日报社也实行社长领导下的总编辑总经理负责制。1995年12月，广州日报社实行社委会领导下的社长负责制，社委会下设编辑委员会和经营管理委员会。之后全国多家报社相继进行了领导体制改革，其参考样本大多来自《羊城晚报》的模式。

问：报社新的领导班子是怎么确定的？此外其他人事变动情况又是怎样的？

马：根据党管干部的原则，这是经过省委讨论决定的。因为厅级都属于省管干部。总编辑曹淳亮是从《南风窗》调任过来的，总经理林志东原来就是晚报的经理。

除了领导班子有了很大的改变以外，报社中层干部也有变动，但变化不大。我们还提拔了一批德才兼备的干部到领导岗位上来。

问：新的领导体制取得了哪些效果？

马：新的领导体制让总经理把全部精力放在经营上，报社的重大问题社委会集体研究决定，具体事务分工负责。这样，就能使报社的主要领导往一个方向奔跑，而不是几架马车，各跑各的道；就能使领导班子步调一致，劲往一处使，而不是你拉我拖，力量相互抵消。尤其是能使第一把手减少一些具体事务和不必要的应酬，从而有更多的时间和精力，出谋划策，考虑发展的问题。

问：作为社长、总编辑和总经理职责分明，你们三者之间的合作如何？

马：合作还不错。我这个人本来就比较平易近人，坦诚相处，能够团结人。在南方日报社就和同事关系融洽，到了晚报之后也没有出现合作上的摩擦。要说关于对报社发展的想法有没有意见不一致的地方，可能是有的。但是，我在位的时候大家都很尊重我，社委会一旦做出决定，大家都不说“不”字，当时就是这样一个情况。至于说对报社发展规划有不一致的地方，我也是在后来才看出来的。因为在我退休之后，报社有了很多改革，从这些改革中看出一些认识有不一致的地方。

问：您很注重人才的培养？如何进行人事管理？

马：媒体之间的竞争就是人才的竞争，羊城晚报社有很多突出人才，这也与晚报的体制有关。《羊城晚报》记者与《南方日报》记者的业务操作有很大的不同，晚报是记者写出新闻作品后直接交到要闻部编辑后就可以见报，基本上保持记者的写作风格。日报的记者写好稿件后先要交给部主任，部里的编辑改好稿子后才交到要闻部去处理，这就多了一个环节。这样的好处是文字比较干净，结构很严谨，错别字基本上很少，但是记者的写作风格给打磨掉了。晚报保持了记者的风格，名记也多。当时，晚报记者新闻敏感性较强的人较多，就以2013年出版的《中国百年新闻经典·消息卷》来说，该书遴选消息作品75篇，《羊城晚报》就占了3篇，这在地方报纸中是极其少见的。所以报社的领导应该和医院的领导一样，一定要有专业知识，记者有什么才能，适合在什么岗位，只有内行才看得出来。

我对人才是非常重视的，不搞帮派关系，我当时曾在相关会议上讲过：你只要是办报优秀人才，就是与我彼此不熟悉，见面不跟我打招呼，我同样会重用你。我在任期间办很多事都成立专门小组去办，比如分宿舍，你不要往我家里跑，跑也没有用，我都交给房管小组去定，按照员工的分数，排着队去挑，我不会插手这些事务，按照制度办事。所以那时候风气比较正，队伍也比较好。

问：您任社长时有什么具体的配套措施完成这一体制改革呢？

马：当时出台了《羊城晚报社今明两年发展的总体构想》，出台具体工作方针，明确阶段性目标，跟群众交个底。在《总体构想》中，我提出了“三个一流”——一流报纸、一流效益、一流装备。“三个一流”在当时很有号召力，主要是因为它反映了员工的愿望和要求，符合报社和群众的共同利益。中国报纸行业经营管理协会、中共广东省委宣传部都转发了我们这份《总体构想》。

问：领导体制的改革有何困难？产生了哪些影响？

马：应该说没有遇到什么阻力和困难，因为这是一件顺应潮流的事。省委很支持，省委宣传部对我们的评价很高。省委常委、宣传部部长于幼军说，这几年羊城晚报各项工作做得比较好，领导班子团结协作，报纸把握住正确舆论导向，办得生动活泼，发行量上升。报社的事业也取得较大发展，经济实力在广东省几家报纸中是最强的。省委对此表示满意（见1996年11月28日《羊城晚报》）。那时候，干部队伍也很强，思想作风正派。一批骨干跟我们年纪相差不大，都是很优秀，新来的员工在老员工带领下工作也很出色。

我们的领导体制改革，在深圳开过一次经验介绍会，全国很多报社的领导都来参加。之后还有两次，一次在杭州，一次在北京，介绍我们的做法。新的领导体制很成功，至今仍有人记得我们介绍领导体制改革的做法。

新闻策划

马镇坤任羊城晚报社社长时期，《羊城晚报》最为人称道并在全国引起轰动的新闻策划，如"好军嫂韩素云"的系列报道，曾引起中央和解放军总政治部的重视。晚报记者参与了韩素云爱国拥军先进事迹报告团全国巡讲，得到了时任中央领导人江泽民的接见。该系列报道中的《爱心无价》获得中国新闻一等奖。

马镇坤倡导"新闻要把握导向，提高质量，多出精品"，在他的领导下，晚报一大批新闻策划如"追猪""打果霸""卖花女""军母姚慈贤"等系列报道引起了巨大反响。

问：能谈谈您在位期间的新闻策划吗？

马：当时《羊城晚报》做了很多新闻策划的报道，引起了很大的轰动，总编辑曹淳亮在这方面起了很大的作用。这些报道很多都是记者、部门主任首先提出来的，领导经过研究之后就部署下去，安排采访。比如"卖花女"和"追猪"的新闻策划，是经济部的程小琪提出来的，"追猪"是他亲自带人去采访的，但是"卖花女"他没有参与，总编辑提出来卖花女既然都是女孩，不如组织一个"女班"去采访，所以"卖花女"的报道全部启用女记者去做。

问：这些新闻策划的影响如何？

马：《羊城晚报》20世纪90年代初的发行量已经超过100万份，发行格局是"三个三分之一"，三分之一在广州市内，三分之一在广东省其他市县，三分之一在广东省以外全国其他地区。由于在广东省外有30多万份的发行量，影响面很宽。还有不少读者看了报道，专程到报社送锦旗。比如"追猪"报道从9月开始到11月，近两个月时间里，发表了很多报道，深入人心。广东省委、省政府领导对这一批评报道非常重视。一位副省长打电话给清远市委书记，转达省长的指示，要求清远市重视晚报披露107国道流通不畅的情况，立即采取强有力措施进行整顿。

当时我们对“果霸”的连续曝光，也在苹果产区山西省受到极大关注，《山西日报》转载了本报的报道和评论，同时还专门派出两名记者来广州采访。在“打果霸”报道之后，省人大常委会主任致函《羊城晚报》编辑部，赞扬《羊城晚报》关于107国道“追猪”，以及揭露广州市南北水果批发市场果霸猖獗的报道是一件大快人心之事，是反腐败的正义行为。湖南、广西对“追猪”的批评报道反响也很强烈。见报不久，湖南省驻广州办事处主任向《羊城晚报》转达了湖南省政府办公厅的来电，对晚报表示感谢。广西驻广州办事处主任来到晚报，转达了广西壮族自治区领导对晚报连续报道的重视。

记忆中的“早茶会”

新闻策划在中国的媒体中迅速形成一股热潮，其中不乏许多优秀的批评报道。舆论监督成为了媒体的一项重要职责。在20世纪90年代末，时任国务院总理朱镕基与中央电视台《焦点访谈》编辑记者谈话时就指出了舆论监督非常重要。这也说明那时从中央到地方领导，对舆论监督都非常重视。

问：这些策划报道中不少属于批评报道，会涉及利益相关方面，当时在报道过程中遇到了哪些困难？

马：困难是有的，只要涉及批评报道必然会遇到阻力。首先就是稿件的采访很难，因为记者写表扬稿大家都很欢迎，大家主动提供材料；但写批评稿，记者下去后没人理睬，新闻秘书怕领导有意见也不敢合作，有时候记者单枪匹马下去采访可能要冒极大的风险。还有就是很多人来讲人情，上门的，打电话的，还有各种人情关系的，亲戚、同事、朋友甚至同乡的，搞得我们编辑部有时候上了批评稿件，结果“众叛亲离”。同时，还有各种纠缠，批评报道出来后，有的单位竟然聘蒲律师打官司，那个时候打官司即使消息没有失实的地方，也会造成不良的影响。

问：在这样批评报道面前，广东省委的领导有何反应？

马：其实《羊城晚报》的批评报道从一开始就有，陶铸任省委第一书记时就有《五层楼下》的栏目专做批评，后来“文化大革命”期间把报纸批得很厉害，被认为是“反党反社会主义”，凡是做过的负面报道都拿来批判。

我担任社长那一段时期，形势比较好，没有遇到太多麻烦的事。于幼军管我们的时候，每一个月有一次“早茶会”，各个新闻单位的主要领导参加。“早茶会”上，领导跟我们讲形势，讲注意事项。那个时候省委和媒体之间是非常融洽的。大家互相通报情况，领会中央的精神。这样可以避免错误。

经营崛起

《羊城晚报》1980年复刊时，政府拨给10万元作为开办费，另拨给20万元作为流动资金。1988年，《羊城晚报》出现了严重亏损，此时的《羊城晚报》仍然按照过去的运作模式，四处奔走，要求拨款，但是始终得不到解决。事实证明，在市场经济体制下，报社经营管理的好坏将成为报纸发展的关键。

1991年以后，通过一系列经营管理手段，《羊城晚报》发行量稳步上升，在中央和各省市报纸发行量，由1994年初的第五位上升到1996年初的第三位。晚报的资产总值逐年增加，印刷技术装备大幅提升，堪称一流的技术装备在一流技术工人手中，报纸质量也达到世界报业印刷出版的先进水平。

问：您在任期间，羊城晚报社的经营情况如何？

马：主要遵循“一业为主，多种经营”的理念。我们赚了钱，首先是满足员工的需要。买了很多房产，有人甚至说当年“买房子就像买菜一样”。大家都笑了。

在满足员工住宿需要同时，我们又考虑购置物业，放开手脚搞多种经营。我们买了很多地，现在晚报快要搬到员村那边的新址了，就是当时留下来的钱买的。1995年前后，我们就准备搞新址建设，选了几个地方，那时候买地比较容易，不过当时我已61岁了，准备退休了，就希望下任的社长继续这项任务。我在任期间在增城新塘买了两百亩的土地，还在湛江、汕头、珠海，盖了大楼作为办事处和记者站。

还有，那个时候购置物业也是为报社赚钱的。总经理林志东很有经济头脑，办了许多实业，为后来广告不景气时，解决了经济困难。

问：怎样处理“主业”和“多种经营”之间的关系呢？

马：当时主业已经盈利很多了，在全国可说是数一数二。副业只不过是打基础的问题，为后来的人创造一些财富。后来报社缺钱，卖掉一些物业，这些物业就起作用，可解燃眉之急。我们知道，抓多种经营重要，并向第三产业拓展，但搞好多种经营并非易事。挂上了几个公司的招牌，并不等于就能够赚钱，而需要领导花精力，尤其在激烈的市场竞争中需要有正确的经营策略。

我们比较注意处理好这两者的关系，把发展主业经济作为提高报社经济效益的“主战场”。办贸易公司、购置地皮都是副业。俗话说“不熟不做”，我们开办的公司大都与广告、印刷有关，资金大部分投向与办报有关的方面，如购置印刷、采编先进设备，这样做的结果是人力集中，财力也集中，既有利于办好报纸，经济效益也迅速提高了。

排队登广告

1991年，《羊城晚报》已经初步形成了经营开发体系。在这一经营体系之中，最赚钱的是广告。虽然从1982年起，《羊城晚报》的发行量就很大，但是直到1992年之前《羊城晚报》的发行收入一直大于广告收入。20世纪90年代后期，广告价格高、广告受众分散的矛盾日益突出，制约了《羊城晚报》的发展。怎样更好地拓展和整合广告资源成为报社发展的关键点。1992年之后，《羊城晚报》的广告收入超过发行收入。1993年，《羊城晚报》广告收入超过亿元，在全国报纸中名列前茅；1994年，《羊城晚报》广告营业额达3亿多元，比1993年增加了72%；1995年，广告营业额达到4亿多元，比1994年增加了56%。

问：《羊城晚报》从1992年起在广告收入方面有不错的成绩，能谈谈当时的情况吗？

马：《羊城晚报》的广告还要从晚报的扩版增张说起。当时晚报每一次扩版增张，都要到新闻出版局去批，天天打报告，请求批准增张，有时准，有时不准。后来因为市场经济的发展，扩版增张就不用审批，晚报就不断扩版增张，收入大增。

当时晚报的广告商是排着队要求登广告，我们就不断扩版增张。但是还不能满足要求，甚至要提前两三个月预约，这都是家喻户晓的事，尤其是外商广告最多。所以那时候晚报的广告营业额很大，港商、外商广告费又比国内广告费高，香港地区、日本的广告那时候很多，我们就有多少登多少。在地方报纸中，《羊城晚报》广告收入就是第一了。

那时候，我们与很多广告公司合作，我们合作的模式就是：许多广告公司给晚报供稿，每拉一份广告都有提成，所以很多广告公司愿意同我们合作。我们的广告资源非常丰富，企业找广告公司做广告，广告公司就找到晚报刊登。在市场经济中，这就是一种互惠互利的关系。

问：《金页》这样的广告专版是在怎样的背景下产生的？

马：这是在大家面对广告量激增的情况下研究出来的策略。大概在1993年，新闻出版局放权给报社。当时广州市有很多小的广告，但是新闻的版面又不可能让给小的广告，前面的版面都是刊登大块广告，所以为应对小广告，《金页》便应运而生。

我更愿意当记者

问：您怎样看待新媒体对报社的影响？

马：20世纪90年代，我通过资料看到许多国家开始搞新媒体，但是从我获得的信息来看，报社搞新媒体在世界上没有多少成功的案例。因为现在新媒体多数是私营的，商业性的，报社的机制没有它那么灵活，所以无法占领新媒体的制高点。

问：那么您怎样看待媒体的创新？

马：新媒体发展势头这么强劲，媒体之间竞争必须靠不断创新。说到创新，关键靠人才，新的传播技术手段在不断升级，传统媒体应该努力建立全媒体体系，对工作人员进行全媒体培养。我觉得要建立全媒体体系，文化创意产业也要转型升级，使它成为媒体中新的经济增长点。

问：您好像特别关注国外新闻媒体行业的发展？

马：是的。我获取国外媒体行业的发展情况是通过在国外的朋友。

我自己也出国，总经理、总编辑，还有当年的中层干部都组织出国考察，到欧洲、美国等地方参观报社，开阔眼界。

问：回顾您三十多年的办报经验，您最大的遗憾是什么？最满意的成绩是什么？

马：没有什么遗憾。要说最满意也没什么，我工作这几十年就是兢兢业业，从来没有出过大的差错。从记者、编辑到社长这一路过来，领导对我也很信任。我向来严于律己，宽以待人，各方面关系处理得也很好。再说上级的支持，当时省委领导同志都是很好的。省委领导都非常支持报社的发展，一直到我退休以后，每年都有机会和老领导聚会，所以一路来都很顺利。

问：您当过记者、编辑和社长，您更喜欢哪一种身份？

马：我认为还是当记者最好，当记者接触实际多，见识广，又有利于提高写作能力。当编辑，特别遇到如“文革”这样的政治运动，主要任务是把好政治关，稿子出一点差错就不得了。当社长担子就更重了，开会、处理日常事务，工作忙得很。还得日日动脑子，想办法把工作搞上去，并且年年要有所创新。

（受访人：马镇坤　来访时间：2014年3月19日　采访人：化麦子　采访地点：马镇坤家中）

札记

第一次联系马镇坤老师，那是在2013年的11月初的一个沉闷的下午，马老师因为身体原因无法接受采访，这使得我的采访与写作陷入停滞，一筹莫展。

2014年的3月，当我拿起电话再次约见马镇坤老师的时候，已经是在一个春光明媚的下午，电话接通，马老师毫不犹豫地答应了我的采访请求。挂了电话，我开始看资料，熟悉采访提纲，想着一定不能浪费了这次“来之不易”的采访机会。

在马老师的家中见到他，与他谈话两个多小时，他是一个“有趣”的老人。采访中听他讲了很多故事，他是个很爽快的采访对象，我的问题他都一一作答。他也时常问起我们采访其他报业前辈的情况，他说大家都是熟人！说这话时，一种并肩作战“革命友谊”自然流露。

当我试图从他那里了解广东报业竞争有多激烈时，他大笑说：不激烈，关系都很和谐。作为一个采访人，我没能听到一段“精彩”的故事，这是遗憾。但是，作为一个后辈，听到这样的回答，我是充满敬佩的，这是一种大气与豁达。

他也是一个很“可爱”的老人，他会传授经验似的教我怎样写新闻稿，怎样揣摩领导讲话的意思。他说：领导讲话意思不集中，记者一定要有意识思考和归纳！

我最后问他的问题是，这些年有什么很遗憾的事，他说，没有什么遗憾，立马又讲到自己目前的生活状态，言语间，有一种满足和愉悦。

这就是我眼中的马镇坤老师，采访中他的眼睛始终闪着光，这光仿佛来自他曾经的“光辉岁月”。这是个记忆力很清晰的老人，在我到达他家之前，他就准备好了一整叠资料，整齐地摆在桌上，采访中对相关问题他总是快速反应，告诉我在哪些资料里有相关情况介绍。

能够面对面采访到马老师，对我来说是幸运和荣幸的。离开他家时，我在想，他们的身体健康便是后辈的财富！

（原载《广东传媒风云人物访谈录》，经济日报出版社2014年版）

乐为承前启后干实事

——编写“羊晚”历史倡议者马镇坤

关 筱

是日，春光明媚，风和日暖，几位老同事聚会，忆往事，谈未来，乐在其中。原《羊城晚报》社长马镇坤也参加了叙谈，大家兴致盎然，海阔天空地聊了一阵子，话题便转入到当年编印《羊城晚报社史》《我是羊城晚报人》《羊城晚报藏书画选》的一段往事。

老马今年八十开外，精神矍铄，思维清晰，说起话来条理分明，且感情丰富。谈到高兴之处，开怀大笑。我问老马在《羊城晚报》主持工作期间，为什么会想到要编印上述三本书。他说，这是一种媒体文化，它对后人会有很大的启迪，是《羊城晚报》的财富。

一

《羊城晚报》创刊于1957年10月，是我国第一张社会主义大型晚报。它的诞生掀开了中国报业史新的一页。它是党报，但有更多的群众性和社会性，同以指导工作为主要任务的机关报有明显的区别。在办报方针上，强调“移风易俗，指导生活”，“寓共产主义教育于谈天说地之中”。在版面安排、栏目设置、题材选择、报道角度、文字风格、写作形式等方面，都鲜明地体现了这一指导思想。在新闻报道方面，力求做到快、短、精、多、活，为群众喜闻乐见。在副刊方面，特别注重知识性和趣味性，文艺副刊《花地》和综合性副刊《晚会》，以及体育专栏，深受读者的喜爱。然而，十年动乱，《羊城晚报》在劫难逃，被迫停刊十四年之久。但读者依然心向往之，眷念之情难断。党的十一届三中全会的春风，使《羊城晚报》获得新生。它继承传统，保持特色，改革创新，那种生机勃勃的局面，历十余年而不衰。老马说，他是个热爱《羊城晚报》的读者。年轻时经常上街排队买《羊城晚报》，视为良师益友。说到这里，老马竟哽咽落泪，凝噎无语，激动不已。我不禁问老马：为何这般激动？他坦然道："从一个热爱《晚报》的读者成为《晚报》的领导人，教我如何不激动！"是的，1991年6月，中共广东省委便任命马镇坤为《羊城晚报》副总编辑。1994年3月，省委又任命马镇坤为社长。此后，老马萌发一种想法：《羊城晚报》创造了辉煌的历史，经历了磨难的岁月，这一切应该记载下来，让一代代羊城晚报人不忘历史，紧握接力棒，创造更多的辉煌。于是，在马镇坤的倡议下，1994年初成立了有潘伟文、关国栋、华岳、关筱、苏少泉、李春晓、李焕娥、周少影、欧阳西、胡树芬、容洁如、高风、梁茂艺、黄新聪、彭纹、黎作骥等同志参加的"社史编写组"。经过三年多的努力，《羊城晚报社史》终于在《羊城晚报》创刊40周年之际出版了。

对于"羊晚"曲折的历史，谈来让人笑中含泪，泪中欢歌。马镇坤说，创刊、复刊都有许多壮举，不断改革，不断创新，吸引着一代又一代的读者，确实应该歌而颂之。

这部社史分上下篇，两大部分。

上篇（1957年10月至1966年12月）

《羊城晚报》最辉煌的时期是第一阶段。此时，隶属中共广东省委领导，它开创了一条办社会主义大型晚报的路子。本篇记载了"羊晚"创办时的社会背景、筹办经过及办报特色。第二阶段是《羊城晚报》和《广州日报》合并，隶属中共广州市委领导。此时的《羊城晚报》已成了市委机关报。第三阶段成为隶属于中南局的报纸。如何继承晚报的传统特色和风格，虽进行探索、实践，但由于当时受"左"的思潮影响，晚报特色已日渐式微。

下篇（1980年2月至1995年9月）

这一阶段的《羊城晚报》，在复刊期间再创"辉煌"。正是"野火烧不尽，春风吹又生"，十年浩劫摧不垮《羊城晚报》。复刊后的

《羊城晚报》锐意改革，开拓创新，续谱新篇，再现了当年生机勃勃的局面：如立足生活，务实求真的新闻报道；独具个性的《街谈巷议》；涵盖全球、广闻博览的国际时事版；继承传统、推陈出新的《花地》和《晚会》；琳琅满目、多姿多彩的专版；还创办了极具特色的《羊城晚报·港澳海外版》。

时至今日，老社长马镇坤仍期待新一代的羊城晚报人续写1995以后的社史。

二

有了《羊城晚报社史》，为何还要编印《我是羊城晚报人》呢？马镇坤认为，“羊晚”的辉煌历史，都是“羊晚人”的创造。我们要出版一本有员工肖像的画册，就是让人在看到那些创业者的面孔时，崇敬之情、感恩之心油然而生。《羊城晚报》复刊初期，在办报条件十分艰难的条件下，“羊晚人”在党委书记兼总编辑吴有恒同志的领导下，以“哀兵必胜”的信念，勤于学习，善于探索，勇于实践，谱写了新的篇章。正是老一辈羊城晚报人殚精竭虑，鞠躬尽瘁，锐意进取，闯出一条充满生命力的办晚报路子，奠定了报社事业腾飞发展的坚实基础。他们的奉献精神和开拓创新的实践，激励着一代代羊城晚报人继往开来，承前启后。

《我是羊城晚报人》的编辑工作由关筱、陈石燕、冯平负责。这项任务颇为艰巨。首先要查找曾在《羊城晚报》工作过的同仁名单，并征集他们的照片。可以想象，《羊城晚报》从创刊到画册截稿（1995年10月）时止，经历了创刊、合并、停刊和复刊四个时期，原先的干部、职工大都风流云散。怎么办？马社长当即许诺：为了查找名单、征集照片，如需打长途电话、越洋电话，都照打不误。

那么，曾在《羊城晚报》工作过的同仁究竟有多少？无论是“三朝元老”或者是人事干部都难以说得准确。要编辑一本画册，漏掉一个名字及照片，就增加一份遗憾。

1995年初夏，报社人保处整理了一份同仁名单，并发函向社外同仁征集照片。编辑组的同事“四处出击”，除了向《南方日报》《广州日报》了解情况外，还多次与本报老同事交谈，先后补充了180多位同仁的芳名。但这与真实的人数还相差太远了。正所谓“功夫不负有心人”，通过查询、登门拜访，至画册截稿时，已有了一份比较接近实际的同仁名单，共1383人。

画册的第一部分刊登了《羊城晚报》历届领导人和现任领导人的照片一共56帧。接下来是刊登在职干部员工、离退休干部共591帧照片，又有309帧曾经在《羊城晚报》工作过的同仁照片。

为了寻找游子的足迹，我们也是知难而进，想方设法，通过各种途径打听。《晚报》复刊前后，有一些同仁出境、出国定居。我们只知他们去了某国、某地，却没有具体地址，打印了一批信件也无法寄出。有道是“山重水复疑无路，柳暗花明又一村”。我们按照人保处提供的出境同仁名单，通过各种渠道，了解他们的电话或通讯地址，终于和他们中的大部分人联系上了，并收到他们的照片。为此画册中就刊登了40位境外定居人员的照片。

在1383位同仁名单中，已有72位先后辞世。为了深切怀念他们，我们也尽量寻找他们的亲属请求提供其亲人的遗像，终于找到了34位同仁的遗像。这体现了报社健在同仁的深情和画册编辑组人员的辛劳。

为了保证画册的质量，马镇坤社长、林志东总经理和我们到香港安排印制工作。亮丽、厚重的精装本画册《我是羊城晚报人》出版了！它不仅记述《羊城晚报》的创业历程，还展现了各个历史时期羊城晚报人的风采。

三

不久，《羊城晚报收藏书画选》也问世了。马镇坤说，他看了这本画选，有如一缕和畅的春风拂面而来，眉目因之一爽，精神为之一振。有一种让人爱不释手的魅力，有 一种震撼人心的激情。

《羊城晚报收藏书画选》一共刊出186幅国画，55幅书法。其中不少是名人、名家为祝贺《羊城晚报》创刊、复刊以及周年庆典的礼物。国画大师关山月除题写书名之外，还有祝贺的画作《竹》，另一幅为祝贺《羊城晚报》创刊十五周年书写的贺词：

精神粮食济如川，卅八年来系宿缘，
眼界大开源妙笔，复刊吉日庆丰年。

《书画选》中汇集了本报珍藏的大量精品，如刘海粟的《纵横郁勃》、李可染的《清秋图》、黎雄才的《兰幽在空谷》、赵少昂的《花卉》、杨善深的《红梅》、吴冠中的《古榕》、朱屺瞻的《竹石》、赖少其的《会当凌绝顶》、程十发的《德福羊》、廖冰兄的《鸡颂》、林墉的《生机勃勃》、林丰俗的《沃土》等。还有名家珍贵的墨宝，如国学大师容庚、商承祚等人的书法真迹。这些珍贵书画美妙绝伦，璀璨夺目，堪称无价之宝。

马镇坤同志当年积极倡议，并亲力亲为参与编印《羊城晚报社史》《我是羊城晚报人》和《羊城晚报收藏书画选》等三本书，为创建《羊城晚报》媒体文化做出重大贡献，是功在当代，利在千秋。敬佩之余，特写文点赞。

（作者系《羊城晚报·港澳海外版》原主编）

弘扬传统文化的热心人

——与马镇坤编书的点滴回忆

黄新聪

我和马镇坤同志都是羊城晚报人，我比他早几年退休。我退休后因身体欠佳，蜗居陋室，成了名副其实的“老宅男”。马镇坤是退而不休，他自言“在家读点名著，写些随笔，休闲无事，怡情养性”。此言乃出于自谦。其实，他退休后是“夕阳泛彩虹，余晖分外红”。

马镇坤退休后社会工作很多，在一段很长的时间里，他担任省新闻记者协会会长，又是报社关心下一代工作委员会的负责人。退休多年一直勤勤恳恳，热心服务社会，为教育好下一代人操劳不已，不显山露水，实干加苦干的精神不逊当年。

近几年来，我和马镇坤的住处距离较近，他时常来看我，或饮茶品茗，畅谈叙旧，各抒情怀，其乐融融；或议论时局，各抒己见，相得益彰。我每有文作，常请他斧正润色，获益匪浅；有些文稿还是在他的启发诱导和点拨下成章的。写到这里，蓦然想起一位智者说过的一段话：“老，就是智慧；老，就是深刻；老，就是敏锐。老马识途。”马镇坤于我教益良多，堪称良师益友！

前年严冬腊月的一天下午，马镇坤冒着凛冽朔风兴致勃勃地到我家来，他拿出一卷纸质发黄的稿子给我看，说道：“老黄，咱们来为社会做点好事吧！”原来这是他在多年前编纂的《解读千字文》草稿。我对《千字文》虽早有所闻，略知它和《三字经》《百家姓》同为古代儿童蒙学读物，但我从未诵读过。他口若悬河地同我讲起《千字文》诞生的年代、历史背景，赞赏《千字文》内涵丰富，涵盖面广泛，内容涉及天文、地理、历史、农工、园艺、饮食起居、修身养性及封建纲常礼教等各个方面，融知识性、可读性和教化性为一炉，是“只字能通天地人，千文钻破更翻新”的名篇。它文采斐然，合辙押韵，朗朗上口，易诵易记，为青少年所喜爱。

马镇坤还给我讲了梁武帝萧衍命周兴嗣编纂《千字文》的一段故事。话说梁武帝一生戎马倥偬，四处征伐，战功赫赫，但他出身世家名门，通今博古，尊儒崇佛，深知皇家子弟“生于宫廷之中，长于妇从之手”，生活无忧无惧，是“愚恶多，贤善少”。为了巩固南梁江山，须将子侄教养成博学多才、品德高尚的出类拔萃的人物。但苦于无合适的蒙训读物，便命文学侍从殷铁石从王羲之的书碣碑石中揭下一千个各不相同的字，一字一字地教授那些皇家子侄，无奈因其教法杂乱无章，收效甚微。梁武帝寻思，如果把这一千个各不相同的字，编成通畅且有韵味的文章岂不更妙。此项特殊使命落到了周兴嗣的身上。周兴嗣接诏后不敢怠慢，连夜将此一千字摆在地上，逐字揣摩，反复吟诵，通宵达旦，将其连缀成一篇内容丰富的韵文——《千字文》，这部传世佳作终于诞生了！

之后，马镇坤说道：“让青少年读点古代儿童读物，既有助于他们了解中国传统文化，又可增长知识，帮助他们更好地接受中华传统文化熏陶，成为更有教养的后一代。这是我们这代人的义务和责任！”他这番话，使我认识到他不但是一位热爱中国传统文化，对古代文学颇有研究和造诣、历史知识渊博的老报人，而且还是有志于用传统文化教育后代，提高民族教养素质的热心人。

马镇坤同志这次找我，是要我同他合作将已经尘封多年的《解读千字文》草稿修订后出版，并以羊城晚报社关工委的名义赠送给广州的一些小学校，作为小学生的蒙训课本。他邀我一起参与这项工作，要我用电脑录入文字、校对和联系印刷单位。我欣然答应。

《解读千字文》约2万字，我预计三五天内即可完成文字录入工作。但文本里的繁体字、异体字太多，而且还有不少已经消失了的古字；很多地名又因年代久远变迁、易名，须逐一查对核实方能录入。有时为了一个单字、词句、地名，要反复找字典或古籍书查对，文字录入工作打打停停，进展缓慢。我向他讲了这个情况，他劝慰我不要心急，慢慢来，但千万不能出错。他还多次拿着有关资料到我家来，坐在电脑旁，耐心帮我查对、校正错别字，找地图查对古代地名的现今方位、地域地名，等等。

《解读千字文》初稿打印出来后，我说我们老眼昏花，最好找年轻人校对。他没同意，说还是自己来吧，我们自己能做的事就不要麻烦他人了。于是我们俩互相念读校对，翻来覆去好几次，整整用了两天时间校对，后来他自己又拿回家逐字逐句逐段地阅读复查。他当年编纂《解读千字文》时，曾参考过许多文本，又请大学多位历史、语文老师审阅，得到他们的首肯。但马镇坤并不满足于此，在校对初稿后，他又请对古代文学、古书籍较有研究的《羊城晚报》副刊部原主任林超参加编注工作。经过林超遍稽群籍、引经据典的考证、修正、补充，进一步充实了内容。然后我们又一起设计版面，选用插图，足足用了一个多月的时间。他认真负责，严谨细致，精益求精，一丝不苟的敬业精神，令人敬重。

在和马镇坤一起编印《解读千字文》的日子里，我对他有了进一步的了解：他心境平和，处世为人磊落随和，是一个非常好合作的人，难怪群众都说他人缘好，是位平易近人、谦虚坦诚的好领导。他不但投入巨大的精力编纂《解读千字文》，在《解读千字文》付梓时，他坚持不署作者名，而署以"羊城晚报关工委"之名，后来在我的建议下，他同意在该书《前言》末尾署上他和参加编校人员之名，可见他为人谦虚谨慎，出书不为名利，旨在传承弘扬中华传统文化。

马镇坤在《羊城晚报》工作期间，全心全意、勤勤恳恳、为办好报纸努力不懈，他是传媒机制创新的先驱，开创以广告为龙头，多领域、多形式、多层次的经营开发体制；在省委的领导下，首倡报社采编经营"三驾马车"管理体系，推动了《羊城晚报》跨越式的发展，对《羊城晚报》的兴旺发达做出了重大贡献。马镇坤退休后热心服务社会，孜孜不倦致力于关心下一代的工作，可书可写之事很多，仅以编印《解读千字文》一事志之。

（作者系《羊城晚报》原国际时事部主任）

第三篇

马镇坤作品

Ⅰ　办报专论

新体制带来新面貌
——实行社长领导下总编辑、总经理负责制的体会

今年2月19日，中共广东省委做出决定：羊城晚报社试行领导体制改革，实行社长领导下的总编辑、总经理负责制，并任命了社委会新的领导成员。实行新体制半年多来，报社出现了新面貌。实践证明，这种新的领导体制，适应社会主义市场经济条件下报业发展的客观要求，能够更好地使领导班子对报社各方面的工作统一部署，分工负责，互相配合，形成合力，把报社各项事业搞得更加朝气蓬勃，充满生机和活力。

集中精力抓大事

报社是宣传党的路线、方针、政策的新闻机关，也是自主经营、自负盈亏的经济实体，既要按照新闻规律办好报纸，又要按照市场规律搞好经营。在新形势下，如何把办报纸和经营两个方面的工作都做好，以保证报社事业兴旺，正常发展，一个带关键性的问题，就是要建立与之相适应的领导体制。

在这次领导体制改革之前，羊城晚报社实行的是编委会集体领导下的总编辑负责制，从编辑部门、经营管理部门到政工部门，许多事情都要找总编辑拍板。总编辑具体事务多，会议多，应酬也多，经常忙得团团转，很难集中精力办好报纸，对经营管理也难以具体顾及。

现在情况就不同了，社长统揽全局，主要是组织社委议大事，抓宣传导向，把握经营方向。总编辑分管编辑部门，总经理分管经营管理部门，责任分明，各司其职。这样，就能使报社的主要领导力量坐到一架

"马车"上，往一个方向奔跑，而不是几架马车，各跑各的道；就能使领导班子步调一致，而不是你拉我拖，力量互相抵消；尤其是能使第一把手减少一些具体事务和不必要的应酬，从而有更多时间和精力学习、贯彻邓小平同志建设有中国特色社会主义的理论和党的路线、方针、政策，致力于抓好报社的大事。半年来，我们主要抓了这么几件大事。

一是制定《羊城晚报社今明两年发展的总体构想》。在总结多年办报经验的基础上，提出"创一流报纸、一流效益、一流装备"，并分别对编辑部门、经管部门和政工部门的工作提出要求。本报干部职工听了这个《总体构想》的报告，很受鼓舞。大家都说有了明确的奋斗目标，看到了美好前景。中国报纸行业经营管理协会、中共广东省委宣传部都转发了我们这份《总体构想》，目前，我们正在按照"三个一流"的要求，逐项实施。

二是调整、充实报社中层领导班子。我们按照德才兼备、重在实绩的原则，大胆提拔了一批能力强、表现好的中青年干部；按照有利于加强团结、有利于提高工作效率、有利于办好报纸的原则，合理调配各部门的力量，特别是强化了采编业务指挥系统。经过调整，进一步增强了中层领导班子的战斗力。

三是加强内部管理，进一步建立和健全了各种规章制度。主要是完善各种形式的岗位责任制和编辑费、稿费、岗位津贴等分配办法，对兢兢业业，勤奋工作，勇于创新，并做出较大贡献的，给予较高的报酬；对玩忽职守，不好好工作，甚至违反纪律的，给予一定的经济处罚乃至必要的处分。这样，弘扬了正气，抑制了邪气，使大家戮力同心，奋发进取。

四是抓报纸改革和扩版工作。报纸办得是否有特色关系到报纸的生存和发展。我们就如何办出特色这一问题，在社委和各采编部门领导中进行了充分讨论，并广泛听取本报职工和各方面读者的意见。统一了大家思想，明确了要保持和进一步办出报纸特色，就必须突出具有岭南特色的"晚"字，使《羊城晚报》更加贴近时代，贴近群众，贴近生活。为适应报业发展的新形势和充分发挥本报的潜能，从9月1日起，《羊城晚报》又进一步扩版增张，每日出3大张共12个版，既拓宽报道面，扩大信息量，又增加专版专栏，使报纸的内容更加丰富多彩。

两个轮子一齐转

办好报纸的重要标志，是不断提高社会效益和经济效益。我们自觉地把社会效益放在首位，在确保社会效益的前提下争取更好的经济效益，力争两个效益的统一。为此，我们十分注意处理好办报和经营的关系，要求总编辑和总经理“两个轮子”一齐转，各自带领自己分管的干部职工认真负责，努力工作，协同作战。

从宣传报道来说，坚持报纸的正确舆论导向，提高社会效益，是提高报纸质量的前提。无论是新闻还是副刊，都要坚定不移地贯彻为人民服务、为社会主义服务的方向和以正面宣传为主的方针。我们牢牢掌握党的基本路线，紧紧围绕社会主义市场经济体制的建立和现代化建设，认真宣传党和政府的改革措施，宣传人民群众创造的新成就、新经验，讴歌并传播各条战线的先进人物和他们的崇高品德。不断研究前进中出现的新情况、新问题，对群众中存在的思想认识问题，及时加以正确引导，努力做到以正确的舆论引导人，为维护社会稳定，促进经济发展和提高人的综合素质创造良好环境。

分管采编业务的总编辑、副总编辑和社委职责明确，坚持靠前指挥，把主要精力放在把方向、出点子、抓稿源上。半年多来，我们在宣传报道中既弘扬了主旋律，又注意了多样化，使宣传报道比过去更有章法，更具个性。如介绍珠江三角洲新经验的系列报道《“珠三角”新探》；针对领导重视、群众关心的广州市容问题的系列报道《陪公仆行街》；提倡精神文明的关于广西边防军人倪效武和他患病的妻子韩素云得到千百个广州人关心帮助的报道《两个和千百个》；宣传社会主义公德的《公众话题：见义勇为大家谈》等，都在社会上引起较好反响，有的受到上级领导的重视，有的受到广大读者和各界人士的好评。作为羊城晚报传统特色之一的《花地》《晚会》等副刊，从内容到形式，都能跟上时代发展的步伐，不断推陈出新，使之更加社会化、生活化、大众化。因此，今年以来本报继续保持着较高的发行量，目前是全国发行量最大的六家报纸之一。

从经营管理来说，羊城晚报社已初步形成了以新闻事业、印刷出版业为主体，以广告业为龙头的多领域、多形式、多层次的经营开发体系。报社发展经营事业，广告是重点，目前报纸广告收入占全部收入的60%以上。实行新的领导体制后，报社成立了广告部，根据广告稿源较多的情况，我们适当出版增张广告，多出随报附送广州地区的《金页》广告，并积极拓展外商广告业务，办好和港商合作的香港羊城报业广告有限公司、日本觉士广告株式会社，努力发展广东金羊广告有限公司的业务，并成立了广东金城广告有限公司，逐步形成广告的大规模、国际化经营体系，以争取更大的经济效益。去年广告营业收入在全国报社中名列榜首，盈利也名列前茅。今年上半年，又在去年的基础上更上一层楼。广告营业收入比去年同期增长77.3%，利润比去年同期增长31.4%。

有了雄厚的经济实力，就有能力改善办报物质条件。今年7月，本报新引进的3台高斯“美特罗奈纳”彩色胶印轮转机投入生产，使《羊城晚报》拥有的美国高斯系列彩色胶印轮转机达到4组10台，印刷总体能力达到每小时112万对开张，跃居全国省市级报社之冠。与此同时，采编手段也逐步走向现代化，报社排版基本实现电脑化。记者、编辑陆续配备了高档的电脑，从8月份开始，要求40岁以下的记者、编辑向总编室交稿，都能交电脑排版的稿子，人事档案、财务账目、劳动工资、资料存取、发行和广告等也都先后建立起电脑管理系统，在明年将实行电脑联网。

我们的几点体会

实行领导体制改革，变总编辑负责制为社长领导下的总编辑、总经理负责制，是一件利在眼前、功垂长远的事。它既有利于办好报纸，可以进一步开创新局面；也有利于开拓经营，加强管理，使报纸和经营互相促进，协调发展，走上良性循环的道路。但要使这种被称为“一驾马车，两个轮子”的新领导体制长期地正常运转，还必须不断实践，不断探索。回顾几个月来的情况，我们认为必须坚持以邓小平同志建设有中国特色社会主义理论为指导，着重处理好如下几个问题：

第一，在实际工作中，努力树立社委会的权威，使之成为报社有凝聚力的坚强领导核心。社委会作为报社最高领导层，肩负着带领干部职工贯彻党的路线、方针、政策的使命，行使着与党委同样的职能。因此，把社委会建设成为坚强领导核心，对于加强和改善党对新闻工作的领导，切实做好宣传工作，具有重要意义。如何使社委会成为坚强领导核心，关键在于提高“一班人”思想、政治、理论、业务素质。这就必须认真学好建设有中国特色社会主义的理论和党的宣传工作方法，并善于贯彻到报纸宣传的实践中去。在实际工作中，社委会成员特别是第一二三把手，一定要有全局观念，胸怀广阔，团结合作，拧成一股绳。社长统揽全局，要揽得起来，也要放得下去。所谓揽得起来，主要是体现在能带领社委“一班人”坚决贯彻中央和省委的有关指示精神，坚持报纸的正确舆论导向，坚持正确的经营方针，抓好报社内部建设等，这些带方向性、战略性的问题，在社委会集体讨论决定后，由社长把握。社长应当聚精会神抓好几件大事。所谓放得下去，就是具体的采编业务、经营业务，应该放手让总编辑、总经理去抓。要坚持实行民主集中制，实行民主决策、科学决策，凡是重大的事情都经社委会讨论，一经形成决议，便要坚决执行，不能各吹各的号，各敲各的锣。抓大事，也要从大处着眼，小处着手，扎扎实实地开展工作。在社委会中，我们提倡发扬谦让谨慎、廉洁自律的思想作风，以优异的工作实绩和良好的作风来提高领导班子的威信。

第二，制定切实可行的发展规划，并把规划落到实处，以利于统一思想、统一行动。规划对于一个单位来说，是十分重要的。有了规划，领导才能心中有数，干部职工奔有目标。我们在今明两年发展的《总体构想》中提出的“三个一流”之所以有感召力，主要是因为它反映了干部职工的愿望和要求，符合报社和干部职工的共同利益。规划重要，但毕竟还是纸上的东西，因而更重要的是规划的落实。如果口号叫得很响，落实的没有几条，大家观望了一段时间之后必然感到“心淡”，鼓起来的劲，很快就会消失。这几个月来，我们对《总体构想》提出的要求，抓落实，力争抓一件，成一件，做到一步一个脚印。从调整、充实中层领导班子到报纸版面改革，从交通、通信工具和电脑的配备到新印报机的投产，都花了不少力量，做了许多工作。经过共同努力，取得了显著的成果，大家也受到鼓舞。报社的干部职工说：“三个一流，大有奔头。”

第三，把办好报纸放在首位，认真抓好采编业务，使报纸成为报社各项事业的“主心骨”。社委会成立后，我们十分明确，报社的根本任务是办报；要搞好经营，也首先靠办好报纸。报纸有特色、可读性强，发行量就大，广告就会跑上门来。所以，我们始终把办好报纸当做第一件大事来抓。11位社务委员中有9位是专职办报的，总编辑更是集中全力抓报纸。在原来的领导体制下，总编辑实际是个“大管家”，什么事情都得管，现在的总编辑可以不管钱、不管物，一心扑在指挥采编工作上。制订报道计划，组织记者进行重大采访报道，报纸版面安排，都由总编辑负责。总编辑感到有职，有责，又有权，因而积极主动地把整个编辑部的工作担子挑了起来。社长作为第一把手，当然要时时关心报纸，要主持报纸改革的研究会，提出一个时期的报道思想，过问重大事件的报道。

第四，一业为主，多种经营，增强报社的经济实力，是办好报纸的物质保证。我们知道抓多种经营重要，并已在向第三产业拓展，但搞好多种经营并非易事。挂上了几个公司的招牌，并不等于就能够赚钱，而需要领导花精力，尤其在激烈的市场竞争中需要有正确的经营策略。俗话说：“不熟不做”。我们总结了过去的经验教训，强调报社的经营活动必须以报纸为依托，紧紧围绕报纸事业开展，目前我们开办的公司大都与广告、印刷有关，这样做的结果并不是经济效益低了，而是更高了。搞好经营尤其要发挥总经理的作用。新的领导体制，突出的一点就是提高了分管经营管理工作的总经理的地位。过去羊城晚报社专职分管经营管理的编委，都是处级干部，并且往往排行最后，办一件事常常要左请示右请示。这样既容易错过时机，也会挫伤抓经营管理干部的积极性。领导体制改革后，总经理的级别为副厅级，并排在社长、总编辑之后，位列第三。总经理的责任和权力大大加强，做起事来得心应手，使经营活动得以正常开展。在开展经营活动中，重大经营决策，仍由社委会集体讨论，总经理组织实施，社长加强监督指导，发现问题及时解决。

羊城晚报社实行领导体制改革，毕竟时间还短，虽然也取得一定成绩，但都只是初步的。我们还要进一步振奋精神，开拓创新，为完善这种新的领导体制扎实工作，把报社的各项事业推向前进。

附 《新闻战线》评论员斯通对上述文章的点评

积极探索报社领导体制的改革

作为新闻传播媒介，报纸是宣传党的路线、方针、政策的舆论工具。在社会主义市场经济条件下，报纸仍具有精神产品的特殊性，必须坚持把社会效益放在首位，但又不能不讲究经济效益；市场经济使绝大部分报社都从过去的“纯”事业单位转变为事业单位企业化管理，实行“独立核算，自负盈亏，照章纳税”。今天的报业已逐步形成一种产业，报社不但要围绕报纸本身开展发行、广告、印刷、物资供应以及信息咨询等业务，而且要在条件许可的情况下，开发跨行业的经营项目，如办实业、开展金融贸易业务、经营房地产，以及与其他企业进行联营活动等。这就需要报社在以办报为中心的前提下，办报与经营并重。

问题在于，“两个轮子”一起转的现实面对的仍是过去计划经济条件下形成的报社管理体制，机构的设置是“大编辑部，小经理部”，采编线相对经管线，部门设置数量和规格普遍要高，经营管理部门往往有经营之责却无决策之权。而沉重的编务已常常令总编辑们夙夜操劳，艰辛备尝，使他们无暇或不能及时研究解决报业经济发展中的重大问题，从而影响报社各项经营事业的统筹规划、管理和发展，最终必将削弱报社在市场经济中的竞争能力。

同时，总编辑们为办报殚精竭虑，再在他们肩头压上在市场中“自主经营、自负盈亏”的担子，从编辑部门、经营管理部门到政工部门，许多事情都要找总编辑拍板，也不利于总编辑集中精力办好报纸。另一方面，报纸自身的事业发展和经济效益，不仅关系到报纸本身的生存和发展，而且关系到职工的收入和福利，关系到能不能把采编人员的追求、精力和时间真正聚焦到办好报纸上来。

实践证明，计划经济体制下形成的报社领导体制，已不适应形势的发展，因为那时报社的工作主要就是保证一张报纸的正常出版，不甚计较经济效益，也不太注意其他方面的经营，而现在报社的“两个轮子”

一起转，现实呼唤我们建立与之相适应的既能按照新闻规律办好报纸、又能依循市场规律搞好经营的新的领导体制，既要有人集中精力办报，又要有人集中精力搞好经营管理。

广东是我国对外开放的前沿地区，市场经济体制的建立也先行一步。《羊城晚报》总结以往的经验，根据本报的实际情况，从1994年试行领导体制改革，实行社长领导下的总编辑、总经理负责制。半年多的实践表明，这一探索是有益的、成功的。这种领导体制，初步解决了编（辑）经（营）分流、经营权和决策权统一的问题，加强和改善了党对报纸的领导，适应了社会主义市场经济条件下报业发展的客观要求，能够更好地协调报社各方面的工作。《羊城晚报》的宣传报道出现新的气象，组织发表了一批有影响的文章和系列报道，经营管理也上了一个新台阶，拿广告营业收入来说，比去年同期增长77.3%，利润比去年同期增长31.4%。除《羊城晚报》外，还有其他一些新闻单位也在积极探索领导体制的改革，这对于报纸更好地发挥党、政府和人民的喉舌作用，更好地适应社会主义市场经济需要，无疑是有益的。

当然，《羊城晚报》实行领导体制改革的时间还不长，新的体制在前进中必然会遇到新问题、新挑战，有待进一步完善。而且《羊城晚报》是根据广东和本报的具体情况进行领导体制改革的，他们的经验为报社领导体制的改革提供了有价值的思路，可供其他新闻单位借鉴；但各地、各报情况不尽相同，各报可以而且应该根据自身情况，探索各自的体制并加以完善，正所谓“殊途同归”，目标都是有利于加强和改善党对新闻工作的领导，有利于发挥新闻工作者的积极性和创造性，繁荣新闻事业，有利于报纸质量的提高和报业经营的发展，努力使社会效益和经济效益统一起来，争取社会效益和经济效益双丰收。

（原载《新闻战线》1994年第10期）

突出一个“晚”字

——《羊城晚报》特点和风格的再探索

当前，报业竞争激烈，各报新招迭出，都在努力办出自己的特色来，《羊城晚报》也在朝着这一方向不断探索。

《羊城晚报》的特色“特”在哪里？就在一个“晚”字上。这本来是过去谈了很多的老问题，然而，最近讨论报纸改革，有的记者编辑提出要防止晚报“日报化”，要保持和增强晚报特色；有的通讯员则说，在晚报上稿很难，往往因稿件不符合要求而“石沉大海”，感到心灰意冷。因此，我们重提办晚报要突出一个“晚”字，这个“晚”字还要同“羊”字紧密结合在一起，围绕这一问题深入探讨《羊城晚报》的特点和风格。这对于我们进一步增强报纸的活力，不断扩大其覆盖面和影响力，是很有好处的。

《羊城晚报》是党报，但不同于机关报。它是中共广东省委领导下的一张报纸，与机关报的共同之处是，都要以邓小平建设有中国特色社会主义理论为根本方针，要遵循新闻工作的党性原则和真实性原则、正确地宣传党的路线、方针，政策，坚持弘扬时代主旋律，坚持以正面宣传为主，坚持以正确的舆论引导人，不同之处是，定位不同。它既是一份新闻读物，又是一个生活知识宝库。

《羊城晚报》立足广东，面向全国。从1957年10月1日创刊起，就既注重报道省内大事，又重视报道国内、国际大事。它对国内外大事的报道迅速及时，对群众关心的新闻事件不惜篇幅，对好人好事大力推介，对社会时弊敢于揭露抨击，并经常发表一些站在广东看全国，或站在全国看广东的稿件，副刊的许多文章也是来自全国各地，反映神州新事。

这些荟萃了全省全国各路名家和新秀之作，既有岭南特色，又有神州韵味，赢得了广大读者。因此，多年来，《羊城晚报》日发行量一直保持在100万份以上，目前是全国发行量最大的六家报纸之一，还有一部分报纸发行至欧、美、亚，非、澳等五大洲82个国家和地区。

《羊城晚报》是自费订阅为主的报纸，读者喜欢不喜欢，喜欢程度如何，发行量多少，标志着报纸成功与否。因此，记者、通讯员写稿，编辑编稿，都需要有强烈的读者意识，知道读者喜欢什么，不喜欢什么；要从读者的角度去选题目，写报道，按生动活泼的要求去制作标题，编排版面，使读者阅读我们每日的《羊城晚报》，都有阵阵清风扑面而来、丝丝快意涌上心头之感，都觉得有一种高雅的精神享受。

根据《羊城晚报》的这些特点，我认为要办好《羊城晚报》，采编工作应在“新、近、活、宽、软、实”六个字上下功夫，具体说来，应做到：

新些更新些。新闻是新近发生的事实的报道，新闻贵在新。传播的都应该是新事件、新信息、新成就、新观念、新知识、新方法。不久前，台湾《中时晚报》的总编辑访问广州时告诉我，《中时晚报》每天出五大张二十个版，只有三个半的预拼版，其他都是当天即拼版，下午1时30分左右开机印报；新闻版99%以上是当天消息，很多消息抢发在日报之前，很少重复日报的新闻。时效性强是晚报生存和发展的重要条件，晚报是下午出版的，它必须发表日报出来以后的当天新闻。如果都是当天日报登过的新闻，读者看过日报，就不想冉看晚报了。因此，晚报一定要多登当天新闻，多登独家新闻，尤其是突发事件，要为读者提供最新、最快、最准确的消息，这样对日报才有竞争力。为了做到这一点，就必须变坐等通知的“喂食式”采访为主动出击的“觅食式”采访，变终结式报道为进行式报道。那些群众关注的、渴望了解的东西，不要等到事件结束后才报道，可以随着事件的发生、发展及结果连续进行报道。比如，本报关于廖女士和她一岁多的患病儿子，因广州市第一人民医院医护人员的疏忽而在高压氧气舱内“禁闭”了十多小时的报道，就采取了进行式。第一篇披露母子进高压氧气舱出不来的经过，字数不多，消息却不胫而走，成为群众街谈巷议的话题；第二篇是高压氧舱困人再续，报道了廖某和其儿子被抢救过来后在医院的情况以及医院的态度；第三篇则是当事故发生后，专家说句内行话：高压氧疗法安全有效。后两篇报道，回答了群众关心的问题，满足了读者寻根究底的欲望，反映很好，读者像看电视连续剧那样，追着看。如果等到事情处理完毕再去报道，那就失去了时效性，读者也就失去了追踪阅读的兴趣。

近些更近些。现在几乎所有的报社都在要求自己的报纸贴近时代，贴近群众，贴近生活。作为读者自费订阅占报纸发行量85%以上的《羊城晚报》，就更必须自觉地去贴近群众，贴近生活，要切准时代的脉搏，反映群众的呼声，为群众说话。为群众解难析疑。对社会生活中的热点、难点，要敢于接触和善于引导。比如，广州的猪肉供应是全市居民非常关心的一个问题，本报记者随广州市一位副市长查看了三元里屠宰场，发现这里有一个严重污染环境的苍蝇“加工厂”，蛆虫密密麻麻，血污粪水横流。于是先在报纸上“曝光”，接着报道了整治办法，有关部门决定在8月底关闭这家不适宜继续办下去的屠宰场，最后还报道了广州市将建七个大型屠宰场以取代一百多个落后分散的场地，实行“集中屠宰，集中检疫”。这种贴近老百姓的报道，群众自然喜欢看，诸如物价、廉政、社会治安等，都是大家关心的问题，都可以写，但要研究怎样写，只要找准基调，找准角度，找准语言，再难的题目也能做出好文章来。

活些更活些。《羊城晚报》向来是以讲究宣传艺术、注重生动活泼赢得读者的。编辑重视标题制作和版面编排，力求做到图文并茂，美观大方，引人入胜。新闻标题既要做到符合概事达意的需要，又要做到增强语言表现力和感染力的效果，使读者形象地、富有情趣地领会其中的意蕴，品味其中的情感。版面编排要求注意整体效应，既突出“红花”，又搭配“绿叶”，各显特色，相映成趣。但是，巧妇难为无米之炊，活的标题、活的版面，全靠活的稿件。怎样才算活的稿件？首先是稿件体现的思想观念要活，见解要新。活的稿子采自活生生的现实生活，而非带着观点找例子，教条式的，说教式的；活的稿件有其新颖独到的见解，甚至是超前的意识，而非人云亦云的陈腔滥调；活的稿件能紧扣读者心弦，引起共鸣，而非面目呆板、枯燥无味的“八股文”。要写出活的稿件，作者就必须解放思想，开动脑筋，到社会生活的汪洋大海中去抓活“鱼”，撷取大量生动感人的现场素材，发现被采访者闪光的语言，深刻的思想。此外，活的稿件要写法不落俗套，谋篇精巧，文笔通俗，语言生动，没有宣传腔、八股调，这样的文章读来才生动感人。常言道，“文似看山不喜平”，新闻更是如此。观点新鲜，富有灵气，富有现场感，写事历历如绘，写人栩栩如生，才能使读者有如临其境、如闻其声、如见其人的感觉。为了把报纸办活，我们的原则是活“鱼”先抓，鲜“鱼”先上，这样读者才喜欢看。

宽些更宽些。把广大人民群众作为反映和服务对象的《羊城晚报》，一定要拓宽报道面，扩大信息量，满足群众的要求。时下，报纸的功能已经越来越多，它不仅有宣传功能，还有导向功能、传播功能、信息功能、监督功能、认识功能、服务功能、消闲功能、娱乐功施、广告功能等。我们的眼光不能一仍旧贯地盯着传统报纸的简单功能，不能满足于以往狭窄的工农业、科教文等报道面，而要开阔视野，扩充阵地。只有把报道面拓宽了，使内容更加多样化，晚报的各种功能才能更好地发挥出来，也才能更好地满足时代和群众的要求。广东地处祖国南大门，是改革开放先走一步的省份，它既有沿海市、县，又有山区市、县，还有三个经济特区、四个经济技术开发区、六个高新技术开发区，新闻“资源”十分丰富，是新闻报道的一个“富矿”。只要深入生活，放宽视野，努力挖掘，便有用不完的信息。从经济建设到儿女亲情，从衣食住行到文化娱乐，有取之不尽的素材。如果能够分分秒秒眼观六路，耳听八方，广集信息，我们就能够找到为读者所喜爱的各式各样琳琅满目的“宝藏”。

软些更软些。晚报一贯提倡写软新闻。软新闻是与硬新闻相对而言的。硬新闻主要是指题材较为严肃，着重于思想性、指导性、工作性的政治、经济、科技、教育新闻。软新闻是指那些人情味较浓、写作轻松活泼、易于引起读者兴趣的新闻，尤其是社会新闻。如果说，读者在阅读硬新闻时，只能产生“延缓报酬”效应，那么在阅读软新闻时，却能产生“即时报酬”效应。有人以为软新闻“格调低下”，社会新闻“都是揭露性的报道”。其实，这是一种误解。软新闻，同样可以格调高雅；社会新闻，也有歌颂性的报道。拿《羊城晚报》不久前报道的“军嫂”韩素云这个典型来说，其题材就属于软新闻，属于社会新闻。

这组栏目称为《两个和千百个》的报道，反映了广西边防军人倪效武和他患病的妻子韩素云得到千百个广州人的关心和帮助的事迹，歌颂了韩素云“位卑未敢忘忧国”的精神，歌颂了广州人“一人有难，众人相帮”的风尚。它有力地证明，在涌动的市场经济大潮中，毕竟人间自有真情在。这类新闻不同阶层的读者都感兴趣，有利于强化新闻的传播效果。另外，硬题材也可以软处理，例如，同是关于农业的报道，日报可以通过各级领导如何加强对农业的领导的硬新闻来处理，晚报则可以从如何稳定市场粮价、如何使市民吃到好米的角度处理为软新闻。报纸既有共性，又有个性，多刊载软新闻，是《羊城晚报》的突出个性。因此，记者和通讯最应掌握好晚报的编辑方针、栏目特色以及用稿标准，从题材选择，到写作方法，都要努力去适应晚报的要求，才能稿无虚发。

实些更实些。反映现实生活中实实在在的东西，是由新闻特点及其宣传效果决定的。改革开放以来取得的成就，不是抽象的概念，而是表现在社会方方面面的客观存在。人们正是在现实生活中从不同的侧面和角度，感受和体会到改革开放带来的好处。我们报道的可读性的“骨”，是千千万万读者牵肠挂肚的、丰富多彩的、看得见、摸得着的社会主义建设的现实。离开现实，则无新闻可言，缺乏丰富真实的材料，刻意搜词索句，写出来的东西是不可能感动人的。同时，也要注意提炼主题、选择角度。反映实际，不能作镜子似地事无巨细面面俱到，而应是一种“突出的事实报道”。因此，采写稿件要捕捉实际生活中的精彩素材，加以升华，凝结为气势恢宏、有分量、有深度、全景式的报道，才能产生强烈的说服力和感染力。

总之，《羊城晚报》要突出一个“晚”字，努力体现本身特色，以吸引千千万万的读者，让平民百姓爱看它，各级领导干部也爱看它，企业界人士爱看它，各级党政干部也爱看它，真正成为一份“飞入寻常百姓家”的老少咸宜的报纸。

（原载《中国记者》1994年第11期）

既让群众满意，又让领导满意

——报纸舆论监督必须遵循的一些原则

舆论监督是报纸的一项重要功能。它有利于保证党的肌体的健康、国家工作人员遵纪守法和各项工作的顺利完成。党中央历来都非常重视发挥报纸舆论监督的作用。党的十四届四中全会再次强调要建立健全有效的监督约束机制，要进行舆论监督，把自上而下和自下而上的监督结合起来。这也包括了报纸的舆论监督。报纸要进行舆论监督是我们党的一贯主张，然而整个时期舆论监督的内容、重点和方式方法则有所不同。在新时期，报纸舆论监督就是要坚持以邓小平同志建设有中国特色社会主义的理论为指导，坚持团结、稳定、鼓劲的方针，努力做到让群众满意，领导也满意，努力把舆论监督提高到一个新的水平。

毫无疑问，作为一张党报，一定要坚持正面宣传为主的方针，以正确的舆论引导人。正面宣传为主，弘扬主旋律，是社会主义新闻宣传工作的一个重要原则。正面宣传为主，就是要实事求是，反映我国社会生活中光明、积极、健康的内容，讴歌人民群众的生动实践和英雄业绩，让人民群众用自己创造的业绩教育自己，从而形成鼓舞人们前进的巨大精神力量。因此，要经常地、大量地宣传各行各业的成就，要抓正面典型，特别是抓好先进人物典型的报道，以形成一种朝气蓬勃、开拓创新、无私奉献、励精图治的社会舆论环境，保证改革开放和现代化建设的顺利进行。

坚持正面宣传为主的方针，并不是不要舆论监督。对党内的不正之风和社会上的各种不良现象，开展恰如其分的批评是必要的。只要不是为了展示、渲染消极和落后现象，不是丑化、否定党的领导和社会主义制度，不与党的现行政策相抵触，而是为了解决问题、改进工作，就会有利于稳定大局，有利于改革开放，有利于改进党风和社会风气。《羊城晚报》今年以来的几次大的批评报道，如针对广州市容卫生问题的批评报道；针对危害社会和人民的“黄赌毒”的批评报道；对107国道广东段关卡重重、乱收费乱罚款的 “追猪”批评报道；揭露广州南北水果批发市场果霸欺行霸市的批评报道等，都在社会上引起较强烈的反响，既受到广大读者的好评，又得到各级领导的肯定。之所以能收到这样的效果，主要是在进行舆论监督时注意遵循了以下这样一些原则：

遵循围绕党和政府中心工作进行舆论监督的原则。

党报是党和人民的喉舌，既要反映人民群众的呼声，更要反映党和政府的意图。开展舆论监督，积极配合党委和政府正在抓的重大工作去进行，才能收到好的效果。今年7月，广东省委、省政府遵照江泽民同志在广东考察时关于要坚持标本兼治，真正把两个文明建设都搞好的指示，决定在下半年对危害社会治安、败坏社会风气、损害人民利益的腐败行为和丑恶现象，大力加以整治，开展一次全面扫除“黄赌毒”的斗争。广东省委、省政府历来重视两个文明建设，坚持两手抓，这次针对“七害”在广东省一些地方蔓延的情况，下决心搞一次全省范围的统一行动。报社获悉省委、省政府的意图后，积极配合，立即派出记者摸情况，掌握动态，并开会议，进行专题研究，对整个报道进行具体部署。根据“三扫”报道政策性较强的特点，经研究，我们确定这次报道的基本原则是：以个案剖析、典型报道为主，评论结合典型报道而展开；实事求是，在揭露反面典型的同时注意发掘正面的典型；面上的报道和情况综述要注意分寸，掌握好“度”；报道进程要严格按照省里的部署，令行禁止，收发自如。从7月26日起，我们连续对这一行动进行报道，至8月4日，共发稿19篇。许多地方在受到本报批评之后，都迅速采取整治措施，加强整治力度，很快改变了局面。省政法部门负责人认为，我们的整个报道，造成了声势，突出了重点，配合了工作，效果是好的。我们的“三扫”报道，得到了有关领导的好评，群众更是拍手称快，收到了较好的社会效果。

遵循密切依靠各级领导和有关部门的原则。

在进行舆论监督中，报社必然会遇到各种各样的阻力。舆论环境的好坏，直接关系到舆论监督能否顺利进行。近几年来。随着改革开放的不断深入，民主法制建设的推进，舆论环境也在不断改善。但是，这并不是说已经不存在问题了，相反，报纸开展舆论监督还有很大阻力。那么，是否开展舆论监督就无能为力呢？不是的，我们体会到，只要依靠各级领导和有关部门，困难就可以克服，阻力就可以冲破，开展批评报道也就大有可为。今年初，我们在深入了解社情民意的基础上，针对广州市群众关心的市容卫生问题，于4月底开始推出一个全新的栏目：《陪公仆行街》。记者利用广州市领导忙中偷闲的点滴时间，陪同其察看街区某些脏、乱、差“死角”，跟踪报道领导的态度及解决问题的措施和效果。在两个月中，分别陪同市长、副市长、市委常委等领导同志“行街”（逛马路），发了5篇稿子。通过“行街”，发现造成脏、乱、差的主要症结：一是人的综合素质不够高，市民的公德意识淡薄，二是政府有关部门管理不善，政出多门，职责不清等。对这些问题，有的领导边视察边提出意见和建议，有的能拍板就当场拍板，给予解决。比如，黎子流市长在察看一处多年无法清除的卫生死角时，建议由街道居委会牵头召开住户会议，订出卫生公约，互相监督，违反者，照章处罚。副市长陈开枝察看地铁搬迁户时，了解到他们的新居公用电话少，小孩读书难后，当即拍板，定出解决办法。《陪公仆行街》的宣传形式独特，令人耳目一新。这种宣传形式，既有利于释疑解惑，沟通疏导，化解矛盾，同时也使市民增进了对党和政府的信赖。正如有关领导部门的同志所说，这个系列报道，“不仅暴露了问题……也使人看到希望，又让有关部门感到不是出难题，这样组织报道，既发挥了舆论监督作用，也体现了舆论监督与正面宣传为主的一致性。”实际情况正是这样。此栏目一推出，很快便引起读者关注，市民来函来电表示赞赏的不知凡几，社会各界主动表示愿意出力协助解决问题的不乏其人。如万宝空调公司的领导看了《天时热求医也热，病家苦医家也苦》的报道后，即向广州市儿童医院赠送了23台窗式空调机，解决了该院病家医家之苦。

遵循批评的问题应当既为群众关注又能得到解决的原则。

来自群众的意见，并非所有问题都适宜端到报纸上来，需要分析、筛选，找出一些既是群众普遍要求解决、又是党和政府通过努力可以解决的问题。比如关于107国道“追猪”的报道，就体现了这一原则。今年七八月间，我们报社的记者时常听到群众在议论，说广州市场猪肉少、价格高。至于其中原因，则众说纷纭，莫衷一是。8月下旬至9月上旬，总编辑和记者到湖南、广西采访，当地群众都反映入粤商路的人为障碍太多，主要是乱设卡、乱收费、乱罚款。同时，也发现湖南广西市场的猪肉价格，与广州市场相差颇大。由此记者认为，近期入粤猪源锐减的一个原因，不能排除流通渠道阻滞的人为因素。于是，编辑部派记者从广西跟随猪车入粤，一日一夜，确知行路难。再由广州直上湖南，先后三次上107国道“追猪”，终于获得第一手现场目击材料。追猪报道从9月8日的《行行复行行，运猪路难行》开始，到11月3日《追猪追出商道畅通，锦旗送给人民政府》，近两个月时间里，共发表消息、通讯37篇，读者文章4篇，言论5篇，照片20帧。广东省委、省人大、省政府领导对这一批评报道非常重视，一位副省长打电话给清远市委书记，转达省长的指示，要求清远市重视《羊城晚报》披露107国道流通不畅情况，立即采取强有力措施，沿线抓好整顿。一位副省长上路检查，沿途解决问题。省人大常委会主任致函本报编辑部，赞扬本报107园道“追猪”以及揭露广州市南北水果批发市场果霸猖獗的有关报道，“是一件大快人心之事，是反腐败的正义行为”。他说，不发挥舆论的监督作用，光讲反腐败的空道理，有什么作用？一切工作都要落到实处，都要狠抓到底。他希望新闻界今后“毫不手软地揭露这些伤天害理的恶行”。湖南、广西对本报“追猪”的批评报道反映也很强烈。见报不久，湖南省驻广州办事处主任向本报转达了湖南省政府办公厅的来电，对本报“追猪”的报道表示感谢；广西驻广州办事处主任也来到本报，转达广西壮族自治区领导对本报“运猪路难行”连续报道的重视。

遵循有利于解决问题和推动工作的原则。

报纸的舆论监督具有公开性和广泛性的特点，它能使违法乱纪者暴露于大庭广众面前，产生强大的震慑力量；它能使有关部门有关人员在强大的舆论压力下，迅速改进工作。舆论监督不是为批评而批评，而是为了解决问题，改进工作。如果我们的每一项批评都有成效，都有着落，那么，报纸的舆论监督就可以使人民群众看到我们党和政府是能够解决问题的，是有权威的，从而提高党的威信，增强人民群众搞好改革和现代化建设的信心与决心。要达到这个目的，在开展批评报道时，就要主动争取领导机关、监督机关和执法机关的支持，督促有关部门对报纸批评的问题及时做出妥善处理，把舆论监督和权力监督很好地结合起来，这样，批评报道才会产生积极作用。今年11月，我们在揭露广州市规模最大的南北水果批发市场果霸敲诈勒索、行凶作恶、哄抬果价时，就积极争取广州市和荔湾区领导的重视和支持。他们看了报纸的批评报道后，立即带领有关工作人员深入水果市场探访，表示发不允许果霸横行，我们对此及时给予报道。随后市里和区里研究改进措施和召开“打霸”大会，把七名果霸和违法分子送劳教和收审，我们又作了详尽报道。这说明我们报社和实际工作部门是站在同一条战线上的。本报对果霸的连续曝光，在苹果产区山西省受到极大关注，《山西日报》转载了本报的报道和评论，同时还专门派出两名记者来穗采访。为了使批评报道更好地产生正面效应，在方法上，我们注意运用对比手法，在批评反面典型的同时，大力表扬正面典型。我们表扬了管理规范、有序无霸的广州天平水果市场、深圳布吉农产品批发市场等，使学有榜样。这样的批评报道，不仅打击了歪风邪气，而且促进了市场管理工作。

遵循既监督别人又自觉接受群众监督的原则。

报纸舆论监督，实质是人民的监督，是人民群众通过新闻工具对党和政府的工作及其工作人员进行监督，是党和人民通过新闻工具对社会进行监督。行政监督、司法监督从发现问题到调查核实，做出处理，要经过一整套复杂程序，需要的时间较长，而报纸舆论监督则要求在某一错误或不良倾向处于萌芽阶段就予以揭露，避免造成严重后果。由于报纸舆论监督具有较强的时效性和鲜明的倾向性，这就要求记者必须深入调查，实事求是，否则就容易出现差错。此外，舆论监督不像开民主生活会，既讲缺点、错误，又讲优点、成绩，而是矛头直指有错误或问题的人和事，一就是一，二就是二，决不模棱两可，不吞吞吐吐。因此，一旦批评错了就会伤害好人，很难挽回影响。所以，为了正确开展批评报道，新闻机构和新闻工作者，应当自觉接受党和人民群众的监督。监督的权利和被监督的义务是统一的，既要当好主体，又要当好客体，既要参与监督，又要接受监督。我们在进行批评报道之前和批评报道当中，都注意主动走出去，或请进来，广泛征求意见。例如揭露果霸横行、批评市场管理混乱时，我们就请了一些专家学者和“老行尊”到报社来，就如何铲除滋生果霸、行霸的土壤，建立正常的市场流通秩序出主意，也请他们对本报的批评报道提出意见，他们都很热心地对本报如何开展批评报道提出了很多很好的意见和建议。这样，便使我们更加明确，开展舆论监督一定要以党委和政府满意不满意、人民赞成不赞成，作为检验批评报道成功与否的标准。

舆论监督涉及的看起来都是些消极的题材、负面的东西，但如果进行得好，其结果就会变成积极的、正面的。它可以增强报纸的战斗力，提高报纸的威信，非但不会影响正面宣传，恰恰是与正面宣传相辅相成、辩证统一的。

（原载《新闻战线》1994年第12期）

舆论监督的困难与对策

开展舆论监督是新闻媒体的一项重要职责，也是宪法赋予人民的民主权利。新闻舆论监督的实质，就是人民群众通过新闻载体对执政党和政府进行监督，对社会进行监督。这种监督的作用，大到可以揭露党内以及社会上的某些腐败现象，小到可以批评社会上一些不道德的人和事，推动社会的文明和进步。因此，中共中央和国务院历来非常重视新闻媒体的舆论监督。

1998年10月7日，中共中央政治局常委、国务院总理朱镕基，在与中央电视台《焦点访谈》编辑记者座谈时指出，舆论监督非常重要，它对我国的民主与法制建设具有重要的意义。要通过舆论监督，纠正我们工作中的问题，反映广大人民群众的呼声，使全国人民受到鼓舞形成强大的凝聚力，促进我们把各项工作做得更好。

然而，目前新闻媒体上的舆论监督离要求还相差很远，真正像样的舆论监督不多，且监督对象存在“三多三少”的状况：以群众为多，以领导干部为少；在领导干部中，又以基层干部为多，以高层干部为少；以监督外地为多，以监督本地为少。为什么会出现这种状况呢？因为开展舆论监督困难重重。主要的困难有：

稿件采访难。写表扬稿，各地区、各单位都非常欢迎，记者一到便热情接待，主动提供材料；写批评稿，记者下去，没有人理睬。新闻秘书怕领导有意见，也不敢合作，不敢找人来介绍情况。只能靠记者单枪匹马冲破重重阻力去调查。有时甚至要冒极大的危险，这与某些领导人“爱吹不爱批”有很大关系。口头上，人人都拥护舆论监督，与本地区、本部门有利害关系时，就借口要安定团结，阻止批评。特别是当批评涉及与自己有关的人和事时，便织成网络，官官相护，甚至千方百计掩盖真相，纵容腐败。这样，采写批评稿件之困难便可想而知了。

谢绝人情难。批评稿件写出来，事情就多起来了。或者上门求见，或者电话说情。有时候，被批评者为了阻止批评稿件见报，不惜动员有关主编、编辑的亲朋好友、同乡同事出来说话，搞得不厌其烦。有诗云：公道人情两是非，人情公道最难为；若依公道人情失，顺了人情公道亏。我们的主编、总编辑虽然大都不敢徇私舞弊，扣押批评稿，稿件照样签发登报，但是却得罪了不少人，弄得众叛亲离。

摆脱纠缠难。批评稿件见报后，往往得到人民群众的赞扬，说新闻媒体敢于揭短露丑，针砭时弊，扶正祛邪，做得好。但群众怎么知道，这时编辑部有关人员正被批评者纠缠得筋疲力尽。某报有一条消息《“天河”设骗局，乱招委培生》，见报后，被批评者竟然聘用律师，先后六次到报社纠缠不休，提出种种无理要求。后来好在省工商局、省高教厅等部门出面干预，纠缠才停止。有的批评稿件一发表，就有控告信到报社，甚至上级机关，诬蔑记者收人钱财，代人说话，害得写批评稿的记者受审查，等到最后查实是莫须有，但造成不良影响已难挽回。

应付官司难。随着法律建设的不断完善和广大群众法制意识的增强，公民涉及新闻批评报道诉至法院的名誉侵权纠纷案件日见增多。1998年一年，有些报社因报道而与当事者对簿公堂，有的五六宗，有的七八宗。为此，有的报社还专门成立机构，安排人力物力，应付打官司。当然这些案件，也有媒体搞错的，但大都内容基本属实，只是个别细节上有出入，少数地方用字遣词不够准确。新闻报道不能等同法院判决书，有些话不够准确是可以理解的，只因被批评者恼羞成怒，或出于某种目的，才把媒体推上公堂。1998年，某报编发新华社一篇关于陕西省宝鸡市人民商场失火的消息，制作标题时将宝鸡市人民商场浓缩成一个笼统的称谓“宝鸡商场”，宝鸡市恰好又有一个宝鸡商场，虽然内文名称地点写得清清楚楚，一点没有错，后来报社又登报作了更正，但宝鸡商场却硬要报社赔偿损失。

新闻媒体在舆论监督中要排除阻力发挥应有作用，就需要有很好的对策。

一是要密切配合中心开展舆论监督。党和政府在各个时期都有中心工作，舆论媒体进行舆论监督的注意力要放在党和政府的中心工作上，紧密配合中心开展。要选准对促进中心工作开展有典型意义的批评对象。比如，当前党和政府正在开展反走私斗争，传媒抓住一些走私的典型案件进行报道，各级党委和政府就会觉得不是在出难题，更不是添乱，而是在帮助他们推动工作。

二是围绕新闻事件开展舆论监督，从新闻事件入手，开展舆论监督，一般扯皮比较少，能收到事半功倍的效果。1998年6月，《羊城晚报》关于安徽来广东吴川的打工妹洪招娣的报道就很成功。洪招娣被人推入火坑，她宁死不肯卖淫，跳楼抗争。通过新闻舆论监督，洪招娣得到救助，强迫卖淫的凶手被抓获。广东省委书记李长春批示："新闻单位办了一件好事，这是正确运用舆论监督的好范例。"又如《南方日报》1996年8月一条消息：雷州市渔民出海遇难，市水产局领导见死不救；《南方日报》1997年10月的一则读者来信：一天发出六份通知任免47人，雷州水利局官职大批发。湛江市委旗帜鲜明：任免无效。这种批评报道，事理俱在，很快形成舆论热点，造成一定声势，效果很好。

三是与领导机关相结合开展舆论监督。舆论机关的舆论监督，有时候能起很大作用，有时候则有如"春风射马耳"，不怎么起作用。如果同领导监督、法律监督结合起来，舆论监督的作用就明显得多。批评报道应该包括改进工作的回音报道，直至问题解决。新闻媒体要积极争取党委、人大、政府、政协、纪委的支持。凡得到这些机关的支持，便有利于克服上述困难，也有利于扩大成果，使批评报道得到圆满成功。

四是努力提高采编人员的政治素质和业务素质。开展批评报道，要求记者编辑有高度的政治责任感，同时工作作风要过细。批评报道，要把握好事实关，事实一定要准确无误，在主要观点和提法上要做到恰如其分。有的新闻单位规定在批评性新闻发表前要与被批评者本人、所在单位及上级主管部门"三见面"。这是对被批评者负责、对舆论机关负责、对全社会负责的表现。但是，目前要做到这样，确实困难。如果都"三见面"了，许多批评稿都会被压着发不出去。希望早日形成良好舆论监督大气候，能做到“三见面”。然而，无论如何，批评稿一定要客观、公正，无懈可击。

做好舆论监督的关键措施，在于制定法律，规定什么可以进行舆论监督，什么不能监督，怎样监督。使新闻媒体、编辑、记者，有法可依，有章可循。内容基本属实，没有侮辱人格内容，不应当认为侵害其名誉权，人民法院可不予受理，这是顺利开展舆论监督的重要条件。

（本文为1999年1月在广东省政协八届二次会议上的发言，原载《岭南新闻探索》）

探讨和发扬岭南新闻特色

——在新闻媒介的岭南特色学术研讨会上的发言

1996年举行的新闻媒介的岭南特色学术研讨会是在非常好的历史条件下召开的：一是江泽民总书记视察人民日报社的重要讲话刚刚发表，为我们研讨会提供了强有力的思想武器，使我们的指导思想更明确了；二是广东新闻媒介一派欣欣向荣，在实践中创造和发展岭南特色取得了明显的成效，积累了较丰富的经验，为全国各地新闻媒介和受众所瞩目，为研讨做了较充分的准备。就是在这样一个时机，省新闻学会请来了34位新闻界和新闻教学界的领导和专家共同研讨新闻媒介的岭南特色问题，这是具有重要的现实意义和历史意义的。通过研讨，取得了积极的成果。

在这里，我代表省新闻学会向参加这次会议和提交论文的同志表示衷心的感谢!

关于研讨新闻媒介岭南特色问题，广东新闻界的一些老同志曾多次提议，并于1992年进行过一次研讨，新闻理论界也有人写文章，认为中国报刊已形成京、沪、粤三足鼎立格局，京派、海派、岭南派三种风格基本上概括了中国报刊的全貌。到底应该怎样看待新闻媒介岭南特色问题，这一届省新闻学会成立的时候，就打算再开一次研讨会，作进一步探讨，并编辑出版论文集。经过一年多的准备工作。到1996年9月就基本准备就绪。原来是准备在9月下旬召开的。因为国庆节前各新闻单位编务繁忙，所以延迟至10月才召开。

我们这次研讨会共收到论文30多篇，大部分出自新闻单位领导和采编工作者之手，也有一些出自新闻教学工作者和研究工作者之手。理论来源于实践，实践是第一性的，理论是第二性的。我省各新闻单位注重实践，勇于实践，为我们的新闻理论研究提供了丰富的养料；实践又需要理论来指导，新闻媒介岭南特色的研究，将有利于促进广东新闻实践更上一层楼。

现在，我根据大家讨论的情况，综合成几个问题，在这里做个发言。

一

这次研讨新闻媒介岭南特色的空间和时间如何界定？形成岭南新闻媒介特色的缘由是什么？

岭南所包括的地域是比较广阔的。从广义来说，包括广东、广西、海南。从狭义来说，是指广东。岭南新闻媒介的存在时间跨度很长，由普鲁士传教士郭士立于1833年创办的广东近代第一份中文报刊《东西洋考每月统记传》，至今已有163年；广东的广播始于1929年5月6日，至今已有67年；广东的电视是1959年8月15日开播的，至今也有37年的历史。我们这次研讨的主要是新中国成立以来，特别是党的十一届三中全会以来广东新闻媒介的岭南特色。同时，我们讲岭南特色，不是个别或少数媒体的特色，而是众多媒体共同具有的特色；不是与别的地区完全一样的方面，而是有别于其他地区的特色；不是一时一事的，而是有其普遍性和稳定性的特色。

虽然重点是研讨改革开放以来广东新闻媒介的岭南特色，但是在追溯其原因时，也难免要分析到历史的影响。新闻媒介的岭南特色的形成，我们可以从这样的几个方面找到答案。

从岭南新闻媒介与岭南文化的关系来看。岭南文化，源远流长，采中原之精粹，纳四海之新风，融汇升华，独树一帜。在诗歌方面有“岭南诗派”，在绘画方面有“岭南画派”。这早就被人们所公认。新闻媒介是文化的一个重要方面，由于岭南特殊的地理环境和人文环境，商贸一直比较发达，使岭南新闻媒介的风格与特色，明显有别于其他一些地区。

从岭南新闻媒介的发展历史来看。在报纸、广播、电视诸媒介中，报纸的历史最长。岭南是中国近代报纸发源地。19世纪初，外国人进入中国办报首先是在岭南；19世纪50年代中国人自己主办的第一份近代化日报——《中外新报》，也是在岭南。岭南报纸的初期发展，就是中国报纸的初期发展。在历史上岭南新闻媒介在中国新闻媒介中曾占有相当重要的地位，中国报纸的发展重心曾经落在岭南。任何事物都有其历史延续性，我们要充分估计到历史对现状的影响。

从岭南新闻媒介的现状来看。新中国成立以后，特别是改革开放以后，岭南地区社会经济发展迅速，生活节奏的加快，对岭南新闻媒介的新发展产生了巨大的激励和推动作用。报纸的订阅发行、广播电视的收听收视，是岭南新闻媒介20世纪80年代和90年代新繁荣的最直接体现。从80年代末起，广东报纸订阅发行数一直高居全国前茅，许多报纸发行到岭南以外的地区，有些报纸还发行到港澳地区以及海外；广东的广播电视也以一种蓬勃发展的炙人姿态展现在人们面前，引起全国各地的关注。人们之所以关注岭南新闻媒介，是因为岭南得改革开放风气之先，各地受众希望通过岭南新闻媒介了解华南沿海态势，领略清新海风，还因为岭南新闻媒介具有现代特色。自80年代开始，岭南新闻媒介经过几番探索，已经逐步形成了适合自己发展的整体风格。这正是其吸引力所在。

二

岭南新闻媒介具有哪些特色呢？见仁见智，与会同志各抒己见，畅所欲言，很有见地。大家认为比较突出的特色，概括起来主要有：开创性、开放性、务实性和多样性。我基本同意这样的概括。当然，这些特色都在发展变化中，有的明显些，有的则不十分明显。人无我有是特色，人有我新也是特色。太过苛求就看不到特色，也不利于新闻媒介总结经验，发挥优势。我们的任务是要进一步创造和发展特色。

关于开创性的特色。岭南新闻媒介以敢创新路著称，但是这种“创”，是社会发展到一定阶段的产物，也是新闻媒介领导人富有“敢为天下先”的追求胆略的表现。早在上世纪50年代，当全国报纸都在照搬苏联《真理报》的模式，所有报纸的面目都基本雷同的时候，1957年10月1日，《羊城晚报》诞生了，它一诞生便以敢为天下先的姿态出现，探索走出一条新路子，力求办出自己的特色。在办报方针上，强调“移风易俗，指导生活”，“寓共产主义教育于谈天说地之中”，从版面设置到题材选择，从写作形式到文字风格，都显示出自己的鲜明特色，从而成为全国最受欢迎的报纸之一。

20世纪80年代，真理标准的讨论和随之而来的改革开放步步深入，善于开拓的岭南新闻媒介很快就站到了中国新闻媒介发展的潮头。岭南新闻媒介开创了许多个“第一”。作为省委机关报的《南方日报》在全国率先创办周末版——《南方周末》，《羊城晚报》在全国省级报纸中率先创办港澳海外版。《广州日报》在全国率先扩大为每日出12个版，后来又成为中国第一家报业集团。广东三个经济特区也先后办起了特区报纸、特区广播电视台。广播电视也同样具有强烈的探索开拓精神，创办了全国第一家经济电台——珠江经济广播电台，第一座能制作立体声节目的立体声广播电台，第一家省级教育台。同时，从报道内容到形式，都有许多是开全国之先河的。

关于开放性的特色。岭南位于东亚大陆边缘、南海之滨，毗邻港澳，是祖国的南大门。历史上，广州是外国人居住和出入最多的地区之一。当今海外华侨和华人有3000多万，其中广东人达2000多万，占70%。岭南对外经济、政治、文化交流频繁，接受海外新思潮和新事物特别敏锐。改革开放一开始，这里便呈现出一种多方面开放式的态势。特别是珠江三角洲，很快就成为了对外开放的“窗口”“通道”和“桥头堡”。经济、政治文化的开放，必然推动新闻媒介的开放，因而使岭南媒介呈现出一种与较为封闭的内地媒介的不同特色。当社会上还有人担心对外开放会不会伤害社会主义、会不会变成资本主义的时候，岭南媒介便立即理直气壮地站出来说话，认为实行对外开放，学习别的民族、别的国家和地区的先进技术和先进管理经验，引进经济发达国家和地区的资金，是提高生产力水平、建设四个现代化的需要，是充分显示社会主义优越性的需要，中国不会变成资本主义。

岭南新闻媒介根据党中央的指示精神，大胆地从舆论上打开了封闭已久的一扇扇门户，积极地把世界各地的信息引进中国，把中国的信息推向世界。无论是报纸刊物还是广播电视，都加强了对世界各地以及港澳台地区的报道，使干部和群众开了眼界。报纸还努力扩大对外发行，并在国外的华文报纸办《今日广东》专版，使华侨和华人及时了解广东的新面貌，岭南新闻媒介为改革开放鼓与呼，充分发挥了舆论的强大影响力。

岭南媒体的技术设备和管理机制，也大胆地向世界经济发达国家和地区引进、学习，使之迅速追上或接近世界先进水平，显出勃勃生机。

关于务实性特色。在岭南文化长期的熏陶下，广东人一般比较注重实效，讲究实惠，不尚空谈。岭南新闻媒介受这种民风的影响，又考虑到自身的生存和发展，往往务实性的报道比较多，注重实用性、服务性，以适应广大受众的需求。

目前岭南新闻媒介众多，仅报纸就有130多种，市场是买方市场，一切浮泛空洞、远离社会生活的新闻媒体都无法在岭南立足，只有坚持贴近生活，坚持为读者服务，才能受到群众的喜爱。因此，许多岭南新闻媒体都自觉地进行改革。在定位上，向普通百姓贴近；在宗旨上，向服务性倾斜；在内容上，向经济生活领域侧重；在风格上，向生动活泼发展。在坚持以经济建设为中心，突出经济报道的同时，坚持和发扬务实性特色。

受众的兴趣是新闻价值的试金石。提供欲知而未知的信息，满足广大受众的“新闻欲”，使人们感到有用有益有趣，是新闻媒介的使命。为什么岭南新闻媒介有一种适应社会发展的蓬勃生命力和咄咄逼人的气势？这与其具有强烈的务实性是分不开的。近几年来，新闻媒介开设“市长专线电话”，开辟《求医问药》专栏，还有《衣食住行》《消费者之友》专版等等，群众都感到实在、有用，甚至能为他们排忧解难。《粤港信息日报》的专刊《环球车行》，广泛介绍世界各地轿车、货车、摩托车的最新动态，为一些汽车爱好者和摩托车骑士所钟爱。《信息时报》的《视听世界》专刊，为音响“发烧友”提供各种器材知识与音乐欣赏资料，颇受一批“乐迷”青睐。

关于多样性的特色。随着市场经济的深入发展，人民生活水平的提高，对外开放的扩大，人们视野的开阔，对新闻媒介的要求也越来越高。现在，岭南新闻媒介种类繁多，既有综合性类媒介，又有专业性类媒介，既有经济类、文化类媒介，还有体育类、家庭生活类媒介。各种新闻媒介为了满足广大受众的需要，也为了自身在竞争中取胜，都非常注重内容的多样化、形式的多样化和报道题材的多样化。多种新闻媒介的崛起，构成了岭南新闻媒介多姿多彩的兴趣世界、魅力世界。

新闻媒介作为一种精神食粮，和其他物质形态的商品一样，也存在着“消费”的层次性。媒介吸引受众，其最基本的单元是新闻作品。编辑部和记者需要作出的努力，是在新闻作品中尽可能地让“青菜”与“萝卜”互为融通，使新闻作品多样化，使信息多样化，尽可能满足不同层次的群众需要。

具有多样性的媒介，必然具有兼容性，它们两者是有机联系的。岭南新闻媒介具有兼容并蓄的特点，它与内地媒介和境外媒介往来频繁，经常处于与不同媒介互相交流和沟通的状态，从他人身上吸取有益的营养，而且对有利于社会主义的东西拿来为我所用，其结果也必然形成媒介内容与形式多样性的局面。集天下之精华，成一地之特色。在我国现阶段，新闻媒介的多样性很少有像岭南新闻媒介那样明显，那样有特点。

三

研讨新闻媒介的岭南特色有什么意义呢？

我们研讨新闻媒介的岭南特色，不是为研讨而研讨，而是为了进一步创造和发展岭南新闻特色，使广东的新闻媒介能更好地为人民服务，为建设有中国特色的社会主义服务。坚持新闻媒介的党性原则，坚持正确的舆论导向，做好党、政府和人民的喉舌，是新闻媒介必须遵循的基本原则，这是共性；但是各地的新闻媒介要真正做到这样，又必须结合各地的实际情况，办出自己的特色，这是个性。我们知道，共性和个性的关系，就是矛盾的普遍性和特殊性的关系。矛盾的普遍性存在于矛盾的特殊性之中，共性存在于个性之中。没有共性就没有个性，同样，没有个性也没有共性，共性不能离开个性而单独存在，它只能存在于个性之中，并通过个性表现出来。我们研讨新闻媒介的岭南特色这种个性，是为了增强党性原则，增强党、政府和人民喉舌这种共性。只有把两者统一起来，才能更好地坚持党性原则，坚持正确的舆论导向。

具有独特风格是新闻媒介生命力所在。岭南新闻媒介是中国新闻媒介的重要组成部分。深入研究岭南新闻媒介的特色，把握它的本质和特征，揭示它的发展规律，探索它与全国新闻媒介的关系，与其他地域乃至海外新闻媒介的关系，有利于促进岭南乃至全国新闻媒介的发展和繁荣，这是我省新闻战线建设的一项重要任务。

知其所长也要知其所短，才能扬长避短。岭南新闻媒介有鲜活、新潮、精美、活泼的一面，但是也有重感性轻理性、重直观轻思辨、深度不够的一面。明白了这些，我们就会自觉地在“深”字上下功夫，在“精”字上做文章，把我们的报纸、广播、电视办得更好。

广东新闻界的理论学术研究近年来已有起色，取得了一定成果，从大家撰写的论文便可以看到这一点。但是，从更高的要求来看，这次研讨问题的广度和深度似嫌欠缺，今后仍须加倍努力。来自新闻改革实践的总结，不仅开挖要深，还要有较高的理论升华。让我们以邓小平理论为指导，大家都来共同努力吧！

（原载《岭南新闻特色论文集》，广东人民出版社1999年版）

Ⅱ　工作纪事

Ⅰ　发扬优良传统　立意开拓创新

——在《羊城晚报》37周年华诞上的讲话

今年3月，根据中共广东省委关于羊城晚报社试行领导体制改革的决定和省委宣传部的要求，《羊城晚报》成立了社委会。实行社长领导下总编辑、总经理负责制。怎样才能进一步把我们的工作做好？

一

最近，我反复翻阅了《〈羊城晚报〉三十年工作文选》，认真拜读了报社许多老领导写的文章，包括黄文俞、吴有恒同志的文章。《文选》收集的文章，都是《羊城晚报》历届领导成员关于办报思想、编辑方针、工作经验的体会，凝聚着他们办报的许多心血，对于办好晚报具有重要的指导意义。

1957年10月1日，《羊城晚报》在广州问世。这是新中国成立后由我们党创办的全国第一家大型晚报。我们这张报纸面世后在中国的报坛上一直享有很高的声誉，但是她走过的是曲折而又坎坷的历程。

在《羊城晚报》创刊至今的37个年头中，中间有13年的空白期（1967年12月至1980年1月），这是由于受“文革”冲击而被迫停刊的时期。也正是由于有这一段不幸的经历，《羊城晚报》的历史被划分为创刊至“文革”和复刊后至现在两个时期。

1957年，在共产党整风运动过程中，许多干部和群众要求有这样一份报纸：它是党报，但有更多的群众性和社会性，与以指导工作为主要任务的机关报有明显的区别，以便从思想上进一步加强同人民群众的联系。中共广东省委采纳了这个建议，决定创办一份由党直接领导的、社会主义的新型晚报——《羊城晚报》。当时省委把这个任务交给《南方日报》编委会负责筹办。

从创刊开始，《羊城晚报》就有意识地从版面安排、栏目设置、题材选择、报道角度、文字风格、写作形式等方面，尝试走一条新路子，力求办出自己的特色。在新闻报道方面，着力经营好消息，力求做到快、短、精、多，消息的内容多为群众所喜闻乐见。在副刊方面，特别注重知识性和趣味性，在“寓共产主义教育于谈天说地之中”和“移风易俗，指导生活”的指导思想下，设立了天天出版的文艺副刊《花地》和综合性知识性副刊《晚会》，还有天天出版的体育专栏。这些在当时国内的报纸中都是很少有的，因而深受读者的欢迎。当时的省委第一书记陶铸同志对这张报纸给予了极大的支持和鼓励。

创刊的第一天，《羊城晚报》的发行量就超过8万份，到1961年初与《广州日报》合并时，已接近20万份。报纸初步形成了自己独特的格局和风貌。

1961年2月1日起合并后的《羊城晚报》，既是中共广州市委机关报，又是晚报，如何在保持晚报风格的基础上，发挥机关报的作用，当时晚报的同仁进行了努力的探索。实际上当时《羊城晚报》除一版新闻版外，其他的版面从内容到形式都保留了原来的特色，即使是新闻版虽然增加了许多有关工作性的报道，但还是力求注意用群众喜闻乐见的方式来表达。

1965年7月1日，《广州日报》复刊，《羊城晚报》改由中南局领导，成为中南局的机关报。起初中南局对这张纸的要求仍然是陶铸同志的一贯主张：“既能起机关报那样的作用，又为群众所喜闻乐见。”就是说，它应该还是晚报的样子。但是，随着政治风云的变化，报纸越来越受“左”的影响，同时又受“左”的迫害，报纸逐渐丧失了自己的一套原来的特色。

党的十一届三中全会后，中共广东省委顺乎民意，决定恢复出版《羊城晚报》。1980年2月15日，《羊城晚报》复刊，它重获新生，并进入了一个新的发展时期。

复刊后的《羊城晚报》，在中共广东省委的直接领导下，贯彻执行省委批准的“反映生活、干预生活、引导生活、丰富生活”的十六字编辑方针，继承、发扬原有优良传统而又有所创新，在新的历史条件下办出了新的特色，迈出了新的步伐。报纸的影响力、发行量、覆盖面都比过去发展了，前进了。

复刊后的《羊城晚报》，正确处理“姓党姓晚又姓羊”的关系；正确处理好党性、指导性和群众性、可读性的关系；坚持贴近时代、贴近群众、贴近生活。力求在读者中树立这样一个形象：它是以晚报面目出现的党报，同时又是具有自己鲜明特色和风格的晚报。

二

《羊城晚报》之所以有今天，之所以成就辉煌，除了中央和省委的正确领导、报社全体员工的共同努力之外，与创刊时领导者开局得好，复刊时领导者路子走得对，是分不开的。我们是历史唯物主义者，不仅不能割断历史，不能抛弃传统，还要继承老一辈留下的优良传统，并与时代同行。

在这一届新领导班子成立之初，我们就集体研究，认为在继承前人优良传统的基础上，应当有所创新。决定制定报社今明两年发展的《总体构想》：创一流的报纸，一流的效益，一流的设备。这个《总体构想》公布以后，大家都认为很好，符合干部职工的意愿，也符合大家的利益，纷纷表示赞成。

创一流报纸，就是要跟上时代的步伐，不断有所创新、有所发展。要注意《羊城晚报》的品位，力求做到求新而不猎奇，求活而不失庄重，求变而不离开党报形象，从而真正把《羊城晚报》办得高出一筹。

积极推进新闻改革，重点办好一版。一版新闻综合版，是整张报纸的“门面”“窗口”。因此，要把新闻改革的重点放在一版，使它更具独特个性和魅力。努力改进二版，并使其逐步形成自己的风格。为此，必须保持和发挥本报擅长社会新闻的优势。要进一步加强言论的针对性，提高评论的质量。要精心制作标题，进一步把版面搞活。

改进专版专栏，进一步增强报纸的可读性。明确正副总编辑和社委职责，完善指挥系统。报社领导要靠前指挥，把主要精力放在把方向、出点子、抓稿源上。

继续抓好扩版工作。今年下半年要充分做好论证和准备工作，争取明年将《羊城晚报》扩大到每日出12个版；客观条件许可的话，争取扩大到每日出16个版。《羊城晚报》的发行量，明年达到120万份。

创一流效益，就是要把经营管理搞上去。羊城晚报社是事业单位，实行企业管理。多年来，报社职工的工资、福利靠自己创收支付，报社盖办公楼、购生产设备靠自己创收解决。为了增强报社的经济实力，我们要大力发展经营事业，报社必须兴办并直接管理经济实体。报社的经济收入多了，才能为办好报纸和内部建设提供物质条件。

报社发展经营事业，广告是重点。目前报纸广告收入占本报全部收入的60%以上。为发展广告业，决定成立广告部，下设综合广告科和分类广告科。广告营业额要求以去年为基础，今、明两年力争每年递增40%。

继续拓展外商广告业务，办好和港商合作的香港羊城报业广告有限公司、日本觉士广告株式会社，努力发展广东金羊广告有限公司的业务，逐步形成广告的大规模、国际化经营体系，争取更大的经济效益。

以经济发展总公司为主体，大力开展多种经营。在办好原有各个企业和项目的基础上，充分发挥《羊城晚报》的优势，向第三产业以及高科技产业领域拓展。并可尝试介入房地产业和金融业，争取成为报社经济的另一重要支柱。

创一流设备。经过多年来的努力，本报的进口高速印报机，印刷能力为目前我国省市级报社之冠。报纸排版已基本上实现了电脑化、网络化。人事档案、财务账目、劳动工资、资料存取、发行和广告等也都已先后建立起电脑管理系统。

《羊城晚报》在省外日发行量约30万份，但目前外地印点仅有7个。拟进一步提高远传技术水平，争取明年在省外再增设一些新印点，以增强报纸的时效性，使更多的外地读者能在当天晚上或次日上午看到《羊城晚报》。

明年12月前，建立起新闻综合业务处理网络系统，基本做到写稿、编辑、审稿、资料检索、图片处理、传送等电脑化、网络化。从今年5月份开始，将分期分批配给会使用电脑的记者、编辑每人一部电脑（在办公室使用）；同时，要求在一些部门陆续实行编辑、拼版一体化。在条件成熟的时候，实行联网。

三

随着《总体构想》的推进，报社的事业发展了，干部职工的生活待遇也将不断提高。报社领导除了加强指导、创造锻炼机会、搞好考核工作外，还拟建立和健全评比奖励制度。使多劳者可以多得，生活也大有提高。从今年起，每年年底评比一次，给优秀人才重奖。以此增强新闻工作的光荣感和责任感，培养他们的敬业精神。

逐步改革劳动人事、工资分配和奖励制度，加强内部管理。进一步建立和健全各种规章制度，完善各种形式的岗位责任制和编辑费、稿费、岗位津贴分配办法。对兢兢业业，勤奋工作，勇于创新，并做出成绩的，将给予较高的收入；对玩忽职守，不好好工作，甚至违反纪律的，给予一定的经济处罚。要求干部职工全副身心投入本职工作。

目前，仍有部分干部职工住房困难，有的未达到职务规定的住房标准。今明两年拟投入一些资金，分期分批购买宿舍。届时，凡符合条件申请住房的干部职工，基本上都能按照有关规定分配住房。

我们社委会三个“创一流”的《总体构想》公开发表以后，引起领导和媒体的关注，《新闻出版报》、《报纸经营管理》杂志、广东省委宣传部的《宣传动态》，都在1994年秋先后作了报道。

1994年9月于广州

再创新成绩 更上一层楼

——在《羊城晚报》38周年华诞上的讲话

再过两天，就是新中国成立46周年纪念日，也是《羊城晚报》创刊38周年华诞。在这个喜庆日子即将到来之际，报社老领导、新同志欢聚一堂，畅谈如何使报社再创新成绩，更上一层楼的问题，这是一件很有意义的事。

一

近几年来，我们认真贯彻邓小平同志建设有中国特色社会主义理论和党的基本路线，坚决执行中央和省委各项指示精神，在宣传报道和内部建设方面都有明显的进步。

特别是去年羊城晚报社实行社长领导下的总编辑、总经理负责制后，各项工作又向前迈进了一大步。社委会在总结多年办报经验的基础上，提出“创一流报纸，一流效益，一流装备”的目标。一年多来我们都在按照“三个一流”的要求，逐项实施。

在宣传报道方面，我们既弘扬主旋律，又注意多样化，有许多报道在社会上引起了强烈反响。关于好军嫂韩素云的系列报道，关于珠江三角洲经济发展系列报道，关于防洪救灾、追猪、反果霸、卖花女等报道，有的受到群众的称赞，有的受到领导的表扬。特别是对韩素云的宣传，引起了中央和解放军总政治部的重视，总政治部组织了韩素云爱国拥军先进群体事迹报告团，江泽民等中央领导还会见了报告团及参加报告团的本报记者。该系列报道中的一篇稿《爱心无价》获得了中国新闻奖一等奖。

今年，我们又在去年取得很大成绩的基础上，继续抓了一些很有影响的报道。如好军妈姚慈贤的系列报道、关于勤政廉洁的揭阳市农业局长李楚生的报道、打击假劣商品的报道，还有许许多多的社会新闻，好戏连台、高潮迭起，既让领导满意，又让群众满意。由于报纸可读性强，受到读者欢迎。报纸发行量一直保持在110万份以上，在全国报纸发行排行中由第5位上升为第4位。

在经营管理方面，我们不断上新台阶，取得令人触目的业绩。去年广告的营业额3.1亿元，比前年增长45%，广告营业额在全国报社中名列第一；利润1.4亿元（包括去年报纸提价划入物价调剂基金2000万元），比前年增长37.6%，在全国报业中也名列前茅。

今年上半年广告收入1.4亿元，比去年同期增加3848万元，上升37%，其中《金页》广告增加收入幅度最高，比去年同期翻了一番多；利润6608万元（包括报纸价格调剂基金1074万元）。与去年同期利润5549万元比较，增加1058万元，增幅为19%。其他各项事业也稳步前进。可以说，现在已初步形成了以新闻事业、印刷出版业为主体，以广告业为龙头的多领域、多形式、多层次的经营开发体系。

在更新技术设施方面，我们努力向现代化迈进，使之处于领先地位。三年来，报社投资近亿元，先后三批进口美国高斯日本公司生产的彩色胶印轮转机。去年7月，第三批进口的三台彩色胶印轮转机正式投入生产，使本报印刷厂拥有了高、中速高斯彩色印刷机4组10台，每小时可印报纸112万对开张，印刷能力为国内省市级报社之冠。本报引进的印刷机组全属高斯系列，技术先进，性能优良，适应当今国内外报纸多版数、彩色化的需要。不仅可印单色、单双面套色、单双面彩色，而且可从对开两张8版到6张24版一次过套叠，其印刷质量接近或超过世界报业印刷出版的水平，堪称一流的装备。这为本报报业的发展创造了良好的技术条件。

一年多来，本报投资800多万元给编辑、记者配备电脑，并正在搞联网工程。同时，还给各个采访部门配备“大哥大”，给记者配备BP机等通讯工具，使采编手段越来越趋现代化。

随着“三个一流”的逐步落实，干部职工待遇也有较大提高。据计财科统计，去年本报工作人员人均每月收入比前年有所增加，今年上半年又略有提高。这里特别要向大家通报的是，今年上半年我们在天河广客隆对面买了三座九层高宿舍楼，共117套，面积9370平方米，金额6652万元。至此，我们报社共拥有宿舍531套，总面积43773平方米。

我们能办这么多事情，取得这么辉煌的成绩，关键在于拥有一支敬业乐群、学历较高、熟悉新闻业务、懂得经营之道的高素质的干部工人队伍。目前，报社在职员工共有626人，其中干部330人，有专业技术职称的274人（包括正高6人，副高51人，中级100人，初级117人）。这支队伍兵精将强，团结合作，发挥整体优势，使事业蓬勃发展。

二

当然，我们并不以此为满足，我们还要振奋精神，齐心协力，努力工作，再创佳绩。

首先，要集中精力办好报纸。面对社会主义市场经济大潮的挑战，面对报纸市场的激烈竞争，我们应以时代感、革新感、创优感自我期许，使报纸精品荟萃，美不胜收，以优取胜。现在各地晚报后来者居上的不少，我们要有危机感、紧迫感，既要大胆，又要谨慎，既要有敢为天下先的勇气，又要有严谨的科学态度，做到“胆”“略”相济，把报纸办出水平，办出特色，为读者所喜闻乐见。

其次，要继续搞好经营管理。目前尤其要做好发行和广告工作，报纸各种功能最终是以发送到读者手中而实现的。不管你有多少内容，报纸必须有一定的发行量才能称好。而量的多少，实际上是读者对报纸的检验，也是衡量报纸质量的一个基本因素。搞好发行工作和办好报纸是相辅相成的。本报的广告素以广泛性、真实性、权威性著称，国内外许多企业，都期望借助本报广告传播，提高在市场中的知名度。我们的经济来源大部分是靠广告收入，因此搞好广告工作，不仅可为报纸发展积累雄厚资金，而且关系到报社事业发展的成败。

再次，要努力组建报业集团。组建报业集团是报业发展的一种趋势，羊城晚报社在海内外知名度很高，又有雄厚的经济实力。我们以《羊城晚报》为母报，已经办了《羊城晚报·港澳海外版》《羊城体育》，并已在申办一些其他新的报纸和刊物，把触角伸入异彩纷呈的其他经济领域，逐步形成有一定规模和效益的羊城晚报报业集团。

为了使报社全体同仁都了解《羊城晚报》的过去和现在，我们正在组织力量，编写《羊城晚报社史》，“文革”前那段已写出初稿，复刊后的社史正在写，明年这个时候，就可以写出来。我们还在编辑一本《我是羊城晚报人》的同仁影集，凡是在《羊城晚报》工作过的同志都登姓名、籍贯、职务、职称和照片。同时还编辑出版《羊城晚报藏书画选》。对办这几件事，很多老同志都很积极，做了许多工作，将尽快完成。

1995年9月于广州

办好报纸必须强化四个意识

——在《羊城晚报》39周年华诞上的讲话

在日子艰难、身居陋室的时候，人们往往能以“哀兵必胜”的信念，团结一致，奋力拼搏；在日子好过、工作和生活条件大为改善的时候，人们往往容易松懈自满，不求进取。这也是生活中的辩证法。

在报业竞争十分激烈的情况下，办报犹如逆水行舟，不进则退。虽然我们已经取得很大成绩，但仍应该时刻保持危机感和紧迫感，居安思危。

根据我们报社的现状，我认为办好报纸，应当特别强化四个意识——

一、强化政治家办报的意识。“要政治家办报”，这是毛泽东同志的一句名言。最近，江泽民同志再一次提出来，并指出，舆论工作就是思想政治工作，是党和国家的前途和命运所系的工作。新闻舆论单位一定要把坚定正确的政治方向放在一切工作的首位，坚持正确的舆论导向。这些指示极其重要。坚持政治家办报，反对书生办报，是我们党报的优良传统。

所谓“政治家办报”，就是要求我们新闻工作者必须坚持鲜明的党性原则，自觉地在思想上、政治上与党中央保持一致，坚持正确的办报方向和舆论导向，宣传党的理论、路线、方针、政策，宣传省委、省政府的决策部署和中心工作。

改革开放以后，我们的舆论环境宽松了，有些编辑、记者因而产生片面认识，只知道记者要敢讲话，文章要写得有棱有角有锋芒，却忽视了报纸的党性原则，不懂得党报最重要的功能是当好党和政府的喉舌，因而将自己的位置摆错了，甚至对党和政府的决策部署指手画脚，这是极端错误的。当然不是说有不同意见不能说，可以通过内参之类的渠道，向上级反映。如果把不同意见公开见报，说三道四，显然是违反宣传纪律的。我们一定要自觉维护和宣传中央与省委的各项决策。对中央和省委有关新闻工作的指示精神，要认真领会，坚决贯彻，绝不含糊。

二、强化新闻真实性的意识。真实性是新闻的生命。《羊城晚报》从创刊以来，就一直强调新闻报道要事实准确，绝不能失实。失实，不仅会对实际工作造成不利影响，还会损害报纸的形象，削弱党报的权威性。许多事实证明，失实报道，不仅害人，而且害己。因此，《羊城晚报》历来都十分注意捍卫新闻的真实性。

尤其是进入市场经济阶段，新闻真实性的问题比计划经济时期显得更为突出，更为复杂。过去没有的或者很少碰到的问题，现在也有了，甚至很普遍。比如关于产品质量问题的报道就要非常准确，有一点不够准确的地方，都会招惹很大的麻烦。因为产品质量直接与市场竞争有关。市场经济是利益经济，它能使人们增强效益观念，亦容易滋生拜金主义。在市场经济条件下，由于我们认识和反映的对象更多样，更复杂，由于“有偿新闻”现象的出现，作为社会观察者的编辑、记者，也容易陷入被物质力量一叶障目的境地，受迷惑，受诱惑，从而影响对事物全过程的深入探索，抑制了全面认识事物本质的动机。这里要特别提出的是批评性、揭露姓的报道，必须十分慎重。

《羊城晚报》发行量大，影响面广，一则批评报道往往会引起社会的巨大反响。以往的经验表明，批评报道如果不谨慎从事，就容易出错，引起纠纷，甚至被提起诉讼。因此，我们的编辑、记者无论是采写正面的或反面的报道，都应该做深入的调查研究，进行认真的思考和判断，力求准确无误。作为社委会来讲，则要进一步健全制度，严格管理，层层把关，杜绝失实新闻的出笼。

三、强化贴近生活的意识。《羊城晚报》复刊初期制定并经省委批准的十六字编辑方针是：“反映生活，干预生活，引导生活，丰富生活”。这四句话，每句都落在生活上。这个方针正好说明晚报与日报的区别，这也是晚报的特色所在。复刊十多年来的实践证明，这个方针是正确的。

最近，报社召开了一次离退休干部通气会，会上有些同志指出，本报指导工作的报道多了，指导生活的报道少了。我们认为老同志们说得很有道理，随后社委会专门开了会，研究如何改进的问题。《羊城晚报》是党报，但不是机关报，它不直接承担指导工作的任务。《羊城晚报三十年工作文选》中，有不少文章探讨了这方面的问题，对我们保持晚报的风格和特色很有启发。不论是新闻报道还是专版专栏，都要围绕“生活”二字下功夫，多登一些贴近生活、贴近群众的好稿，使各行各业、男女老少都喜欢看。

四、强化多样化的意识。多样化，包括报道内容的多样化，形式的多样化，报道题材的多样化。而信息的多样化尤为重要。《羊城晚报》的发行量一直高达百万份以上，历十多年而不衰，直到今天能够位居全国报发行量的前三位，这同报纸注重内容多样化是分不开的。如今，社会已进入信息时代，各种各样的信息越来越丰富，信息渠道越来越多，群众获取信息更加快捷方便，选择余地也更大，这就必然促进传媒之间的竞争。

在新的形势下，我们如何为读者提供大量的丰富多彩的信息，包括国内外最新的重大新闻、社会信息、经济信息、科技信息等，以争取大量的读者。这也是我们当前必须解决的重大问题。读者的要求和兴趣是多种多样的，除了关心国家大事、关心政治外，还喜欢看一些健康的、富有知识性、趣味性、科学性的文章，以开阔视野，增添生活情趣。如果报纸内容、形式、题材单一化，就不能满足读者的要求，就会失去读者。随着报纸改革的深化，扩版增张的普遍，日报也在向多样化方面下功夫，多样化已非晚报所独有。因此，我们一定要扩大信息量，增强可读性。

为了保证报纸内容多样化，新闻稿件应该以短为主、以短取胜。第一版的新闻，通常一天不少于30条，有时可多至40条。对一些重要事件要“咬住不放”，搞连续报道；对更多的事件则应“一咬就放”，把新闻抢在前面。这样报纸才能为广大读者所欢迎。

任何事物的发展都有其历史的延续性，报纸的发展也不例外。我们一定要再接再厉，不断有所创新，为更好地实现我们的目标而奋斗。

1996年9月于广州

博采众长　办出特色

——《羊城晚报·港澳海外版》创刊13周年祝词

寒来暑往，岁月流逝，《羊城晚报·港澳海外版》（以下简称《港澳海外版》）创刊至今已经十三年了。这是坚持为海外侨胞、港澳同胞和台湾同胞及其在祖国大陆亲属服务的十三年，也是伴随着强国改革开放步伐一起前进的十三年。

《港澳海外版》是羊城晚报社主办的一张报纸。它开办之初，每周只出版半大张，两个版，后来扩充到一大张，四个版。今年初，又扩充到两大张，八个版，并实行彩色印刷。现在它不仅国内外新闻多了，专版专栏也多了，内容丰富，形式活泼，图文并茂，雅俗共赏。

《港澳海外版》是以面向"三胞"及其在大陆亲属，并为其服务为自己特色的大型报纸。它在"三胞"和"三属"之间，充分发挥着"窗口""桥梁"和"纽带"的作用，把祖国的信息推向世界，把世界的信息引进中国，真可谓《港澳海外版》一报在手，既可采撷中华文明的菁华，又可领略殊方异域的风情，使人增长知识，开阔视野，启迪思想，获得教益。

眼下的形势是，"山外青山楼外楼，英雄面前有强手"。在激烈的报业竞争中，我们要看到自己的长处和优势，也要看到自己的短处和不足。面对本省乃至全国各地报纸越办越好的情况下，我们要抓住机遇，学习先进，找出差距，博采众长而独出机杼，按照自己的办报宗旨，办出特色来。

要办好《港澳海外版》，最重要的是高举爱国爱乡的旗帜。我们的祖国，是世界上文明发达最早的国家之一；我们的民族，是具有爱国主义光荣传统的民族。爱国主义是中华民族之魂。无论是在亚洲，还是在欧洲、美洲、非洲、大洋洲，中华儿女千百年来承袭下来的热爱祖国、热爱家园的本性，就像潜伏在人体内的遗传因子似的，激荡着无数海内外同胞的爱国热忱。为了祖国的富强，多少人不惜流洒血和汗，多少人自愿捐资进行现代化建设。因此，只要把爱国主义作为宣传的主旋律，着力谱写爱国主义新篇章，我们的报纸就一定会受到海内外读者的欢迎。

报纸是办给人看的。没有人看的报纸就没有存在的价值。我们要有强烈的读者意识，广开信息源，扩大报道面，增强可读性，注意从“三胞”及其在大陆亲属的角度去选题材、抓报道，多侧面、深层次地反映丰富多彩、变化万千的生活，反映他们对加快祖国改革开放和现代化建设的呼声和要求。多为读者献精品，真正做到熔新闻性、知识性、娱乐性、哲理性于一炉。

保持高雅的格调和增强可读性是统一的。“三胞”及其在大陆的亲属，是喜欢格调高雅的文章的。我们要看等文明健康的文章，绝不刊登低级庸俗的稿件。我们采用的稿件，必须是入时顺世而不趋炎媚俗，飘逸热情而不轻佻放纵。我们要歌颂真、善、美，针砭假、恶、丑。这样，我们的报纸才能如阳光洒向世界各个角落，似甘露滋润人们的心田，起到陶冶情操、端正德行、催人进取的作用。所有这些，集中到一点，就是要继承过去的优良传统，开创更加美好的未来，积极进取，拿出新招，使报纸面貌日新月异，事业蒸蒸日上。

（原载《羊城晚报·港澳海外版》1994年6月11日）

在社长岗位上的岁月

吃新闻饭的日子，已经三十二度春秋。兢兢业业干了几十年，要说对报社工作倾注的心力，对报纸改革做出的努力，还应数我担任羊城晚报社社长的两年又九个月。这是很值得我追怀的一页。

一

1994年3月4日下午，中共广东省委宣传部的领导同志到报社宣布省委关于羊城晚报社试行领导体制改革及领导班子调整配备的决定，我被任命为社长。在这之前，于幼军部长就找我谈话，希望我们解放思想，大胆创新，把领导体制改革的事办好，进一步提高报纸质量，进一步提高经营效益。

新领导班子建立后的第一件事，就是按照社长领导下的总编辑、总经理负责制的要求开展工作。常言道，“各有所职，而百事举”。一个单位要事业兴旺，充满生机，关键在领导班子“一班人”职责分明，形成合力，高效运作。要处理好社长与“一班人”的关系，首先是处理好社长与总编辑、总经理的关系。社长主持全面工作，对办报和经营负总责。在社长领导下，总编辑负责报纸采编工作，总经理负责经营管理工作。一个报社的全部活动及其效果，社长、总编辑、总经理承担着义不容辞的责任。作为社委带头人的一、二、三把手，一定要戮力同心，真诚合作。其他社委也做到分工明确，互相配合，拧成一股绳。

为了让大家能放开手脚舒畅地干工作，我们共同制订了两年发展规划。然后，我则采取管大不管小、管原则不管具体业务操作的方法，把主要精力放在抓舆论导向和经营方向上，以求决策正确，大局稳定，又充分发挥“一班人”的主动性、积极性和创造性。

在社委会成员中，由于阅历有深有浅，性格有刚有柔，脾气有急有慢，对某些问题认识不一致是正常的，发生一些摩擦也在所难免。因此，我们非常强调社委成员应有宽阔的胸襟和兼容的雅量，彼此要容得下你高我低，容得下言差语错。尤其是要发扬民主，坚持实行民主集中制。

我作为一社之长，始终坚持凡重大的事情都要经社委会集体讨论，使大家 “言”而有路，“策”有所投。一旦形成决议，大家便自觉执行。在选人用人上注意倾听公论，搞“五湖四海”，不搞拉帮结派，使大家心情舒畅，工作努力。这样，报社的事业便蒸蒸日上，日新月异。

《新闻战线》杂志的同志，知道我们报社实行领导体制改革，约我写了一篇《新体制带来新面貌》的文章，编辑部还配了评论，刊在1994年第10期的《新闻战线》上，后来又被收进1995年的《中国新闻年鉴》中。我们实行领导体制改革的经验，曾三次在全国性的新闻界会议上作介绍，大家反应很好。有些地方还仿效我们的做法，进行领导体制改革。

二

报社的根本任务是办好报纸。宣传报道的质量如何，关系到报纸的生存和发展。新一届领导班子建立之初，我们就把办好报纸看作报社各项事业的“主心骨”，花大气力去抓报纸改革。

《羊城晚报》从1957年诞生之日起，就办出了自己的特色。1980年复刊以后，继承和发扬了优良传统，并有所发展，深受广大群众的喜爱。在全国报刊林立、竞争激烈的情况下，怎样改革图新、上新台阶呢？我们想了又想，议了又议，认为必须继续坚持“反映生活，干预生活，引导生活，丰富生活”的十六字编辑方针，突出一个“晚”字，防止晚报“日报化”；这个“晚”字，还要同“羊”字结合在一起，充满岭南韵味。

我们进一步按新闻规律办事，积极为改革开放和现代化建设鼓与呼，勇于说真话，敢为天下先。对国内外大事报道迅速及时，对群众关心的新闻热点紧抓不放，对好人好事热情讴歌，对社会时弊敢于揭露抨击。我们还根据晚报的特点，提出采编工作应在“新、近、活、宽、软、实”六个字上下功夫。

积极推进新闻改革，重点办好一版。一版新闻综合版，是整张报纸的“门面”“窗口”。因此，我们千方百计拓宽报道面，扩大信息量；选好重点稿件，力争多出精品，使一版稿件量多质高，更具独特个性和魅力。努力改进二版，要求其从深度上考虑问题，进行深层次的报道，努力办好特色专栏，加强服务性新闻报道，使人感到管用，并逐步形成自己的风格。要求文章写法不落俗套，版面整体感强，标题生动活泼。

通过改革，《羊城晚报》在社会上引起强烈反响的新闻接二连三。例如关于位卑不敢忘忧国的“军嫂”韩素云、爱国拥军好母亲姚慈贤、深圳沙头角“活雷锋”陈观玉、揭阳市勤政廉政的农业局长李楚生，还有“追猪”“打击果霸”“卖花女”“打击盗窃自行车”“打假”等报道，读者和领导都一致叫好。

作为反映《羊城晚报》传统特色之一的《花地》《晚会》等副刊，从内容到形式，不断推陈出新，并且做到求新而不猎奇；求活而不失庄重；求变而不离开党报形象。保持了思想性、知识性、艺术性、趣味性的和谐统一，保持了质量上乘、品味高雅的特色。

没有数量就没有质量。报纸改革，提高质量，扩版增张不失为一条途径。原来的《羊城晚报》是每天两大张八个版，广告多时还增张。1994年夏天，我们便着手做好增张的论证和准备工作，于当年9月扩大到每日出三大张十二个版。广告多了再增张，广州地区还随报附送《金页》广告。扩版增张，不仅使新闻量增加，而且使副刊、专刊增加，进一步提高了报纸的可读性。由于群众喜欢阅读，报纸发行量一直保持在110万份以上，在全国报纸发行中由第五位上升到第三位，一年上升一位。

三

《羊城晚报》为什么能吸引大批读者？这与它既弘扬主旋律，又坚持多样化有密切关系。它能把最新、最快、最多的信息贡献给读者。一报在手，让读者既可了解国内外大事，又可掌握大量来自生活的信息，令人开阔视野，提高认识，增长知识，获得乐趣。

经过多年来的探索实践，记者编辑在坚持多样化、采编社会新闻方面都比较自觉，而对抓重点报道则还要报社领导靠前指挥。事实上，许多重点报道，都是由正副总编辑和社委亲自策划并到第一线指挥的。社长有时候也要亲力亲为，如对省委宣传部布置的关于正面典型的报道，就抓得较为具体。

1995年夏天，省委宣传部决定大力宣传潮阳市“爱国拥军模范”姚慈贤。当我了解到，她舍小家为大家，积极送子当兵，十几年含辛茹苦，挑起家庭生活重担，支持儿子安心服役、报效祖国的感人事迹后，我认为这是一个既能体现中华民族优秀妇女传统美德，又能折射出时代精神的十分难得的典型。这个典型为人们在市场经济条件下应有什么样的价值观、道德观提供了一个新坐标。于是，我便组织几个人对这个典型作了多次研究，精心策划，并亲自带领记者、编辑深入现场进行采访编稿，还亲自动手写言论。这一报道从1995年4月至8月，共发表稿件77篇（幅），其中消息、通讯39篇，评论18篇，照片20幅。既有全景式的综合报道，又有进行式的追踪报道；采用大标题、大照片、出彩报、印彩照的形式。这样有气势、有分量、有深度的报道，大大加深了典型在读者心中的印象，很好地发挥了典型的整体效应。这一典型报道，在1995年度全省好新闻评选中，获得一个一等奖，一个二等奖。对其他先进典型，我也是本着不抓则已、一抓就要抓出显著效果的要求，使先进典型报道家喻户晓，震撼人心，对于引导人们树立爱国主义、集体主义、社会主义思想，发挥了巨大的榜样作用。

四

在经营管理上，我们也进行了一系列改革，取得了可喜的业绩。近几年来，《羊城晚报》的经营事业，广告是重点。报纸广告收入占报社总收入的70%以上。实行新的领导体制后，报社成立了广告部。根据广告稿源较多的情况，我们适当增加了广告专版，增出随报附送广州地区的《金页》广告，并积极拓展外商广告业务，办好和港商合作的香港羊城报业广告有限公司、日本觉士广告株式会社。努力发展广东金羊广告有限公司的业务，并成立了广东金城广告有限公司，逐步形成了广告的多样化、国际化的大规模经营体系。广告营业额由1993年的1.9亿元，上升到1994年3.2亿元，到1995年的4亿元，再到1996年的近5亿元，盈利也在9位数以上，在全国报业中名列前茅。一个以新闻事业、印刷出版业为主体，以广告业为龙头的多领域、多形式、多层次的经营开发体系，已初步形成。

诚然，这几年报社经济发展很快。《羊城晚报》蒙难于“文革”浩劫，财产荡然无存，复刊后相当长一段时间经济上非常困难。1990年底资产总值才6191万元（账面上数，下同）。1991年4月，我从《南方日报》调到《羊城晚报》以后，协助关国栋同志主持全面工作，并兼管经营管理。我们十分注意社会效益与经济效益一起抓，这时，经济发展的势头很猛。到1993年底，资产总值已达24254万元。新的领导体制建立后，进一步加强了经营管理工作，资产总值直线上升，到1996年11月社委会换届的时候，资产总值已达64538万元。

有了雄厚的经济实力，就有能力改善办报物质条件，提高职工福利待遇，反过来促进报社各项事业的发展。这是一个滚动前进、循环再生的过程。近几年来，我们投资1亿多元，进口了四批高斯彩色印报机，使《羊城晚报》拥有的高斯印报机达到6组16台，每小时印刷能力达到132万对开张，跃居全国省市级报社之冠。电脑网络系统装备也在同行中处于领先地位。

为了将感性认识上升为理性认识，我边工作边总结。两年多来，从报社领导体制改革到晚报特点和风格的探索，从如何加强精神文明宣传力度到报纸舆论监督应遵循的原则，从攻克晚报难点的头条新闻到抓住晚报特点的社会新闻，从如何处理好办报和经营的关系到报社经营管理中的具体问题，我都陆续撰写了论文，大约有10万字。有的在《新闻战线》《中国记者》上发表，有的被选编入全国性论文集，有的还评上奖。

记得初参加工作时有位老同志说过这样的话：“有种人看似风风火火，来去匆匆，事做不少，可过段时间回头看看，寂然无声，人们难得想起；有种人步履从容，沉稳有力，回首反顾，行行足迹清晰坚定。”我曾立志要做后一种人。现在已经年过花甲，并已于1996年11月27日下午退出社长领导岗位。回顾在这个岗位上的日日夜夜，深感与同事们合作的愉快，也感到在新闻工作的探索上受益良多，从实践中体会到：努力为党和人民的新闻事业而奋斗，生活是十分充实的。

1997年3月于广州

（原载《我的记者生涯》第四辑）

Ⅲ　时政评论

知识分子政策还要继续落实

五届人大五次会议通过的新宪法，在《序言》中明确地写着：“社会主义的建设事业必须依靠工人、农民和知识分子，团结一切可以团结的力量。”它把知识分子同工人、农民并列，作为建设社会主义事业中的三支基本的社会力量。这对我们正确认识社会主义社会中的知识分子的地位和作用，进一步落实知识分子政策，具有重要意义。

近几年来，根据党中央的指示，我们省在知识分子问题上拨乱反正，采取很多措施，改善知识分子的地位和待遇，使许多知识分子的政治地位有了提高，工作和生活条件也开始有所改善。但是，落实知识分子政策的工作是不是已经大功告成了呢？没有。事实上，落实知识分子政策的任务还很艰巨。特别是大批中年知识分子骨干，他们任务繁重，工作艰苦，生活上存在很多困难，其中不少人体质下降，这是人所共知的。而这些问题所以长期存在，重要原因之一，就是因为还有一些同志、特别是担负一定领导职务的同志的思想，由于多年来“左”倾错误的影响，至今还没有从轻视甚至歧视知识分子的偏见中解放出来，没有很好地澄清思想上的一些糊涂认识。

“老是强调知识分子的地位，那工人、农民和工农出身的干部往哪里摆？”这是当前妨碍进一步落实知识分子政策的一种论调。有些同志一提到知识分子的地位和作用，就把知识分子与工人、农民和工农出身的干部对立起来，这是“左”的思想影响没有肃清的反映。肯定知识分子应有的地位和作用，丝毫不意味着贬低工人、农民和工农出身的干部的地位和作用。工人、农民过去是革命的主力军，现在是建设的主力军，他们的重要地位和作用是不容抹杀的；工农出身的干部向来是我们依靠的对象，任何轻视他们的观点都是错误的。目前之所以要强调提高知识分子的地位，以利于充分发挥他们的作用，是因为过去对知识分子太不公平了，把他们贬为“臭老九”，似乎他们应当低人一等或低人几等，现在应该把被颠倒了的东西颠倒过来，恢复他们本来应有的地位。

知识分子和工农出身的干部都是我们革命队伍里的重要组成部分。他们各有所长，也各有所短，本应同心协力，互相配合，把我们的祖国建设好。然而有些单位，工农出身的干部和知识分子却不那么协调。工农出身的干部同工农结合容易，同知识分子结合比较困难，他们总以为知识分子“不可靠”，容易“翘尾巴”，这对落实知识分子政策是极为不利的。应当明白，作为工人阶级一部分的知识分子，同工人、农民和工农出身的干部之间是休戚相关、利害与共的。党强调落实知识分子政策，正是反映广大人民群众的根本利益和要求。如果我们能把知识分子的积极性充分调动起来，让他们的聪明才智充分发挥出来，四化建设的步伐就能够大大加快，到头来不是大家都有好处吗？

“过去不依靠知识分子，日子还不是照样过来了？”这是当前妨碍进一步落实知识分子政策的另一种论调。《关于建国以来党的若干历史问题的决议》指出：“没有文化和知识分子是不可能建设社会主义的。”过去，在相当长的一段时间里，特别是在十年内乱期间，有些单位没有很好依靠知识分子，甚至把大批知识分子列为专政对象，使他们备受屈辱，显然是错误的。那种不堪回首的日子虽然已经过去了，但是，必须清楚地看到，正是在这些日子里，我们的社会主义建设事业遭受了巨大的损失。可以肯定，如果重视依靠知识分子，科研成果要大得多，培养出来的人才要多得多，生产技术也要先进得多。特别应当指出的是，由于过去不重视知识分子，人才外流严重，这也是一大损失。当然，有许多知识分子，尽管他们不被重用，甚至遭受挫折，但依然热爱祖国，热爱社会主义，为革命事业奋斗不息。我们所取得的成就，同他们的努力是分不开的。今天，我们已进入了一个新的历史时期，没有知识分子就不可能有四个现代化，没有知识分子要实现翻两番的宏伟目标也是不可能的。没有知识分子，我们广东要实行特殊政策和灵活措施，要办经济特区，更是不可能的。

正是在这种不依靠知识分子也可以过日子的思想指导下，有的单位对于适合条件进入领导班子的知识分子仍然左顾右盼，迟迟不敢委以重任；有的虽然提拔了几个，但实际上是设虚职，挂虚名，把他们当“花瓶”来摆设。这样的领导思想和精神状态，是不可能把知识分子的作用充分发挥出来的。我国知识分子历来有一个特点，就是怕怀才不遇、报国无门。他们并不仅仅满足于有个工作岗位，生活过得去，而且有事业心，渴望着能够有所作为。我们必须了解知识分子的这种心情，把一些既有专业知识又有组织才能的知识分子提拔到领导岗位上来，让他们施展抱负，发挥特长。许多事实已经证明，知识分子进了企业的领导班子后，对企业实行科学管理，就能使管理混乱的企业变得有条不紊，亏损单位出现了盈利。那种用其长而不信其人、任其职而不授其权的做法，不是依靠知识分子应有的做法。

“知识分子应该照顾，其他人也应该照顾。”这是当前妨碍进一步落实知识分子政策的又一种论调。不断改善人民生活，这是我们党和政府坚持的一条原则。人民，当然包括所有有公民权利的人，各方面都必须照顾。过去我们正是这样做的。但就目前来说，最迫切的是要逐步改善中年知识分子的工作和生活条件。因为他们的各种待遇，都普遍地与他们所担负的任务不相称。这不仅使他们发挥作用受到限制，而且越来越多的人体质下降，不少单位都出现中年知识分子死亡率高于老年知识分子的现象。最近，报纸上刊登吉林长春光学精密机械研究所副研究员蒋筑英、陕西骊山微电子公司工程师罗健夫的事迹后，人们无不为他们的英年早逝而感到痛惜。对那些活着的成千上万个蒋筑英、罗健夫，我们怎能不为他们的健康着想呢？我们应该在可能范围内积极地为他们的工作、学习和生活创造有利的条件。

在照顾知识分子问题上，有些领导同志老是用平均主义的观点，从个人得失的角度去考虑问题。比如，在处理工资、住房问题时，不敢为知识分子说话，怕得罪了其他一些人，习惯于开“大锅饭”，这显然是不对的。知识分子的劳动是艰苦的脑力劳动。脑力劳动的一个重要特点就是具有更大的连续性。当一个创造性的思维活动进入高潮时，往往是夜以继日，甚至于达到废寝忘食的地步。他们脑力劳动的时间长，体力活动的机会少，健康状态容易受到影响。因此，给知识分子以必要的照顾，工人、农民和其他人员是理解的、赞成的。当然，现在国家还不富裕，不可能一下子拿出很多钱来照顾知识分子。广大知识分子也要识大体，顾大局，通情达理，体谅国家的困难。

现在，我们党是重视知识分子的，我们国家也是重视知识分子的。让我们进一步统一思想认识，继续做好落实知识分子政策的工作，充分发挥知识分子在各条战线中的作用，为开创社会主义现代化建设的新局面做出贡献。

（原载《南方日报》1982年12月15日）

打击经济领域犯罪活动的锐利武器

——学习《邓小平文选》的体会

打击经济领域和其他领域内破坏社会主义的犯罪活动，是我们坚持社会主义道路，集中力量进行现代化建设的一项重要保证。《邓小平文选》中有几篇著作讲了这个问题，特别是作者在中央政治局会议上的讲话《坚决打击经济犯罪活动》，讲得更精辟。邓小平同志对这个问题的论述，反映了我们党对社会主义现代化建设事业认识的深化，它是我们打击经济领域犯罪活动的思想武器和行动纲领。

《中共中央、国务院关于打击经济领域中严重犯罪活动的决定》，是1982年4月13日做出的。然而，关于同经济犯罪活动的斗争问题，邓小平同志高瞻远瞩，早就提出来了。“不是今天才讲，至少讲了两年。”大家都知道，十一届三中全会以后，党的各项方针政策逐步取得成效，社会主义现代化建设事业正在顺利进行，党的作风和社会风气不断有所好转。但是，在我们的经济政治生活中也存在着一些阴暗方面。特别令人触目惊心的是，自从实行对外开放和对内搞活经济两方面的政策以来，一些不法分子内外勾结，大肆进行走私贩私、贪污受贿、投机诈骗、盗窃国家和集体财产。这些严重犯罪活动，在某些地区，曾一度相当猖獗，有相当多的干部被腐蚀了。

如果不坚决刹住经济犯罪这股风，我们党和国家确实要发生会不会“改变面貌”的问题。邓小平同志说：“犯罪的严重情况，不是过去‘三反’‘五反’那个时候能比的。那个时候，贪污一千元以上的是‘小老虎’，一万元以上的是‘大老虎’，现在一抓就往往是很大的‘老虎’。”事实上正是这样，从一年多查获的案件来看，证明了邓小平同志的论断是非常正确的。

一是侵吞国家和集体资财的数量大。“三反”“五反”时，贪污万元以上的并不很多，而现在大案子很多，动辄万元以上。至今年4月底，全国已揭露出并依据党纪国法立案审查的各类经济犯罪案件共约192000多件，其中非法牟利十万元以上的170人，个人非法所得万元以上的7000多人。

二是经济犯罪活动的形式多。不仅有贪污受贿，而且有走私贩私、投机诈骗以及公开盗窃等。特别是走私贩私规模之大，蔓延之广，在建国以来是从未有过的。

三是集体犯罪案件不断出现。“三反”“五反”时，大量的是个人犯罪，现在个人犯罪固然不少，但一些大案、要案，往往是集体犯罪。河南省在安阳查获了一起倒卖汽车的案件，犯罪分子倒卖汽车758辆，摩托车72辆，拖拉机29台。这是一个集体犯罪案，涉及15个省市和130个单位，有95名国家干部、78名共产党员在此案中触犯党纪国法。

四是打着为国家为集体的旗号作案的，盗窃公家财产、化公为私的也相当普遍。

这些情况说明，经济领域的犯罪活动是很严重的，它不仅使国家、集体和人民利益遭受巨大损失，破坏我们的经济建设，扰乱社会安定，而且毒化人们的思想，污染社会风气，腐蚀着我们的干部队伍，损害我们党、政府、军队的肌体和国家的信誉。如果任其发展下去，就将对我国社会主义事业的前途产生极大的危害。

打击经济犯罪活动，是我国社会主义社会在新的历史条件下阶级斗争的反映，是坚持社会主义道路的四项必要保证之一。邓小平同志在军委座谈会上的讲话中，谈到坚持社会主义道路的四项保证时说：“这四件事情当中反映出来的一些问题不都是阶级斗争，但有阶级斗争。”所谓四项保证，就是体制改革、建设社会主义精神文明、打击经济犯罪活动、整顿党的作风和党的组织。在这四项保证中，打击经济犯罪活动表现的阶级斗争最为明显。

在我们国家内部，生产资料私有制的社会主义改造完成以后，剥削阶级作为一个阶级是消灭了，但是阶级斗争在一定范围内仍然存在。这种一定范围内存在的阶级斗争，主要表现为人民同各种从经济上、政治上、思想文化上、社会生活上进行蓄意破坏和推翻社会主义制度的活动的敌对分子的斗争。经济领域中的严重犯罪分子，通过走私贩私、贪污受贿、投机诈骗等形式，把大量的国家和集体资财窃为己有，像白蚁似的危害着社会主义的大厦。尽管他们没有形成也不可能形成一个完整的阶级，而只能作为历史上的剥削阶级的残余而存在，但是我们同他们之间的斗争，实质上是广大劳动人民反对少数人经济剥削的阶级斗争。因此，那种“遇事手软，下不了手”的思想和行为是错误的。

当然，我们也不能重蹈“以阶级斗争为纲”的覆辙。现在我国所要解决的主要矛盾是人民群众日益增长的物质文化需要，同不能满足这种需要的矛盾，开展阶级斗争必须服从和服务于经济建设这个中心。决不能再像过去一样，动不动就搞群众运动把这场斗争的范围任意扩大到广大城乡的普通工人、农民和其他劳动群众中去。总之，我们既要反对认为阶级斗争已经熄灭的观点，又要反对把阶级斗争扩大化的观点。

我们要有两手，一手是坚持对外开放和对内搞活经济的政策，一手是坚决打击经济犯罪活动，必须正确处理好两者的关系。邓小平同志说：“进行社会主义现代化建设必须实行对外开放、对内搞活经济的政策。对外开放，资本主义那一套腐朽的东西就会钻进来的；对内搞活经济，活到什么程度，也是有问题的。我们必须坚持对外开放、对内搞活经济这一手，但是为了保证这个政策在贯彻执行过程中能够真正有利于四化建设，能够不脱离社会主义方向，就必须同时还有另外一手，这就是打击经济犯罪活动。没有这一手，就没有制约。”这些话说得多么好，充分体现了唯物辩证法思想。

现在，我们国家进入了开创社会主义现代化建设新局面的时期。对外实行开放，对内搞活经济，这是历史的必然。我们改变过去那种闭关自守、盲目排外的做法，在坚持独立自主的同时，实行对外开放，按照平等互利原则扩大对外经济技术交流，无疑对四化建设是极其有利的。我们改变过去封闭的、少渠道、多环节的商品流通体系，在坚持计划经济为主、市场调节为辅的方针指导下，把经济的发展搞得既是集中统一的，又是灵活多样的，这必然带来经济的繁荣。

但是，与此同时，也会产生一些新的问题，诸如外来资本主义的腐蚀和内部一些人企图钻空子进行犯罪活动，等等。我们不能因为害怕出现不良的东西而踟蹰不前，因噎废食，不去坚持正确的政策；也不能放松警觉，对出现的不良现象采取熟视无睹，不去抓，不去管的做法。正确的做法，就是要有两手，一手坚持对外开放和对内搞活经济的政策，一手坚决打击经济犯罪活动。把打击经济犯罪活动的斗争搞好了，反过来又保证了对外开放和对内搞活经济政策的正确执行。

打击经济犯罪活动，是一项长期的经常的斗争任务，学习邓小平同志关于打击经济犯罪活动的论述，不仅有重大的现实意义，而且有深远的历史意义。让我们发扬理论联系实际的革命学风，把这一斗争持续深入开展下去。

（原载《南方日报》1983年8月8日）

再进一步解放思想

——谈更好地坚持以经济建设为中心

改革开放的浪潮又在神州大地涌起。已被历史推上全国改革开放前沿阵地的广东，伴随着猴年声声春雷，前进的战鼓擂得更响了。中央领导同志告诫我们，要抓住经济建设这个中心不放，深化改革，扩大开放，把建设速度搞快一点，增强我国的综合国力。现在，要在前些年改革开放的基础上，加快步伐，这就要进一步解放思想，研究新问题，探索新路子，采取新措施。

思想解放的能量是不可估量的。人们不会忘记，13年前，当极"左"路线把我国国民经济引向崩溃的边缘之际，当"本本主义""两个凡是"还在禁锢人们的思想之时，是邓小平同志以马克思主义的理论勇气、实事求是的精神，在全党倡导思想解放，从而制定了一整套正确的路线、方针、政策，有力地推动了党的工作重点的转移。实践已经证明，正是思想解放，大大激发了全国人民的革新创造精神、实干兴邦精神、开拓进取精神，从而使我国政治稳定，社会稳定，经济发展进入最快的时期。以广东为例，十一届三中全会以来，我省开创了建国以来经济发展最旺盛时期，从1978年到1991年，社会总产值平均每年递增15.1%，国内生产总值递增12.4%，国民收入递增11.6%，工农业总产值递增15.8%，提前实现了现代化建设的第一步战略目标。这些都是改革开放带来的成果，都是思想解放带来的成果。

再进一步解放思想，是适应形势发展，利用机遇的要求。进入90年代，国际风云变幻。一些曾经是社会主义的国家，政局顷刻巨变，有的一下子解体，其中一个重要因素，就是经济没有搞好，社会主义优越性没有充分体现出来。当前，西方敌对势力加紧了对社会主义国家推行“和平演变”战略，这不能不引起我们的警觉。但是，我们必须清醒地看到，在这场斗争的背后，还有深刻的经济原因。正如邓小平同志所说：“一切决定于我们自己的事情干得好不好。”目前，我们既面临挑战和考验，又面临发展的大好机遇，我们应该好好利用国际环境提供的机遇，抓紧把我们的事情办好，让社会主义在中国大地扎下深深的根基。在社会主义现代化建设进入关键阶段的时候，我们要强调加快改革开放步伐，如何加快？这会遇到许多问题，难度会更大，特别是深层次的问题。例如，如何重点转换企业经营机制、如何加快流通体制改革步伐、如何推进社会保障制度改革、如何强化宏观经济调控，等等。这些，都有赖于进一步解放思想。

再进一步解放思想，是克服思想停滞，开拓新思路的要求。改革开放已经进行了十多年了，应该不断有新思路，不断有新措施，才能有所深化，有所扩大。最怕的是思想停滞，因循守旧，故步自封，无所作为。这种思想状态，必然使人裹足不前。解放思想不是一劳永逸的，社会是不断发展变化的，思想也必须不断更新。思想停顿了亦就僵化了。就以计划与市场的关系而言，有的同志总是习惯于把计划经济等同于社会主义，把市场经济等同于资本主义。这种看法，经过多年的实践，不是已证明不符合实际情况了吗？我们要防止陷入新的思想僵滞，不能把发展社会主义商品经济和社会主义市场同资本主义简单等同起来。无数事实证明：凡是思想解放的地方，部门和单位工作就打得开新局面；凡是思想不解放的单位，就缺乏生气，工作也就搞不上去。

尊重和支持群众的首创精神，是思想解放所必须遵循的原则。人民群众是改革开放的实践者，他们最懂得改革开放的伟大意义，最有创造性和积极性。曾经震撼中国大地的农村家庭联产承包责任制，就是农民群众创造出来并被我们党加以总结推广的。我们要站在解放思想的前列，就必须坚持群众路线。我们要带领群众同心协力加快经济建设步伐，就要迈开双脚，到群众中去，了解群众的生产和生活情况，熟悉他们的思想感情，倾听他们的呼声。脱离群众，当官做老爷，是谈不上解放思想的。

明确改革开放的目的，是思想解放的重要前提。我们搞改革开放，就是为了进一步发展社会生产力，完善社会主义制度，使国家强盛，人民富裕。思想解放就是要围绕如何加快改革开放的步伐去进行。只要有利于促进经济发展，有利于坚持四项基本原则，我们就要大胆去想，大胆去做，勇于试验，勇于实践。即使把资本主义有用的东西拿过来，也不要怕人说我们搞资本主义。我们要进一步引进外资，引进国外先进技术和经验，搞更多的"三资"企业、"三来一补"企业。只要明确了改革开放的目的，思想解放就有了方向。

大胆实线，敢担风险，是思想解放的一种表现。社会主义并没有现成的模式，要靠我们在实践中去闯。闯的最终目的，就是闯出有中国特色的社会主义道路来。闯是要冒风险的，因为许多改革措施与某些"条条"不相符，要闯"禁区"。在闯的过程中，行差踏错在所难免。要无私无畏，要不怕犯这样或那样的错误。看准了就要大胆干，怕担风险就会错失机遇。干对了继续坚持，干错了赶紧改正。我们切不可因为怕担风险而冷眼旁观，受到一些挫折就畏缩不前。思想解放了，改革开放的胆子就会大起来，经济建设的步伐就会快起来。

（原载《羊城晚报》1992年3月4日）

改革也是解放生产力

——再谈更好地坚持以经济建设为中心

中国社会主义航船已经驶进20世纪最后十年，这是实现我们战略目标的极其重要的时期。经过13年的改革实践，我们深深感受到，是改革，驱动着社会主义航船乘风破浪；是改革，促进了经济建设和各项事业蓬勃发展。从某种意义上说，我国现代化建设的速度，取决于改革开放的速度和成效。我们一定要把握时机，加快改革的步伐，加速生产力的发展。

当前，我们提出要加快改革的步伐，是基于对我国形势的正确判断。10多年的改革，业绩彪炳，使社会主义的中国以崭新的面貌，屹立在世界的东方；使南粤大地更加郁郁葱葱，一派兴旺。亿万中国人民已经从改革中得到了实惠，尝到了甜头，看到了前途。人们拥护改革，支持改革，盼望改革的步子更快一点，改革之势在中国大地已经不可逆转。治理整顿主要任务的基本完成，为我们加快改革步伐提供了良好的环境。经过三年的治理整顿，现在国民经济已经转入正常发展的阶段，经济环境大大改善，经济秩序走上正轨。治理整顿期间，我们坚持改革；在治理整顿任务基本完成之后，我们理所当然地要加快改革的步伐，并以此作为工作的重点，把改革搞得更有成效。特别值得指出的是，中央领导同志和老一辈无产阶级革命家，高瞻远瞩，一再强调要抓住国内外有利时机，加快改革开放的步伐，集中精力把经济建设搞上去。中央领导的决心和决策，对团结全党全国人民同心协力，加快改革的步伐无疑是一个极大的鼓舞。党的基本路线要管一百年，改革开放这个基本点毫无疑义也要长期坚持下去。

改革才有出路，加快改革才能将中国特色的社会主义推向新阶段。邓小平同志早在13年前就告诫我们，不实行改革，“我们的现代化事业和社会主义事业就会被葬送”。这说明，不改革不行，如果不能使社会主义制度不断自我完善，不能使生产力得到发展，人民得到幸福，要巩固和发展社会主义，是很难做到的。革命是解放生产力，改革也是解放生产力。中国共产党领导各族人民推翻了“三座大山”，是生产力的一次大解放；实行改革开放，是生产力的又一次大解放。党的十一届三中全会以后，我们不断地改革束缚生产力发展的经济体制，建立起充满生机和活力的社会主义新体制，使社会生产力以前所未有的速度迅猛发展。改革没有止境，尽管我们已经取得了很大的成绩，但是还有不少问题需要我们继续去解决。

经过多年的改革，我们虽然革除了现行体制中的若干弊端，但是还有许多弊端依然存在；我们虽然极大地调动了干部和群众的积极性，但是还有许多潜在的积极性和创造性有待调动；虽然社会主义制度的优越性得到很大发挥，但发挥得还未尽人意。这些都说明，改革的领域还很广，改革的任务还很重，还必须不断深化。改革是大势所趋，人心所向。谁不坚持改革开放，谁要改变十一届三中全会以来的路线、方针、政策，谁就会被人民唾弃，就会给西方敌对势力施行“和平演变”战略以可乘之机。坚持了改革开放，经济发展了，群众生活改善了，人民才会相信我们党，才会拥护社会主义。从这个意义上说，不改革，只能是死路一条；不断改革，才能拯救社会主义中国。

改革才有速度，加快改革才能强国富民。社会主义经济建设需要速度，要力争隔几年上一个台阶，不断增强我们的综合国力。经济不发展固然不行，发展得太慢也不行，犹如逆水行舟，不进则退。低速度就等于停步，甚至等于后退。要把经济建设搞快点，靠的是什么？是改革。10多年来，工业和农业能够有大幅度的增长，农村和城市能够有翻天覆地的变化，应该归于改革的功劳。当前，要在原有发展的基础上，更上一层楼，必然会遇到各种各样的拦路虎，这仍然要靠改革，而且是深层次的改革，要让改革解除不利于生产力发展的一切束缚。

马克思主义告诉我们，劳动生产率，归根到底是保证社会主义战胜资本主义的最重要最主要的东西。社会主义要具有高于资本主义的经济发展速度。如果我们能保持大大高于发达资本主义国家的速度，我们就可以用不太长的时间使生产力得到大发展，达到中等发达国家的水平。有人担心，强调了速度就会出现“经济过热”，出现新的“洋跃进”，其实这种担心是不必要的。我们强调速度，并不是鼓励不切实际的高速度，而是在客观条件允许的范围内，经过努力可以达到的速度，是扎扎实实、讲求效益的速度，是稳步协调地发展的速度。速度来自改革，改革的步子大，速度才能快。因此改革的胆子要大一些，要敢闯敢干敢试验，不能像小脚女人一样，没有一点闯的精神，没有一点“冒”的精神，不敢大胆试验，就走不出一条好路，走不出一条新路，就干不出新的事业。我们的几个经济特区不就是这样闯出来的吗？

“团团如磨驴，步步踏陈迹。”以这种精神状态来对待改革，就迈不开步子。目前改革的大潮正在冲击着各个领域，包括一些“禁区”“难区”，由此引起一些人的担忧。担忧什么呢？不外是怕资本主义的东西多了，走了资本主义道路。这使人想起十多年前创办经济特区的时候，不是也有人为特区姓“社”还是姓“资”的问题而担心吗？随着时间的推移，实践已经证明，特区是姓“社”不是姓“资”。现在仍有些人对某些新的改革措施疑虑重重，弄不清是姓“社”还是姓“资”，担心搞资本主义。其实，判断姓“社”还是姓“资”的标准，应该主要看是否有利于发展社会主义社会的生产力，是否有利于增强社会主义国家的综合国力，是否有利于提高人民的生活水平。搞改革，在开始时有不同的认识，是可以理解的，出现这样那样的议论也是难免的，但是如果把时间、精力耗费在争论上，那是于事无补的。因为一争论事情就复杂了，会把时间都争掉，什么也干不成。时间就是财富，时间就是效益，我们不能再做浪费时间的傻事了。

由我们党开辟的改革之路，无限宽广，只要我们沿着这条道路奋勇前进，中国社会主义航船必定能到达胜利的彼岸。

（原载《羊城晚报》1992年3月11日）

迈开对外开放的新步伐

——三谈更好地坚持以经济建设为中心

对外开放已经成为当代世界的潮流。过去实行开放的国家，现在更加开放；过去封闭半封闭的国家，如今也纷纷敞开了国门。世界经济的迅速发展和全球一体化的趋势，促使各国经济互相依赖，交流合作，谁也不能独立于世界市场之外而求发展。顺应世界发展趋势，迈开改革开放新步伐，加快经济建设的速度，社会主义中国就会像一只猛醒的雄狮，向世人展示英姿。

按照马克思主义的基本观点，社会主义社会应该是开放的社会，社会主义经济也应该是开放的经济。我们不能关起门来搞社会主义，不能拒绝学习别人的好东西。社会主义要赢得与资本主义相比较的优势，就必须大胆吸收和借鉴人类社会创造的一切文明成果，吸收和借鉴当今世界各国包括西方发达国家的先进经营方式和管理方式。在那十年动乱时期，由于种种原因，我们与外国的交往受到限制。在“左”的思潮影响下，我们曾把引进西方先进技术看做是“洋奴哲学”；把利用外资看做是“反对自力更生”；把学习西方的科学管理经验看做是“管卡压”，等等。这种拒绝利用资本主义创造的科学文化，仅凭国内自有技术资金和管理经验来搞生产的做法，必然导致经济发展缓慢。十一届三中全会做出的对外开放、对内搞活的战略决策，使我国经济从封闭半封闭型转变为开放型，从而给生产力带来勃勃生机。

发展需要开放，实行对外开放是发展社会主义经济的客观要求。社会主义经济是商品经济，商品经济本质上是开放性的经济。自从实行改革开放以来，我国对外经济工作屡创佳绩，去年进出口总额已占国民生产总值的40%。以我省为例，去年全省进出口总额已达221亿美元，比上一年增长36%。新签利用外资合同8507宗，比上一年增长18%；合同规定利用外资58亿美元，增长83%；实际利用外资25亿美元，增长27%。现在我省已初步形成了对外开放的良好格局，这对全省经济持续稳定增长、改善产业结构、加速老企业更新改造、促进产品升级换代和增加国民收入，起了很大的作用。但是，我们要清醒地看到，广东对外开放的独特优势和巨大潜力还没有充分发挥出来。由于地理、人文和历史机缘上的因素，我们的开放格局还不够理想。出口产品多为低层次、低附加值，海外市场过分集中和单一，利用外资在技术结构上的低层次和数量结构上的单向性突出，以及开放地区的不平衡等，都妨碍着我们进一步扩大开放。

当前，不论是从国际环境还是从国内状况来看，都是我们深化改革、扩大开放的最佳时期。从国际形势看，美苏两霸主宰世界的时代已经结束。美国虽然想在世界一霸称雄，但经济衰退，国力下降，力不从心；苏联已经解体，内部矛盾重重，自顾不暇；我国与周边国家关系不断改善，将保持和睦相处的局面。从国内情况看，我们政治稳定、社会稳定、市场繁荣，已经建立起比较稳固并有活力的农业基础，形成了比较强大的工业生产能力。面对这样的有利时机，我们怎能不迅速扩大开放呢？扩大开放必须开创新思路，迈开新步伐。我们的开放应该是全方位的开放，是向一切国家和地区开放，包括西方发达资本主义国家；我们的开放应该是多形式的开放，包括对外贸易，利用外贸、技术引进和劳务合作等；我们的开放应该是多层次的开放，既有经济特区，又有沿海港口开放城市、沿海开放区，还有广大的内地。总之，就是要实行“大开放”的方针。

扩大开放，要有胆略。世界经济和科学技术的飞跃发展，要求我们迅速扩大开放，不开放就意味着落后，落后就难以生存。在对外开放上，不能犹豫不决，优柔寡断，要抛开那种前怕狼、后怕虎的顾虑。特别是不能将学习资本主义有用的东西当成是引进资本主义。就拿引进外资来说吧，我们虽然办了不少“三资”企业、“三来一补”企业，但与我国整个经济相比，只是占很小一部分。我们还有大量的国营企业，大量的乡镇企业，这是我国经济的支柱，公有制始终是主体。“三资”企业，都要执行我国现行的法规政策，受到我国整个政治、经济条件的制约。我们既可以从“三资”企业中学到先进科学技术和管理经验，还可以通过它得到信息并打开国际市场。其实，“三资”企业并不可怕，它是有利于社会主义的，是社会主义的有益补充，我们应该欢迎。

形势逼人，时不我待，扩大开放要强化开放意识。世界近代史曾向我们展示，经济落后的封建主义国家，只有正确利用资本主义，批判地吸收西方文化中对自己有用的东西，才能繁荣富强。十九世纪六七十年代，日本推翻了封建幕府的统治，实行“明治维新”，能够借鉴和利用资本主义，使国家得以发展强盛。与此同时代的清朝同治皇帝，由于继续闭关锁国，一概拒绝西方文化，结果本已衰落的清王朝更加衰落下去。对外开放不是权宜之计，以经济建设为中心，全面贯彻党的基本路线，本身就包含着扩大开放。也就是说，扩大开放是基本路线的题中应有之义。只有进一步扩大开放，才能实现建设社会主义现代化强国的宏伟目标。我们一定要提高对外开放的自觉性。广东对外开放有着许多得天独厚的优势，又是实行特殊政策、灵活措施的省份，开放的步伐理应比别的地方迈得更大。我们应根据扩大开放的要求，用足用活用好政策，对与扩大开放精神不相符的一些规定，要进行清理，该修改的修改，该完善的完善。在对外开放过程中，对西方的东西，既要大胆为我所用，又不一概盲目接受。只有保持清醒的头脑，对外开放才能取得更大成效。

我们曾经失去过一些机遇，现在要抓住有利时机，打开对外开放的新局面，把经济建设搞上去，这是历史赋予我们的重任。让我们运用改革开放这一法宝，不断开创令世人震惊的业绩。

（原载《羊城晚报》1992年3月25日）

坚持一切从实际出发

——四谈更好地坚持以经济建设为中心

半个世纪前，毛泽东同志给延安中央党校写的校训，就是“实事求是”四个字。实事求是，一切从实际出发，是马克思主义的精髓，是我们党一贯倡导的思想路线。实行改革开放，建设有中国特色的社会主义，是一项开创性的、崭新的伟大事业，世界上并没有什么现成的经验可以照搬。那么靠什么呢？靠的是大胆实践，靠的是实事求是，一切从实际出发，走自己的路。

实事求是，一切从实际出发，是我们党的优良传统，也是我们取得胜利的根本保证。在革命战争年代，我们把马克思列宁主义的基本原理同中国革命的具体实践结合起来，抵制主观主义、教条主义的侵袭，找到夺取中国革命胜利的道路，结束了帝国主义、殖民主义奴役中国各族人民的历史。在社会主义建设时期，我们取得了很大的成就，但也曾吃过主观主义的亏，走了不少弯路，十年浩劫，使国民经济濒临崩溃边缘。在那紧要关头，以邓小平同志为代表的党的第二代领导集体，医治了十年动乱给我们造成的创伤，纠正了党所犯的错误，尤其是“左”的错误，恢复了实事求是的思想路线，找到了具有中国特色的社会主义道路，使国民经济得到巨大发展，综合国力迅速增强，人民生活有了很大改善。实践证明，过去我们打仗，要靠实事求是，现在搞建设、搞改革，也要靠实事求是。

党的十一届三中全会以来，我们党确立的以经济建设为中心，坚持四项基本原则，坚持改革开放的基本路线，是实事求是、一切从实际出发思想路线的产物。这条基本路线，不是从书本上得来的，也不是凭主观想象得来的，而是从客观实际中来的，从我国处于社会主义初级阶段的实际出发，抓住发展生产力这个根本任务，全面地总结了以往的经验而得来的，是合乎国情顺乎民意的。13年来，我们执行党的基本路线，也是坚持实事求是，一切从实际出发的，因此才能取得今天这样举世公认的非凡成就。想当年，我们废除人民公社制度，推行农村家庭联产承包责任制，开始时并不那么踊跃，很多人在观望，甚至有人抵制，但是我们始终坚持从实际出发，从各地干部群众的思想状况出发，第一年在三分之一的省推开，第二年又在三分之一的省推开，第三年才全面推广，终于使这项前所未有的改革获得了成功。再说，过去我们多年实行的是那种单一的经济成分，改革开放以后，我们从生产力发展水平等实际出发，在保证公有制为主体的前提下，大胆允许私营企业、个体户、“三资”企业合理发展，使多种经济成分并存，活跃了经济，发展了经济。改革开放中所取得的一切成就，都离不开实事求是思想路线的指导，一切从实际出发，就无事不成，无往不胜。

世界上许多事情说来容易做来难。实事求是，一切从实际出发，我们不知讲了多少年，但真正做好就不那么容易了。环顾左右，有很多人注重实事求是，把事情做得很好；但也有一些人或者抱住“本本”不放，遇事动辄以“条条”作尺度，或者不顾本地区本单位的实际，对上级指示照抄照转，这就难免屡屡出错。“本本主义”在党的历史上，在共和国的历史上，有很深的影响，有很广的市场，曾经给我们的事业造成很大的危害。在当前改革开放的大潮中，有的人对新的政策，新的措施，总是用“本本”去评头品足。其实，改革开放的成功，正是冲破某些“本本”的束缚，正是坚持了实事求是。至于对上级指示简单照抄照转的做法，也是背离实事求是的。照抄照转，应付差事，得过且过，这是懒汉所为。世界上的事物是纷繁多样的，是随着时间、地点、条件的变化而变化的，因此，只有从实际出发，方能取得好效果。

坚持实事求是，一切从实际出发，就要力戒形式主义。形式主义也是官僚主义。现在有一个问题，就是形式主义多，报纸、电视、广播尽是会议消息，会议多，文章长，讲话也太长，而且内容重复，新的语言并不多。重复的话要讲，但要精简。要腾出时间来多办实事，多做少说。会议越开越多，整天泡在会议里，哪有时间下基层作具体指导？文章越写越长，夸夸其谈，空洞无物，哪能吸引读者？应酬越来越多，忙于送往迎来，发奖剪彩，哪能履行好自己的职责？形式主义在思想上主要源于主观主义。热衷于搞形式主义的人，大都存有哗众取宠之心，缺乏实事求是之意。形式主义的东西多了，不但贻害了干部，使一些同志不能兢兢业业做好工作，聪明才智受到压抑，而且败坏党的优良传统和作风，损害党和政府在群众中的威信，妨碍了社会主义现代化建设事业的发展。因此，我们要认真地解决这个问题。

坚持实事求是，一切从实际出发，就要真抓实干。坐而论道，清谈度日，同实事求是是风马牛不相及的。我们所取得的成就，是全党和全国人民同心协力干出来的，而不是靠讲空话吹出来的，不是靠写文章写出来的。实干兴国，实干兴邦，这是早已为中外的历史和现实说明了的真理。不论做什么工作，都要真抓实干，不抓不干，再好的方针政策也只能是纸上谈兵。方针政策只有变为具体行动，才能取得实效。各地的情况千差万别，同一措施未必适合所有环境。每一个地方，都必须结合自己的情况加以具体化，切实去抓去做，才能把工作搞得生气勃勃。事情是靠人去做的，我们看一个干部，不是看他是否能说会道、是否会照搬“本本”，而是看他办了多少实事，做出多少实绩。如果我们都能这样看人处事，摆花架子、做表面文章的不良风气，就会越来越少。

十三年前，我们曾用实事求是取代“两个凡是”，实现了思想认识的大飞跃；今天，我们用实事求是，扫除改革开放中的“拦路虎”，定能实现经济建设的新飞跃。

（原载《羊城晚报》1992年3月25日）

打击犯罪这只手也要硬

——五谈更好地坚持以经济建设为中心

广东要力争用二十年的时间赶上亚洲一些中等发达国家和地区，这是邓小平同志对我们的殷切期望，也是我省6000多万人民的光荣使命。我们不仅要在经济水平方面，物质文明方面，赶上它们，而且要在社会风气方面，精神文明方面，超过它们。这是跨世纪的重任，我们要在基本路线这盏明灯指引下，同心同德，英勇奋斗，努力达到预期的目标。

经济建设和改革开放离不开良好的社会政治环境，这就必须紧紧围绕经济建设这个中心，坚持“两手抓”：一手抓改革开放，一手抓打击各种犯罪活动。这两只手都要硬。打击各种犯罪活动，扫除各种丑恶现象，手软不得。在整个改革开放过程中都要反对腐败。对干部和共产党员来说，廉政建设要作为大事来抓。我们不仅经济要上去，社会秩序、社会风气也要搞好，两个文明建设都搞好了，这才是有中国特色的社会主义。

我省在坚持改革开放的同时，坚决打击各种犯罪活动，取得了很大的成绩，但也存在不少问题。在政治生活方面，贪污腐化、行贿受贿、损公肥私等腐败现象还在滋生蔓延。在经济生活方面，走私贩私、以劣充好、以假冒真、欺行霸市等情况“此伏彼起”，难以杜绝。在文化生活方面，宣扬凶杀暴力、低级庸俗、黄色淫秽的东西占领了一些市场。在社会生活方面，卖淫嫖娼、吸毒贩毒、偷盗赌博和黑社会组织等丑恶现象并未减少。这些犯罪活动，严重损害国家利益，威胁人民生命财产安全，影响社会安定，扰乱正常的生产秩序、工作秩序和生活秩序，破坏改革开放。因此，对各种犯罪活动我们一定要坚决打击，决不能心慈手软。

抓改革开放与抓打击各种犯罪活动，两者是相辅相成、互相配合、互相促进的。物质文明是一切文明的基础。改革开放搞好了，经济建设上去了，群众生活改善了，对社会秩序和社会风气实行治理就有物质基础。严厉打击各种犯罪活动，创造良好的社会秩序和社会风气，就为改革开放和经济建设提供保障。我们必须看到，党政部门政治清明，党政干部廉洁奉公，群众就会对改革开放的前景充满信心，并满腔热情地投身其中。一切丑恶现象都会妨碍深化改革和扩大开放进程。我们必须从贯彻执行“一个中心、两个基本点”这一基本路线的高度去认识打击各种犯罪活动的意义。

坚持两手抓的问题，我们已经讲了多年，但有些人至今仍然没有处理好。这与一些人认为在改革开放过程中“腐败难免”不无关系。当然，广东是改革开放的前沿地带，商品经济比较发达，人员的流动、财物的流动、经济的交往、文化的交往、第三产业的发展等等，都给社会治安带来许多新的问题。港澳台以及海外人员的大量来往，带来的两种生活方式、两种价值观念、两种道德观念的碰撞尤为频繁和激烈，各种犯罪活动比过去多，是可以理解的。但并非因此就束手无策，无法治理了。只要我们抓得严，依法对犯罪分子进行制裁，把社会秩序、社会风气搞好是完全可能的。被称为“花园岛国”的新加坡，是一个开放的国家，商品经济十分发达，是东南亚的旅游中心。这个国家城市建设美丽整洁，人民讲求礼貌，社会秩序、社会风气是好的，他们管得严，我们应当借鉴他们的经验，而且比他们管得更好。由此可见，那种认为搞改革开放，犯罪活动就难以扫除的观点，是站不住脚的。

“一手硬，一手软”，打击犯罪活动不够有力，效果不够理想，这与一些人存在打击犯罪活动“难乎其难”的思想也有关系。这些人认为要扫除犯罪活动难得很，比想象的还要难，因此对这项工作缺乏信心。为什么有些地方犯罪分子屡打不减？说到底，还是手软的问题。如果我们依靠群众，真抓实干，依法从重从快惩处，该逮捕的逮捕，该判刑的判刑，该劳教的劳教，社会秩序、社会风气就能迅速好转。旧中国吸毒、赌博、卖淫嫖娼够厉害了吧，但是新中国成立以后，只花了三年时间，这些东西就一扫而光。吸鸦片烟、吃白面，世界上谁能消灭得了？

国民党办不到，资本主义办不到。事实证明，共产党能够消灭丑恶的东西。坚持改革开放，这是我国富强之路；坚持四项基本原则，这是我国治国之本。打击犯罪活动，是坚持四项基本原则的要求。实行“两手抓”，坚持“两手硬”，不可有须臾的动摇。

中医高手治病，讲究辨证施治，诊断用药有整体观点，治本重于治标。治安之策与为医之道虽是两码事，但都应以“治本”为目标。一手抓好改革开放的同时，另一手搞好社会秩序、社会风气，两只手都硬，我们的事业就大有希望。

（原载《羊城晚报》1992年4月1日）

经济发展靠科技

——六谈更好地坚持以经济建设为中心

一个汹涌澎湃的科学技术革命浪潮正在震荡着世界。科学技术迅猛发展所引起的社会生产力的巨大飞跃，真是令人瞠目，特别是近一二十年来，科技无论是它的质量，它的规模，还是它的速度，都是人类历史上从未有过的。在以全球为背景的竞技场上，科技的大较量正在把一些国家推向富庶繁荣的巅峰，使另一些国家相形之下显得多么贫穷落后。在这场竞争中，我们的国家和民族面临着紧迫而严峻的挑战。

在挑战面前，中国共产党人高瞻远瞩，看到了科技的极端重要性，决心急起直追，使科学技术得到更快的发展。1988年，邓小平同志就鲜明地提出"科学技术是生产力，而且是第一生产力"。今年初，邓小平同志在视察南方时又指出："经济发展得快一点，必须依靠科技和教育。我说科学技术是第一生产力。……要提倡科学，靠科学才有希望。近十几年来我国科技进步不小，希望在九十年代，进步得更快。"他还说："搞科技，越高越好，越新越好。""高科技领域，中国也要在世界占有一席之地。"邓小平同志关于科学技术是第一生产力的论断，正在逐渐成为全民族的共识，其理论意义和实践意义是非常巨大的。从理论上看，这一论断总结了马克思逝世以来，特别是本世纪中叶以来世界经济发展的新趋势和新经验，丰富和发展了马克思主义关于科学技术、关于生产力的学说，揭示了科学技术对当代生产力和社会经济发展的第一位的变革作用。从实践意义上看，这一论断使我们更加深刻认识到，在我国的社会主义现代化建设中，科学技术现代化是关键。当我们自觉地把经济建设转移到依靠科技进步和提高劳动者素质的轨道上来时，我们就能保证本世纪末经济战略目标胜利实现，并为下一步战略目标的实现奠定坚实的基础。

新中国成立以来，我国的科技事业获得空前的活力，取得了举世公认的成就。特别是改革开放的十多年来，无论是科技队伍的建设，还是科技成果的取得，都有突破性的进展。目前，我国科技队伍人数已逾1100万，并逐步趋于学科齐全、结构合理；取得了10多万项科研成果，包括酵母丙氨酸转移核糖核酸的人工合成，潜射导弹、洲际运载火箭、捆绑式火箭的发射成功，正负电子对撞机的对撞成功，“银河”巨型电子计算机的研制成功等等一系列具有世界先进水平的成就；全国建成独立研究与开发机构5000多个，企业所属的研究开发机构7000多个，已经形成了比较系统完整的科学技术体系；我国同100多个国家和地区建立了科技合作关系，参加了数百个国际学术组织，开展了成千上万国际合作项目，形成了开放型的科技交流系统。这一切，都说明我国的科技事业已揭开了现代化的新篇章。

改革开放的春风，使我国科技事业欣欣向荣，实力空前增强，但是和欧美发达国家相比，我国的科技水平还是较低的。即使和亚洲一些中等发达国家和地区相比，我国产品中科学技术的含量也有很大的差距。值得重视的一个问题是，经济发展来自科技进步的因素，在发达国家中已占60%至80%，而在我国仅仅占30%。在发达国家中一般有20%的人受过高等教育，而我国则只占很小的比例。值得重视的另一个问题是，我国大多数资源的总量虽然比较丰富，但人均资源量相对不足，人均耕地面积仅为世界平均值的三分之一，淡水资源为四分之一，森林面积为五分之一，能源资源也只有二分之一。尤其要指出的是，我国社会劳动生产率只相当于世界先进水平的5%，而单位产值能耗却是世界上最高的国家之一。究其原因，就是技术和管理落后。因此，我们要尽快走依靠科技进步加速经济、社会发展的道路，绝不能再沿袭过去拼人力、拼资源、高投入、低产出、高能耗、低效益的粗放式的发展经济的做法。

发展科学技术，要依靠科技知识分子。科学技术的发展，人才起着关键性作用。无论是尖端高技术领域，还是最前沿学科的研究领域，以及涉及商业利益的技术领域，都必须依赖于知识分子的智慧才有所发展。因此，要继续倡导尊重知识、尊重人才的社会风气，形成争夺人才和人才竞争的态势；要制订鼓励政策，将现有科技人才的积极性和创造性最大限度地发挥出来；要把优秀的科技人员推到工农业生产的第一线去，让他们在各自的岗位上创造出灿烂的业绩。

发展科学技术，还要加强与世界各国的交流协作。今日的世界，科技的进步越来越趋于国际化。任何国家都不可能在封闭的状况下实现本国的现代化。每一项重大的发明创造，每一件新技术的开发应用，都有赖于世界各国科学技术专家的共同努力。同时，人类为了解决共同面临的人口、环境、资源、灾害等全球性问题，就必须依靠各国科学家共同去努力。指望于世外桃源搞科技，不可能享受现代科技文明，更不可能自立于世界民族之林，最终只能窒息自己。因此，发展科技得走国际合作的道路，吸收世界上一切国家的优秀成果，这已成为世上公认的成功经验。

21世纪是科技激烈竞争的世纪。努力发展科技功在当代，惠及子孙。如果我们人人都具有高度的社会责任感和历史使命感，积极为科技进步贡献出一份力量，此乃国之大幸，民族之大幸！

（原载《羊城晚报》1992年4月15日）

重用坚持改革开放并有政绩的人

——七谈更好地坚持以经济建设为中心

邓小平同志的南方谈话，在神州大地掀起了改革开放的又一个热潮。要使这个热潮持续下去，并且不断取得新的成就，关键在人，在我们的干部。政治路线确定之后，干部就是决定的因素。如果我们能牢牢把握“一个中心、两个基本点”的基本路线，一百年不动摇；又能培养和选拔好各级领导班子成员，重用坚持改革开放并有政绩的人，那么社会主义事业就会如长江大河一样永远奔腾向前。

邓小平同志今年初视察南方时说：“正确的政治路线要靠正确的组织路线来保证。中国的事情能不能办好，社会主义和改革开放能不能坚持，经济能不能快一点发展起来，国家能不能长治久安，从一定意义上说，关键在人。”“要注意培养人，要按照‘革命化、年轻化、知识化、专业化’的标准，选拔德才兼备的人进班子。”他还强调：“现在就是要选人民公认是坚持改革开放路线并有政绩的人，大胆地放进新的领导机构里，使人民感到我们真心诚意搞改革开放。”任何一个政党，当其政治路线确定后，必以相应的组织路线给予保证。十多年来，正是由于千千万万优秀的共产党员、优秀的干部坚决拥护党的基本路线，积极投身到改革开放的洪流中，我们国家才取得了举世瞩目的业绩。中国从传统社会走向现代社会，必然要经历一场极其深刻的社会变革。建设有中国特色的社会主义，是一个艰巨漫长的历程。从一定意义上说，我们党面临的最大挑战在于能否再孕育出、培养出一大批勇敢、坚定、智慧、能干的年轻一代接班人，挑起历史的重任。培养、选拔社会主义事业接班人，在现阶段，就是要把人民公认是坚持改革开放路线、并做出政绩的人，大胆地选拔到各级领导机构里。

我们党选拔干部历来坚持德才兼备、以德为第一位的原则。什么是德？德，包括政治立场、思想作风和道德品质，也就是我们常说的政治素质。具体说来就是马克思主义理论素养，无产阶级世界观，社会主义、共产主义信念，全心全意为人民服务，廉洁奉公，实事求是，坚持民主集中制，等等。什么是才？才，包括业务能力和领导才干。具体说来就是专业知识、业务水平，以及宏观决策上的才智、魄力，分析问题、解决问题的思想方法和政策水平，日常工作中的组织协调本领，处理复杂矛盾、突发事件的应变、决断能力等等。德与才，都是服从和服务于党的政治路线的。新的历史阶段，对德与才，必然提出新的要求，赋予新的内涵。党的十一届三中全会后，我们进入了新的历史时期，我们的德才观也应与之相适应。

对改革开放抱什么态度，是坚持还是反对，是满腔热情投身其中还是疑虑重重袖手旁观，这是当前衡量干部有德无德的重要标准。改革开放是强国富民之路，是中华民族振兴腾飞的真正希望，也是我们党的唯一选择。不能设想，那种口头上讲马列主义，但不为现阶段党的改革开放事业奋斗的人，是好党员、好干部。唯有那些坚持党的基本路线，以改革开放为己任，与改革开放共命运，锐意进取，积极开拓，勇于创新，并被群众所信赖的人，方能成为社会主义事业的接班人。这是时代的要求，全党的期望。

看一个人有没有才干，最终的标准是看有没有政绩。政绩是衡量才干的尺子。以经济建设为中心，建设有中国特色的社会主义，需要艰苦奋斗，兢兢业业，真抓实干，干出成效；只讲不干，坐而论道，摆“花架子”，做“表面文章”，必误国误民。当前，在企业，就要看能否带领群众深化各项改革，转换经营机制，发展生产力，提高企业效益。在农村，要看能否带领农民稳定和完善家庭联产承包责任制，健全服务体系，壮大集体经济，走共同富裕的道路。在机关，要看能否带领干部职工进行改革，为经济建设服务，为改革开放服务，为基层服务。立足本职，干出实绩，这种人越多，群众越满意，我们的事业就越有希望。

为了加快改革开放的步伐，用人的观念一定要转变。过去有的领导者选干部，不是看他是否有改革开拓精神，而是看他是否“稳健”。结果平平庸庸的，步步高升；敢闯敢干的，不受重用。这在一定程度上束缚了人们的手脚，压抑了改革创新意识。如果我们敢于重用坚持改革开放的干部，创造一个改革开放有功、墨守成规有过的大环境，那么敢闯敢干、勇于开拓的人，便会大量涌现出来，并有助于消除官僚主义和形式主义等不正之风。当然，在改革开放过程中，在创造业绩的过程中，难免有行差踏错，只要不是原则性错误，不会给国家造成重大损失，就要谅解他们，帮助他们总结经验教训，让他们在实践中改正错误。

还必须指出的是，作为干部本人来说，不管在改革开放中做出多大的成绩，都要戒骄戒躁，防止腐败，洁身自爱。在改革开放和发展商品经济的条件下，资本主义腐朽思想、价值观念和生活方式必然会对我们产生影响。做出一点成绩，就自命不凡，飘飘然了，让私欲和不健康思想恶性膨胀，这就必然会滑到违法乱纪的邪路上去。原中信实业银行深圳分行行长高森祥，原廉江县委常委兼长青水果场党委书记、场长叶树章等人，都曾经坚持改革开放，并做出成绩，但由于他们在成绩面前忘乎所以，收受贿赂，贪污腐化，最后落得个葬送自己的可耻下场。由此可见，每一个干部都必须自觉学习马克思主义，努力净化自己的思想，使自己成为既坚持改革开放，又廉洁奉公的好干部。

总之，时代的潮流，人民的力量，将把那些精力更加充沛、知识更加渊博、开拓精神更加旺盛的人推上历史舞台，让他们为社会主义现代化建设事业贡献力量。

（原载《羊城晚报》1992年4月29日）

消除内耗 形成合力

——谈市场经济条件下单位内的人际关系

人，是生产力中最活跃、最宝贵的因素。但是，人只有在社会群体之中，这种最活跃、最宝贵的因素，才能得到发挥。因此，《团结就是力量》这首歌，就成为我们多年来增强凝聚力和向心力的主题歌。现在，社会主义市场经济正在迅速发展，市场经济的一条重要原则，就是竞争，优胜劣汰。在这种社会环境下，如何在单位内处理好人际关系，发挥竞争带来的积极作用，避免其负面作用，这就成为我们的一个新课题。

合力，原是物理学中的概念，说的是如果一个力的作用和另外几个力同时作用的效果一样时，则这一个力就是那几个力的合力。合力可用平行四边形法则求得。恩格斯曾精辟地把物理学中合力这一概念，引入历史唯物主义，运用它来解释社会历史发展的动力问题。历史总是从许多单个意志的相互冲突中产生出来的，而每个意志都对合力有所贡献。当一个社会各个成员的意志基本一致时，其形成的合力便会对社会的发展产生巨大的推动力。

把合力这个概念运用到社会学中，并以之分析群体中的人际关系，说明团结一致，同心协力，所产生的积极效应，则是近几年来的热门话题。毋庸置疑，在单位人事关系中，竞争使人们好学上进，勇于开拓；使单位生气勃勃，兴旺发达。然而，竞争也会带来一些不良现象，比如，互相掣肘，互相拆台。因此，提倡消除内耗，形成合力，便成为各个单位、各个部门不可忽视的问题。在一个群体中，其成员尤其是领导层是否形成合力，其局面完全不一样。大家如果同心合力，拧成一股绳，可创造出大于个人能量之和的动力；相反，各唱各的调，各吹各的号，就会使悦耳之声变成“噪音”。拳头攥起来才有力量，十指分开必然力量分散。许多事业兴旺的单位，都证明了在共同目标的指引下，内部融洽，群策群力，则一好百好，无穷的潜力由此而焕发。搞摩擦，闹矛盾，会造成人心涣散，必然百事难成。那么，群体中怎样才能形成合力呢？

既要参与竞争又要精诚合作。在社会主义市场经济条件下，人与人的竞争是十分激烈的，是全方位的。谁政治强、业务精、作风正，谁就能最终赢得竞争的胜利。我们一定要鼓励干部职工参与竞争，以便多出人才，快出人才。但是，竞争又应在精诚合作、公平公开下进行的。对别人高于自己的学识、招数，要服气，要主动学习；对自己的长处、优势，要慷慨传“经”，不应该留一手。时下，干部队伍大多文化素质比较高，“文人相轻”不应该成为“气候”，“文人相重”才是主流。我们提倡，边竞争边合作，但并不赞成搞庸俗的“关系学”。回避竞争，害怕竞争，搞庸俗的“关系学”，不合时代潮流。科学、理智地处理好人际关系，是增进团结形成合力的关键，也是使单位成为人才成长摇篮的前提。人与人的竞争应该在平等条件下进行。人人进取，各施所长，何愁不成才？如果在竞争中，不择手段，弄虚作假，甚至打击别人，抬高自己，搞到你“伤”我“残”，这就失去了竞争的初衷。作为领导者，面对下属的竞争，一是要提供公平公开的竞争条件，让人们心服口服。二是要引导下属在竞争中加强合作，要让大家明白，单位里人与人的关系，就好似一棵大树，枝枝相覆盖，叶叶相交通。如果逞才使气，顶牛摩擦，闹纠纷闹矛盾，就会把事情弄得一团糟。三是要在奖励竞争胜利者的同时，关心竞争失败者。对胜利者固然要予以重视，对失败者也要多加鼓励。要善于用人，把人放到最能发挥其作用的地方，做得梁的做梁，做得柱的做柱。

既要有进取精神又不追名逐利。人生在世，总得不断有所进取，留下一点好名声，这或许是值得推崇的价值观。从政者求政绩和廉洁，执法者求公正和无私，企业家求效益和信誉，科学家求科研成果，文人求作品的社会影响……各自为实现目标孜孜以求，这是有进取精神的表现。“名下无虚士。”大凡受人民仰慕的知名度高的人，身后都有一座丰碑。这丰碑，是由血与汗筑成的，是智慧和成就铸造的。追名逐利则与进取精神格格不入，它是产生内耗的一个极为重要的原因。因此，一个群体要形成合力，其成员就要正确对待名利。出名也好，得奖也好，首先是为了党的事业，为了振兴中华。时下，为追逐名利而弄虚作假者，有之；拉帮结派互相吹捧者，有之；你争我斗恩恩怨怨者，也有之。名能助人，也能害人。搞内耗的人，无异于在自己乘坐的船上争斗，闹不好，翻了船，跌下水，灾难是要共同承受的。我们应该摆脱从个人“名利”角度盘算的羁绊，尽心尽力做好工作，多讲奉献；名嘛，让群众去评说，做出贡献，组织上自然会给予奖励。其实，群众认可才是最重要的。好莱坞培养了无数电影明星，特别是奥斯卡金像奖得主，可以说个个名利双收。星海浮沉，曾几何时，事过境迁，人们便先后把他们一一忘却了。而查理·卓别林的影片和他本人只获得荣誉奖，却从来未得过奥斯卡金像奖，但至今全世界都公认他是影坛最卓越的艺术大师。他的作品从早期的《流浪者》《寻子遇仙记》，到后来的《城市之光》《摩登时代》，至今仍为人们所津津乐道。成就昭明镜，功过是非明，成绩是埋没不了的。为名为利不择手段，争长竞短，到头来“鸡飞蛋打”，何苦乃尔！

既要有自信心又要见贤思齐。一个人一定要相信自己。自信是成功的首要条件，没有自信心就会一事无成。纵观古今中外，成功人士之所以成功，都是对自己充满信心，敢于直面人生，敢于做生活的强者，用自己的意志和毅力，艰苦奋斗，创出骄人的业绩。伟大人物之所以伟大，也在于对自己充满信心，敢于摆脱传统习俗，走自己的路。当然，在正确对待自己的同时，也要正确对待别人。即使是事业有成，极孚众望，也要见贤思齐。对胜于自己的人，切不可嫉妒、眼红。俗话说，“铁生锈则坏，人生妒则败”。嫉妒是一种消极情绪，它阻碍高尚情操的形成，妨碍人们养成度大量宽的胸怀。去掉嫉妒心理，是消除“内耗病”的一大良药。一些科学家认为，除先天不足或有病者外，世上之人，其聪明才智相差并不太远。此长则彼短，此暗则彼明。看过《水浒传》的都知道，陆上斗法，张顺乃李逵手下败将；水上逞能，浪里白条却能把黑旋风淹个白眼直翻。凡人都有其所长，亦有其所短，有的学识广，有的能力强。因此，要看到别人的长处，要懂得尊重人、爱护人。在一个单位里，科学地看待自己，处理好与别人的关系，领导首先要带好头。人贵有自知之明。知己之不足，才能奋起，才能超越。

既要严于律己又要宽厚待人。一个单位要形成合力，每一个人特别是领导一定要严于律己，廉洁勤政，率先垂范，表里如一。领导者要模范地遵守党和国家的纪律、法令，切实管好自己，管好亲属。要戒骄戒躁，谦虚谨慎，闻过则喜，知过则改，做到“一身正气，两袖清风”。如果人人都只看到自己鼻子尖上的利益，不顾真理，不顾大局，那就内耗必多。一个单位上下关系要和谐宽松，领导除了要严于律己之外，更要宽厚待人。当然，宽厚待人不是不讲原则，不是一味迁就。对于领导来说，对下属的干部要严格要求，对其缺点、错误要批评教育，不袒护，不姑息养奸。但是，在更多的情况下，对下属干部要十分爱护，要多一点理解，多一点宽容，多一点人情味，要能容人小过。领导对下属的过错如果不论大小，一概“纠之以猛”，那就必然是“水至清则无鱼，人至察则无徒”。如果器量狭小，一听到批评意见便“怒从心上起”，甚至逞官威，图报复，则更加坏事矣！现在提倡培养和选拔优秀年轻干部，努力造就大批能够跨世纪担当重任的领导人才，后来者居上的现象是正常的。现在你领导他，以后可能他领导你。宽厚待人，应该包括宽待年轻干部。胸怀豁达天地宽，彼此要容得下你高我低。长江后浪推前浪，世上新人胜旧人。年长的对年轻人要尊重，切不可傲视晚辈；年轻的对年长的要敬重，切不可妄自尊大。这样，才能有利于形成合力。

为了共同的目标，我们要正确处理好人际关系，不搞内耗，不相互拆台，奏好“协奏曲”，演好“大合唱”。只有大家团结一致，同心同德，积极进取，才能为建设社会主义物质文明和精神文明做出应有的贡献，才能使自己成为卓有建树的人才。

（原载《羊城晚报》1994年10月20日）

Ⅳ　杂文随笔

肃清“左”的影响　正确评价历史

由两广联合举办的“纪念太平天国起义一百三十周年学术讨论会”胜利闭幕了。笔者能够参加这次会议，看到许多同志本着解放思想，实事求是的精神来研究太平天国的历史，冲破了过去不敢触及的禁区，发表了过去不敢或不愿发表的意见，真是深受启发。从大家的发言和论文中，还清楚地看到，史学研究中的“左”的影响，正在不断得到清理。这是一种多么可喜的现象。

中华人民共和国成立以来，我们的史学研究工作固然取得很大的成绩，但同时也受到“左”倾思想和“左”倾路线的影响和破坏。这种影响和破坏，在十年浩劫之前已经存在，十年浩劫中就更严重了。在相当长的一段时间内，史学研究，包括太平天国研究在内，都被林彪、“四人帮”一伙纳入了篡党夺权的轨道，成为他们玩弄阴谋诡计、大搞“影射史学”的工具。那时候，任何真理都被扼杀，根本谈不上实事求是的科学研究。

当然，利用史学来进行反党、反人民、反社会主义活动毕竟是极少数人。但是，林彪、“四人帮”推行的“左”的那一套，对史学研究工作的影响却是很广很深的。有了“左”的思想，就不能正确认识和处理历史和政治的关系，否定两者之间既有联系，又有区别；不是使历史研究的科学成果有利于社会政治经济的发展，而是简单地把历史科学从属于一些政治运动，要求“历史为政治路线斗争服务”。因此，凡被认为能为当前政治服务的，就任意拔高；凡被认为不利于当前政治斗争的，则任意贬低，甚至不惜篡改历史事实，服从于所谓政治斗争的需要。对历史事件和历史人物的评价总是搞为我所用，搞历史的实用主义，从历史上找件事，找个人，跟现在打比喻，用以褒贬现实中的人和事。对事对人的评价好走极端，要么肯定一切，要么否定一切。这些都是对史学研究工作极其有害的。

对于史学研究中长期存在的“左”的影响，应该努力继续克服，进一步肃清其流毒。克服“左”的影响的有效办法，就是坚持辩证唯物主义思想路线，恢复和发扬实事求是的马克思主义学风，把我们的历史研究工作置于真正的马克思主义指导之下。马克思主义是指导我们思想的理论基础。研究历史，研究太平天国运动，一定要坚持马克思主义的立场、观点、方法，运用历史唯物主义的原理和精神，进行辩证的科学的分析。以事实为依据，按照事物的本来面目来认识历史，这是史学研究的一个基本要求。我们要提倡尊重历史事实，不要附加外来成分，更不能把历史当做泥团，随意捏造。每一个历史事件、历史人物、历史运动都是在一定历史背景下产生和发展的，我们应从当时的社会经济条件出发，进行历史的分析，不能离开当时环境来要求古人，把古人现代化。在讨论史学问题时，如果能真正贯彻执行“百花齐放，百家争鸣”的方针，实行充分摆事实，讲道理，这也是有益于进一步肃清“左”的流毒和影响的。

（原载《南方日报》1981年3月30日）

懂外语与懂世事

现在学外语的人越来越多了，特别是学英语的人更多，这无疑是一件好事，是一件有利于祖国四化建设的事。然而，只学外语还不够，还得学理论、文艺、史地、自然等常识，懂得世事，才能更好地发挥懂外语的作用。

据说，曾有一个年青的英语翻译陪几个外宾到广州一间酒家用膳。外宾边吃边称赞菜色好。吃完以后，特地跑去感谢厨师，并询问一番。可是厨师的回答，经过翻译一译，却把外宾吓呆了。

外宾问：你为什么能做得这样好吃？

厨师答：我为革命而烹调。

翻译说：He cooks for the revolution。

这时外宾面面相觑，个个呆住。

为革命做工，为革命种田，为革命烹调这种话，在我们中国，大家听得很多，说得很多，是完全可以理解的。在西方则不然，就英语来说，某些辞书认为，表示“革命”这一概念的普通含义的词有两个，即rebellion和revolution，前者指对当局的公开的、有组织的和武装的反抗，后者则进一步含有推翻一个政府而代之以另一个政府之义。这两个词都是使用暴力、武装夺取政权的意思。试想，如果有人这样对你说，他是为使用暴力、武装夺取政权而烹调的，肯定你也会被吓得一跳的。

这不过是一个例子罢了，类似的还多得很。不是曾有人把胸有成竹，译成他胸中有一片竹子的吗？有的外宾问起李时珍的医学，回答却是老李今天没有来。有的翻译喜欢和外宾聊家常，问人家多少岁，使有些外宾很不高兴。这种种情况的出现，往往搞得人啼笑皆非，或者非常尴尬。

上面讲了这许多关于翻译的事，本意并不在于奚落翻译，而在于借题发挥，说明多读点书，丰富见闻极其重要。如果我们懂得英语“革命”一词的含义；懂得胸有成竹这句成语是比喻在做事之前，心里已经有全面的考虑；知道李时珍是我国明朝的医学家和药物学家；知道欧洲和美洲一些国家的妇女是不喜欢别人问她年龄的，就不会闹出那些笑话来了。不论从事何种职业，都应该努力使自己博识多闻，知古如今。古今中外，不知有多少学者写了《劝学篇》，在民间，不知流传着多少有关掌握知识问题的警句。英国有“知识贵于金钱”的比喻，我国有“积财千万，不如薄艺在身”的俗话。这些都是勉励人们努力掌握知识的良言。

当然，谁不希望自己博学多识呢？但是，人生有涯，学海无际。世上书籍卷帙浩繁，即使读书读到皓首白眉也难以穷尽，至于了解民间习俗，异国风情，那也不是一件容易的事。正因为如此，各行各业的人知识结构可以不一样，搞那一行的要多懂得那一行的知识。然而，有些知识则是人人都要懂的，比如马克思主义理论知识，还有一些普通的常识。要学习这么多的东西，非有活到老学到老的精神不可。写到这里，笔者忽然想起了中国一句古语：“书山有路勤为径，学海无边苦作舟。”就借用这句话作为本文的结束语吧。

（原载《南方日报》1981年4月13日）

说“放”

最近读报，读了省委七月下旬举行地、市委书记座谈会的消息，很有感触。座谈会的内容是，贯彻国务院最近召开的广东福建两省和经济特区工作会议精神。消息中说，国务院这次会议对两省实行特殊政策和灵活措施的主要内容作了概括，即对外开放，对内放宽，对下放权。这三个“放”字提得多么好。就说对外开放这一件吧，我们已经得到很多好处了。

放，是调动各方面积极因素，把经济搞活，加快建设速度，使我省迅速富裕起来的良策。笔者不久前曾到深圳、珠海一行，接触到当地一些干部和群众，他们无不对实行开放政策加以称赞。就以珠海市湾仔公社来说，与澳门只有一水之隔，相距只不过是几百米。过去由于受“左”倾思潮的影响，搞“闭关自守”，弄得集体经济空虚，人民生活困难，有些人偷偷地往澳门、香港跑。近几年来，实行了开放政策，情况便有明显好转。1980年，他们开展小额贸易和引进外资搞补偿贸易，使国家、集体、社员三者都得益。仅一年时间，就为国家创汇200万港元，归还国家贷款120万元，为集体更新渔船27艘。平均每个出海劳动力分配2600多元，社员九年来欠集体超支款16万元全部还清，并出现了16户收入万元户。许多社员盖了新房子，购置了电视机、电冰箱等高级消费品。非法出境者正陆续回归参加家乡建设。从湾仔公社的变化，我们清楚地看到，对外开放，不仅能繁荣经济，而且能大得人心，发挥社会主义制度的优越性。

放，是符合马列主义的，不会使资本主义死灰复燃，不会改变我国社会主义的性质。利用资本主义来建设社会主义，这是列宁第一次提出来的。列宁曾经说过："在一个小农生产者占绝大多数的国家里，实行社会主义革命必须通过一系列特殊的过渡办法。这些办法在工业和农业中的雇佣工人占绝大多数的资本主义发达的国家里，是完全不需要的。"（《列宁全集》第32卷第203页）我国是一个工农业比较落后的国家，所谓实行"特殊的过渡办法"，无非就是放宽政策。现在，我们容许外资在中国活动，并不像旧中国那样以"不平等条约"为前提，而是以我国掌握国家主权为前提的。我们有强大的无产阶级政权，还有强大的社会主义经济力量，我国国营经济现有五千亿元固定资产，三千亿元流动资金。搞点外国资本进来，是不会动摇我们社会主义的统治地位的。

写到这里，我不禁想起清朝的海禁和闭关政策来。在清朝，搞闭关自守要算乾隆、嘉庆时期最突出。那时候，一是认为中国地大物博，万事不求人，乾隆皇帝给英国国王的"敕谕"中说："天朝物产丰盈，无所不有，原不籍外夷货物以通有无。"二是怕外国商人与沿海人民往来，在沿海各地"滋扰生事"。清政府实行闭关的办法是减少通商口岸，制定很多限制外商的禁例，增加关税。这样做的结果，对于殖民者在中国的侵略活动起过一定的自卫作用，但却使中国失掉了对外贸易的主动权，使中国封建社会已经滋长起来的进步的手工业生产，得不到进一步发展。封建社会的那种自给自足的思想，以为一开放就会乱的观念，不能够说对我们今天毫无影响。

当然，实行对外开放，除了给我们带来许多好的东西外，也会带来一些坏的东西，带来资产阶级的思想意识和生活方式。因此，我们一定要加强思想政治工作，要注意防止资产阶级的腐蚀。

（原载《南方日报》1981年8月10日）

银子与面子

傍晚，在从机关回家的路上，听见几个穿着整齐的青年人边走边聊：

甲：有人动员我利用业余时间，同他一起到街边卖洋货，说很好捞，每天可以赚十多块钱。

乙：那你为什么不干？

甲：干这种事不大正当，给熟人看到不好意思，给民警抓住更难堪，经过考虑，还是要面子不要银子，我谢绝了。

乙：面子当然要顾，但是如果银子与面子任我挑，我首先是要银子。现在有的人，不管你干什么事，只要能弄到钱，就认为你有本事，同样很体面。

丙：（大声）我看，银子与面子都要保住，最好是干一些两者都能兼得的事情啊！

这时也许他们听到了后面的脚步声，不约而同地转过头来，看到我离他们不远，甲乙丙三人都伸出舌头，不好意思似的哈哈笑起来，加快脚步走开了。

听了这段对话以后，我觉得很有意思，便一边走一边琢磨起来。我想，所谓“面子”，在我们社会主义国家，应该理解为一个人的行为，有高度的精神文明，受到人们的尊敬。比如，刻苦钻研业务，勤勤恳恳工作，做出了显著成绩，受到本单位的奖励；勤奋学习，努力钻研技术，有独特创造或发明，对提高本单位的劳动生产率或改进经营管理有一定的贡献，受到表扬和奖励。这些都是光荣而又体面的事。这种政治上的荣誉，比金钱不知要贵重多少倍，是用金钱买不到的。

不要银子要面子是好的。上面先发言的那位青年，为了保住面子，情愿不要银子，不干违法乱纪的事情。这说明怕丢脸，知耻辱，是好事，有羞耻之心就能从善。在社会上，有人为了图个人出名而拿出大量银子。笔者就曾见过一些高大的建筑物，旁边竖着一块石碑，刻着是某某人捐赠的。当然，也有许多人是一心一意为祖国的经济建设出力，为家乡的福利事业出钱，并不要求扬名。这样的精神就更高尚了。

只要银子不要面子则最卑鄙。有的人匍匐在金钱之下，成为拜金主义的可怜虫。他们为了银子，走私漏税，投机倒把，索礼受贿，损公肥私，干出了许多有损人格、国格的事情，使国家在政治上、经济上蒙受损失。他们不但给自己丢脸，还给单位，给国家丢脸。这种只要银子不要面子的人，一定会在错误的道路上越走越远，最后为银子所腐蚀、吞噬。

人人都应该爱惜自己的面子，但是光知道要面子还不够，还要知道什么叫体面，什么叫不体面。这就要站在无产阶级的立场上去判别它，才不至于是非颠倒，荣辱不分。凡是能弄到钱，就是有本事，就体面，这不是无产阶级的观点。靠勤劳致富的是真本事，应赞扬；靠歪门邪道增加收入的并不光彩，应该脸红。

（原载《南方日报》1982年2月15日）

骨朽人间骂未销

最近报纸上连续报道了不少经济领域的犯罪案件，揭露了一些干部贪污受贿的丑闻。广大干部和群众看了以后无不义愤填膺，唾骂不绝。特别是罪犯所在的地区和单位，人们得知贪官锒铛入狱，更是欢欣雀跃。有的争先读报，奔走相告，有的燃放鞭炮。由此可见大家对贪污受贿者憎恨之情。看见此情此景，不禁想起“骨朽人间骂未销”的诗句来。

这句诗是南宋诗人刘子翚谴责北宋末年的蔡京和王黼而作的，全诗云：“空嗟覆鼎误前朝，骨朽人间骂未销；夜月池台王傅宅，春风杨柳太师桥。”意思是说，王黼、蔡京祸国殃民，人虽然死了，尸骨烂了，豪华的住宅和园林已经弃置倾毁，但还是人们指点唾骂的对象。

蔡京官至太师，封鲁国公，以贪污骄奢而臭名昭著。他在北宋的首都汴京有豪华的住宅和园林，后来被烧毁剩下一座桥。王黼官至太傅，封楚国公，也是一个贪污卖国的家伙，他在汴京有周围几里的大住宅。蔡王之流把持国政，结党营私，荼毒人民，北宋之亡，他们要负很大责任，都是属于遗臭万年的奸臣。

贪官污吏之所以历来为人们所憎恨，所唾骂，是因为贪官于民于国害处极大。老百姓碰上贪官，无异碰上吸血鬼。你要办事吗？“钱到公事办，火到猪头烂”，没有钱去打通节骨眼，那就什么事也办不成。有的人只好吞声忍气去送钱送物，甚至为此而典当衣物。国家出了贪官，犹如家中藏鼠。鼠辈们或餐于粮柜，或宴于食橱，饕餮主人家的东西，日子久了，把什么东西都啃光。试想，如果有人老是像老鼠一样，不断地在侵吞国家资财，国家怎能富得起来，强得起来？贪赃与枉法又往往不可分离。吃了人家的嘴软，拿了人家的手软，受了贿赂总得给人办点事情。或者给走私贩私的开绿灯，或者为投机倒把者提供方便，这便破坏了党纪国法。贪污与卖国也常常有一定联系。在历史上，就有一些败类，因贪婪钱财而出卖祖国、出卖民族利益的；今天，也有一些家伙，在对外经济交往中，因为接受外商的一些钱和物，而使国家遭受重大经济损失的。这就难怪人们对贪官怀有刻骨的仇恨了。

俗语说，众怒难犯，由于人民反对贪官，有些贪官最后也落得不好下场。有诗云："甘瓜抱苦蒂，美枣生荆棘；利傍有倚刀，贪人还自贼。"这诗确有应验的。在宋钦宗时，蔡京被贬官，死在潭州，王黼在雍丘南面的辅固村被杀死。

旧社会，做官是为了发财，所以几乎无官不贪，尽管如此，人们还是痛恨这些贪得无厌的吸血鬼。社会主义社会和过去截然不同，当"官"是要更好地为人民服务，贪污受贿当然是绝对不容许的。如果谁竟敢不顾党纪国法，贪污受贿，除了会被绳之以法外，被群众所憎恨、鄙视，那就更加不用说了。"骨朽人间骂未销"，现在也还是如此，这足以为所有贪污受贿者诫。

（原载《南方日报》1982年3月15日）

忧和乐的杂想

“先天下之忧而忧，后天下之乐而乐。”

这句古今传颂的佳句是谁说的？不是别人，乃是北宋著名的政治家和文学家范仲淹，在他的名作《岳阳楼记》中说的。它和我们经常说的另一句警语：“吃苦在前，享乐在后”，是同条共贯的。

所谓“先天下之忧而忧，后天下之乐而乐”，意思是说忧虑在天下人之先，而安乐在天下人之后。一个封建时代的官员，能有如此对待忧和乐的观点，是非常难能可贵的。

文如其人。相传范仲淹很关心人民疾苦，很少计较个人得失。他入朝做官后，为了改革弊政，接连上书议论国事，曾两次因为得罪了当时的权相吕夷简而遭贬谪。后来，由于他能力强，受到在朝诸臣欧阳修等人的推荐，做了副宰相。他又提出了十条改革意见，主张建立严密的任官制度，注意农桑，整顿武备，推行法制，减轻徭役等，并先后颁布了好些具体方案。但因受到统治阶级内部保守派的反对，新政实行了一年便被废除。他也因此被贬谪，离京出任地方官。他不仅为官清正，而且生活简朴。《宋史》本传上说他“其后虽贵，非宾客不重肉（不吃两个荤菜），妻子衣食仅能自充”。他的俸禄大都拿去救济穷人，到死时连买棺材的钱也没有。范仲淹的一生，可算是实践了他自己的诺言。

以解放全人类为己任的共产党人和革命志士，能做到“先天下之忧而忧，后天下之乐而乐”的人，那是很多的。焦裕禄是这种人，雷锋也是这种人。不久前，在报纸上读到一篇《记陈郁同志二三事》的文章，陈郁同志任广东省长后，那种忧人民所忧、乐人民所乐的事迹，很令人感动。一次，在潮汕平原的公路上，他看到不少老太太和小学生，在拣一片片散落在地上的树叶。他深有感触地说，群众靠树叶当柴烧，没有树叶就吃不上饭，老百姓的生活多困难呀！他担忧着群众的烧柴问题，于是便想方设法，狠抓煤炭生产。为了解决群众的穿衣问题，他提出用甘蔗渣、芒草秆、桑杆等做人造纤维，并反复找技术人员进行研究和试验。当甘蔗渣人造纤维试制成功时，他拿着这种纤维织成的布，高兴异常。这样的忧，这样的喜，是一种多么高尚的感情啊！

为什么而忧，为什么而乐，这不仅是个人感情的一种流露，而且也是世界观的一种反映。有全心全意为人民服务之心的人，一定能忧人民之所忧，乐人民之所乐，并且做到忧在其先，乐在其后。缺乏为人民服务之心的人，则忧和乐完全取决于个人的得失和处境的好坏。他们不知道同情百姓，不知道为国家分忧。这种人是自私自利的，其品格是低下的。令人难以容忍的是那种把个人的忧乐和人民的忧乐对立起来的人。他们把自己的安乐建筑在损害国家和人民利益的基础上，就像最近被揭露出来的那些走私贩私、贪污受贿、投机倒把分子王维经、李耀洲、王仲之流。这种人的忧和乐完全同人民背道而驰，其品格是极其卑鄙的。

古语云："忧民之忧者，民亦忧其忧。"范仲淹能够"先天下之忧而忧，后天下之乐而乐"，深受老百姓敬仰。"死之日，四方闻者，皆为叹息"。陈郁省长做到想群众所想，急群众所急，虽然逝世多年，人民还在怀念他，给他写纪念文章。由此可见，树立正确的忧乐观也很重要，切不可等闲视之。

（原载《南方日报》1982年5月10日）

身教二例的启迪

过去，经常听人说：身教重于言教。但是，对这句话并没有往深里想，探索其原因何在，只是觉得很有哲理，就把它记在心上，有时也讲在嘴上。

近日读书翻报，看到了两个事例，我对这句话似乎有了深一层的理解。相传春秋时的楚国，人们使用的车辆的轮子是习惯于矮小的。楚庄王认为这种车轮不便于马拉人推，于是便准备下令要全国将车轮加高加大。楚国的宰相孙叔敖知道这件事后，便对庄王说：不要随便下令，令多了，百姓就会不知所从，无可遵循。如果国王想把车轮改成高的，可以将我们乘坐的车辆先改造。这样，我们都坐高车而不坐矮车，百姓也会跟着来。庄王接受了孙叔敖的意见。结果，不到半年的时间，人们都把自己矮小的车轮改造成为高大的了。

最近，听说一个事例，感到它和古代这个传说相映成趣的。不久前，广州市第一商业局系统，为了活跃市场，准备派出大批采购和供应人员到全国各地采购和推销商品。但是，属下各个公司、站都在传说，自从全国开展打击经济领域严重犯罪活动的斗争后，我省出去的采购和供应人员在有的地方，如何坐冷板凳，受歧视等等，所以很多人不愿意出去。在这种情况下，一商局一位副局长和各公司主要负责人带队外出采购商品，许多业务人员都跟着出去，大胆开展工作。三十八天共采购了二千多万元商品，并推销了六百多万元商品。

这说明，身教重于言教是古今相通的道理。为什么身教的效果特别好？我想，首先是因为领导者能身体力行的事情，一般是比较切合实际，便于推广的。楚庄王改革车轮子，只有改得好，实践证明是可行的，他才会坚持用这种车子；要是改坏了，马拉人推不方便，坐上去又不舒服，他肯定是不会要这种车子的。一种较好的车辆问世，人们都去效法，这是很自然的事。其次是因为领导者能身体力行，往往处理问题比较合情合理。一商局和各公司的领导干部出去当采购员，就能将心比心，体察采购员的实际困难，提出要划清因对行情摸不准，无意多购了滞销商品造成积压与为谋取私利，有意多购积压物资的违法行为的界限。这样，就能更好地调动采购人员的积极性。

身教的一个最大好处是有亲身体验。凡事自己先试一试，自己不愿意干的事，就别强使群众去干。如果强使群众去干，效果必定不好。话还是回到楚庄王身上。楚庄王曾下令改革货币，把原来小的货币改换成大的货币。这样一来，百姓感到很不方便，商人也不愿经商了，市场一片萧条，眼看国家经济就快崩溃，只好又恢复原来的货币。要是楚庄王能先用一下那又重又笨的货币，也许就不会进行那样的改革了。

当然，我们赞扬身教，并不反对言教，提倡身体力行，并不要求事事如此。言教也是重要的，命令还要下，这点必须讲清楚。

（原载《南方日报》1982年6月14日）

贾桂的思想要不得

最近，读《人民日报》选编的《列宁和毛泽东同志关于反对共产党员腐化变质的部分论述》，读到毛泽东同志的一段话：“有些人做奴隶做久了，感觉事事不如人，在外国人面前伸不直腰，像《法门寺》里的贾桂一样，人家让他坐，他说站惯了，不想坐。”读后，觉得毛泽东同志的这些话，依然很有教育意义，贾桂的思想要不得。

贾桂是京剧《法门寺》中的人物，明代宦官刘瑾手下的太监。在刘瑾面前，他奴颜婢膝，别人让他坐，他说站惯了；对下则作威作福，敲诈勒索。我们用他来讽喻那些缺乏民族自尊心、崇洋媚外的人，也是非常恰当的。

近两三年来，我们对外交往日益频繁。我们从外国不断地引进先进科学技术和必要的设备，但也出现了妄自菲薄和崇洋媚外的倾向。现在，就有这么一种人，他们自己看不起自己，以为什么都是洋的好，甚至把西方文化的渣滓，也当做宝贝去追求。这种态度，非但有损民族尊严，而且贻笑外人。

崇洋媚外，是一种事事不如人的自卑感的反映。在十九世纪和二十世纪前半期，中国的命运操在清王朝和国民党反动派的手里，那时候，政治极端腐败，经济非常落后，科学技术文化水平很低，帝国主义对我国的侵略压迫日甚一日。正是这种半封建半殖民地的社会条件，使崇洋媚外的思想得以滋生和发展。但是，今天则不同了。一个长期分裂的国家，除了台湾省外，完全统一了；我们以不到世界百分之七的耕地，养活了人类五分之一的人口；已经从过去靠进口洋油做燃料过日子的国家，变成了年产原油一亿多吨的产油大国。我们的国家已经站起来了，再没有自卑的理由。今天在一些人中出现的崇洋媚外思想，是资本主义思想腐蚀的结果，是对我们国家和民族的伟大力量认识不足的反映。

我们要克服妄自菲薄和崇洋媚外的错误倾向，培养对自己的国家的自信心。我国在古代就为人类做出过伟大的贡献，我国发明的纸、指南针、印刷术和火药，传遍世界。在今天，我们正以自力更生的精神，向四个现代化迈进。去年，全国取得的重大科学技术研究成果达3100项，其中经国家批准的创造发明120项；体育运动取得大面积丰收，全年共获得25个世界冠军。这些都是值得自傲的。

今天，在物质生活方面，我们虽然没有西方资本主义国家富裕，但在精神生活方面，我们却比他们强得多。在他们那里，个人主义盛行，你争我夺很厉害，犯罪率很高；在我们这里，不仅有优秀的文化传统，有社会主义制度的优越性，而且人与人之间的关系比较好。许多跑遍世界、做过反复比较的人，都称赞我们，难道我们自己倒反而像贾桂那样，老是直不起腰？

（原载《南方日报》1982年5月24日）

“提神”赞

最近听到了“提神”的说法，指的是要提高共产主义精神，觉得这个问题很重要。在革命战争年代，要推翻旧制度，没有共产主义精神，不行；在社会主义建设时期，要搞四个现代化，没有共产主义精神，同样不行。这“提神”二字，作用非凡。

共产主义精神，是无产阶级和劳动人民根本利益和要求的反映，是人类历史上最高尚的精神。它要求人们具有全心全意为人民服务的思想，坚定不移的无产阶级革命意志，大公无私、舍己为人、热爱劳动和劳动人民的高贵品质，以及实事求是的科学态度。提高全体人民的共产主义精神，是发展社会主义事业、过渡到共产主义的重要条件。

提高共产主义精神，就有了远大的革命理想。远大的革命理想和革命的献身精神是紧密相连的。革命烈士方志敏共产主义觉悟很高，把全副身心都贡献给中国人民的解放事业。为了阶级和民族的解放，为了共产主义事业的胜利，他毫不稀罕那华丽的大厦，却宁愿居住在卑陋潮湿的茅棚；不稀罕美味的西餐大菜，宁愿吞嚼刺口的苞粟和菜根；不稀罕舒服柔软的钢丝床，宁愿睡在猪栏狗窠似的住所；不稀罕闲逸，宁愿一天做十六点钟工的劳苦；不稀罕富裕，宁愿困穷！不怕饥饿，不怕寒冷，不怕危险，不怕困难。可见，共产主义精神的威力是多么巨大。

提高共产主义精神，就能使人们忘我的工作。积极的工作态度来自正确的指导思想。县委书记的榜样焦裕禄，在兰考县遭受内涝、风沙、盐碱“三害”最严重的时刻，被党派到这个县来了。为了改变兰考的面貌，为了使人民过好日子，他积极做其他县委领导人的思想工作，深入调查研究，树立先进榜样，带头进行生产救灾，甚至在身患重病的时候，依然坚持工作，直至生命的最后一息，还不忘党交给他的任务。这不是共产主义思想的光辉在闪耀，又是什么呢！

提高共产主义精神，才能有高尚的思想情操。我们现在一方面要实行按劳分配制度，另一方面又要提倡不计报酬的共产主义劳动态度。这两者看起来是矛盾的，但又是统一的。按劳分配是社会主义的分配原则，坚持这个原则，才能调动劳动群众的社会主义积极性，才能适应社会生产力发展的要求。但是，要正确地贯彻按劳分配的原则，使每个劳动者都各尽所能地为社会劳动，必须对劳动群众进行共产主义教育。要使大家懂得，在我国社会主义制度下，人民群众是国家的主人，我们劳动是为了建设社会主义，使全体人民过上幸福的生活，要有主人翁的思想，尽自己所能为社会主义多作贡献。如果斤斤计较个人的利益，一味追求报酬，追求金钱，钱多多干，钱少少干，这是不对的。我们要树立共产主义新人的典范，加强共产主义思想教育，使大家的思想境界不断提高。

共产主义精神不会从天上掉下来，也不会在群众中自发产生，而是需要各级党组织大力提倡，并开展各种学习活动，在人们的劳动和生活中一点一滴培植起来的。让共产主义精神之花开遍祖国大地吧！

（原载《南方日报》1982年8月30日）

关键在于教育干部

过去，我总以为农民的认识水平低，严重的问题在于教育农民。最近，看了一些报道，又听了一些议论，觉得农民的思想认识有很大提高，倒是我们有少数干部包括一部分领导干部的思想没有跟上去。

就以对责任制的看法来说，认识就有差距。联产承包责任制像和煦的春风，吹到哪里那里就生机勃勃，欣欣向荣。它把社会主义的优越性发挥出来了，把农民的积极性调动起来了，长期停滞不前的农业起飞了。面对此情此景，农民不禁喜上眉梢。紫金县乌石公社景联大队党支部书记贺云开为此写了一副对联：“三十年前分田地，耕者有其田；三十年后又‘分’地，耕者有其责。”横额是“社会主义好”。言简意赅，既充分肯定了社会主义优越性，又把责任制和单干的区别道了出来。可是，我又听说，有位担负农村领导工作的同志，对联产责任制，曾作过一首打油诗，其中有两句云：“明明是单干，还说大包干。”这显然是认为责任制是倒退了。一副对联，两句打油诗，两相对比，观点之不同，相差何其远。

党中央推行的联产承包责任制，以及随之出现的专业户、重点户，和在这个基础上的联合体，是具有中国特色的社会主义农业的发展道路。大包干是姓“社”还是姓“资”，是前进了还是倒退了，已经明若观火，用不着再啰唆的了。这里要说的是，我们的一些干部不去研究新情况，解决新问题，却墨守成规，还是沿用三中全会以前或者是“文化大革命”以前的那一套去看待问题，这样不但不能打开新局面，而且对一些新的事物，像农民群众在实践中逐步摸索创造出来的新东西，也总是怕“右”了，“偏”了。

领导干部的思想路线是否端正，对工作影响极大。俗语说："艄公不努力，耽误一船人。"领导者要看到自己的责任重大，努力使自己的主观认识符合客观实际，不断地带领群众前进，才对得起工作所在地区的父老兄弟。几年来的实践证明，一个地区或一个部门能否开创新局面，取决于领导班子的思想路线是否端正，思想认识是否统一，政治上是否同中央保持一致。那里领导干部觉悟高，勇于创新，形势发展就快，成绩显著；那里领导干部觉悟迟，抱着老框框不放，群众就积极不起来，工作必然落后。因此，要进一步发展已经开创的新局面，关键在于做好干部的教育工作。

（原载《南方日报》1983年1月3日）

知识的价值

经过多年的拨乱反正，再说知识无用，大概是没有这样的人了。但是，认为知识不值钱，不愿给知识分子的劳动以较高一点的报酬，甚至降低他们应得的待遇，则是相当普遍。譬如，请大学教授讲课，讲了四个小时，才给八元酬金，还比不上有的个体户卖两只烧鹅所赚的钱多。又譬如，有的科研单位，科技人员的平均奖金低于本单位的工人。诸如此类，举不胜举，都是很不合理的。

我们回顾一下人类文明的发展史，便会明白知识的价值。詹姆斯·瓦特的知识，点燃了两次工业革命的导火线；亨利·贝西默的知识，开创了钢铁时代；达尔文和华莱士的知识，打开了生命起源的秘密；玛丽·居里和埃尔·居里的知识，为原子能时代铺平道路。他们给人类社会带来的财富是不可估量的。当然，他们是大发明家，一般科技人员创造的价值远远比不上他们。但是，有些小的发明和革新，对发展生产也很起作用。不久前，报纸上发表的两则新闻，对人很有启发。一是中山大学物理系帮助信宜家用电器元件厂制造电饭煲自动控温元件，仅这一项技术就使工厂税利增加九倍；二是华南工学院为南乡水泥厂提供低温煅烧水泥新技术，使这个厂扭亏为盈，七个月创造利润十万元。难道这不足以说明知识的价值吗？

自然科学知识有价值，社会科学知识同样有价值。许多优秀的社会科学家在社会科学方面所做出的重大贡献，许多进步的文学艺术家所创作的美好的艺术作品，都对社会经济、文化的发展起了促进作用，其价值是不能简单地用货币来表现的。

把知识看成不值钱的东西，对调动知识分子的积极性，对我国的四化建设是不利的。其实，知识分子对自己掌握的知识的价值也往往是估计不足的。写到这里，我不禁想起爱迪生的一个故事。爱迪生发明了第一部通信装置后，打算将它卖给华尔街大公司的老板。可是，究竟是标价三千美元，还是要五千，他却犹豫不定。在谈判中，爱迪生刚说了句："至于价格么……"公司老板却接口说："四万块怎么样？"至于现在我们国家的知识分子是不会拿自己的发明来跟国家讨价还价的，只要有人采用他们的发明，他们就很高兴了。如上面所说的，中大搞出来的电饭煲自动控温技术，华工搞出来的低温煅烧水泥技术，也只是从厂里要回一点研究成本而已。然而，我总是在想，对那些有发明创造的、贡献较大的知识分子，给高一点的待遇是完全应该的。这也是知识值钱的一种体现吧！

（原载《南方日报》1983年2月16日）

说宽道严

评定职称的事情，在科技部门和大专院校，已经进行多次了。但是，每到评议的时候，总难免有一番唇枪舌剑，人言啧啧。有的主张要宽，多评几个；有的主张要严，宁少毋滥。最后只好依赖于表决，以票数定乾坤，而认识问题则始终难以统一。

其实，凡事以适度为好，“过”或“不及”都有害，评定职称也不例外。我们一定要根据中央有关部门的规定标准，按照申请人的实际学识水平、业务能力和工作成就，实事求是地去评定，该评上多少个就评上多少个，该评上哪一级就评上那一级。降低标准，把那些不会吹竽的南郭先生，硬拉来蒙混着吹竽凑数，固然不好；提高标准，不授予那些有真才实学的人以相应的职称，任意压低他们的等级，这也不利。对科技、教学人员实行考核、评定、晋升职称，为的是调动广大科技、教学工作者的积极性，鼓励他们钻研业务，提高业务水平，促进科技、教育事业发展，为祖国现代化建设做出贡献。任何降低标准或提高标准的做法，都是不利于达到这个目的的。

所见所闻，似乎是“严”多于“宽”。偏重资历就是一种表现，这使中青年人很难评上较高一级的职称。据北京大学一份调查报告反映，这个大学平均年龄教授近70岁，副教授为53.5岁，讲师为46.6岁，助教为34.4岁。也就是说，非满头华发，年过半百，难以当上副教授；非年近古稀，拄着拐杖上讲台，难以当上教授。偏重文凭又是一种表现，这使自学成才者晋升很困难。文凭标志着一个人一定的文化知识水平，但是，它毕竟不能与人才画等号。重文凭而轻实学，是一种狭隘的偏见。过分强调资历和学历，也是造成论资排辈现象泛起的一个原因。

写到这里，笔者不禁想起英国医生爱德华·琴纳评职称的事情来。琴纳是世界上鼎鼎有名的免疫法发现者，是最早对疾病提出预防方法并获得成功的人。1813年，他被推举为伦敦医科大学的教授候选人，但校方却非常苛求，要以古希腊的所谓医学“古典”来考他。琴纳对此加以拒绝，他认为，征服天花就充分具备了教授的资格。然而，大学当局却不同意，琴纳终于因此终生没有得到大学教授的头衔。这是多么不公平的事啊！

随着历史经验的积累，人类总越来越聪明，在今天，大概不会再出现像琴纳评职称那样的怪事。但是，在评职称中，防止滥竽充数，防止苛刻要求，还是值得提出的。

（原载《南方日报》1983年8月4日）

提倡学一点名人格言

日前，到一位朋友家，只见他的客厅挂着两帧小条幅。一帧书着范仲淹的名言：“先天下之忧而忧，后天下之乐而乐。”另一帧写着韩愈的警句：“业精于勤荒于嬉，行成于思毁于随。”据说，这是我的这位朋友在念中学的儿子写的，以供自勉。读罢，使人深受启发。我觉得，青年人能够用名人格言来激励自己，这是一件很好的事。特别是在当前，我们正面临防止和清除精神污染的任务，这种做法更值得提倡。

名人格言，是人类文化宝库里一份珍贵的精神财富，它富有哲理，发人深省，有时甚至一语铭刻在心，终生受惠。记得五十年代初期，有些学校曾经印一些有名人格言的书签分发给同学。有一条书签印有苏联作家奥斯特洛夫斯基的一段名言：“人最宝贵的东西是生命，生命属于我们只有一次。一个人的生命是应当这样度过的：当他回首往事的时候，他不因虚度年华而悔恨，也不因碌碌无为而羞耻。——这样，在临死的时候，他就能够说：我整个生命和全部的精力，都已献给世界上最壮丽的事业——为人类的解放而斗争。”许多人非常喜爱这条书签，一直带在身边，作为座右铭。每当阅读书签上闪光的语言时，总觉得胸中像有一团熊熊的火焰在燃烧，总要对过去作一些反省，对未来进行一番计划。我相信许多人都有同感，都曾经体验过这样一种心情。

我们阅读一些先进青年的日记摘抄，从雷锋、王杰，到安珂，再到张海迪，可以清楚地看到，他（她）们无不受到名人格言的熏陶。特别是在张海迪的日记中，名人格言比比皆是。里面有马克思的“能使大多数人幸福的人，他自己本身也是幸福的”，有赫尔岑的“用知识武装起来的人是不可战胜的”，还有贝多芬的“我要扼住命运的喉咙。它决不能使我完全屈服——噢！能把生命活上千百次真是多美”，等等。这些名言，可以培养人们树立为人民服务、对社会多作贡献的高尚理想；可以激励人们发扬锲而不舍、刻苦钻研的学习精神；可以鼓舞人们勇于战胜困难，养成坚韧不拔的性格。我想，像张海迪那样高位截瘫、严重残疾的人，不仅没有陷入悲观的境地，而且对生活充满乐观情绪，这同她自觉地用名人格言来充实自己的精神世界是分不开的。

名人格言之所以可贵，是因为名人在生活道路上往往比一般人受过更多的磨难，对人类做出了更大的贡献。他们的名句都是他们的亲身感受，并且经过时间筛选，为群众所公认，才辗转流传下来的。这些名言，洋溢着智慧，揭示了事物的真理，宣扬了崇高的精神，它能感动人心，引起共鸣的力量是巨大的。

有些青年人，热衷于听低级庸俗的录音，看淫秽黄色的录像，这同经常用名言来勉励自己的人相比，应当感到面红。我们要自觉地吸取思想营养，从名言中得到有益的启迪，要坚决清除精神污染，抵制那些乌七八糟的东西。如果说把鲜花插在瓷瓶里，足令一室生辉，那么挂上两帧名人格言的条幅，也可使生活增添异彩。

（原载《南方日报》1983年11月14日）

富民与富国

古往今来有真知灼见、能提出治国良方的人不胜枚举，但像管仲那样，早在两千多年前，就正确地论述了富民与富国关系问题的，恐怕是屈指可数。

管仲是春秋时齐国名相，他辅助齐桓公进行一系列政治、经济、军事改革，使齐国国力大振。他因此而深受后人敬佩，连足智多谋的诸葛亮，也每自比于管仲。管仲的经济思想很丰富，值得我们去研究，尤其是他提出的“治国之道，必先富民”的思想，很值得我们借鉴。治国无非是要使国家富强。当然，在管仲那里，富民，让百姓日子过好一点，只是手段；富国，并成就霸业，才是目的。就这一点来说，同我们今天所讲的富国富民是完全不同的。

本来，富民和富国是紧密联系在一起的。在我们社会主义国家里，就一般而言，国富，民便不会穷；民富，国肯定会富。我们通常说的“大河有水小河满”，“小河有水大河涨”，就是这个道理。什么“国富民穷”，或“民富国穷”，没有那回事。然而，是先富民，还是先富国，对这关系，倒有一个如何认识的问题。

在十年动乱期间，由于“左”倾思想的影响，人们往往只强调富国，而忽视富民，以为群众一富，就要走资本主义道路，因而对群众的勤劳致富，诸多加以限制。要大家等待国富了，个人才能富，结果是民不富，国也穷。

十一届三中全会以来，我们党坚决实行富民政策，允许一部分人先富起来，在农村实行联产承包责任制，大力扶持专业户，在城市不断革除吃“大锅饭”的弊端，落实按劳分配的原则，并鼓励个体户、集体户开业，大大调动了群众的生产积极性。现在，群众正在逐步富裕起来，万元户越来越多，而国家的税收、利润收入也随之增加。这是一条富民富国之路，也是一桩合乎规律、顺乎民心之举。

然而，旧的习惯势力是一种可怕的势力，有些人看到专业户富得快，便攒眉蹙额、说三道四，并采取了许多卡富的办法，不让他们更快地发展生产。更有甚者，有的人先是对一部分先富起来的人眼红，进而对他们来个胡乱摊派、“雁过拔毛”，这种行为不但害了人民，而且也害了国家。

学一学管仲的“治国之道”，看来是有好处的。

（原载《南方日报》1984年4月9日）

为“志在四方献才智”鼓掌

从朋友谈话中得知，今年夏季，我省高等院校将有一万多名毕业生走上工作岗位。现在已有许多毕业生表示，要发扬祖国利益高于一切的精神，服从分配为四化，志在四方献才智。听了这个消息，不禁为我们的好青年鼓掌。

“志在四方献才智”这话说得好，它反映了这一届大学毕业生的崇高志向，也反映了八十年代青年人的新的思想风貌。

人贵有志，志是生活的导航。三国时代的嵇康说：“人无志，非人也。”这就是说，人生在世，必须有理想，有志向，有个远大目标和努力的打算；如果只是凭着本能而活动，那就不算是真正的人。现在，祖国的四化建设突飞猛进，到处都需要有文化的人才，特别是教学、科研、生产第一线和基层单位，更需要人才。我们必须明白自己所肩负的历史使命，确立自己的努力方向，为振兴中华献出青春和智慧。

“志当存高远。”这是诸葛亮教导后辈的一句话。志怎样才算高，怎样才算远？这在不同时代有不同的标准。诸葛亮在一个动荡混乱的社会里，向往一个安定统一的社会，并为此而努力，在当时可以算是高远的志气了。这句话用在今天，则有新的含义。这就是要站在人民利益的高度，要看到未来的光明远景。如果能站得高、看得远，即使眼前环境差一点，碰到困难多一点，我们也会高兴地去完成任务。为什么有的大学生要求到最艰苦的地方去呢？这正是因为他们有志气。

让我们的大学毕业生胸怀大志，像雄鹰一样，高高地飞翔吧！

（原载《南方日报》1984年6月11日）

廉颇愧悔“争列之过”

战国时赵国大将廉颇，曾经拼着命替赵国打仗，立下很大功劳。在赵国与秦国的外交活动中，蔺相如智勇双全，深得赵惠文王的赏识，特别是渑池之会以后，被拜为相国，地位比廉颇还高。廉颇不忍在蔺相如之下，考虑着“有朝一日，他要碰在我的手里，就给他个样儿瞧瞧”。他这种做法，使得蔺相如只好装病，不去上朝，就是有公事，也不跟廉颇见面。

后来，廉颇从别人的口中，听到蔺相如几句感动人心的话，才恍然大悟。原来，蔺相如并非怕廉颇，而是想到，强横的秦国之所以不敢来侵犯赵国，是因为他们同心协力实行抵抗。要是两虎相斗，准是两败俱伤。他忍辱退让，完全是为了国家利益。于是，廉颇为蔺相如识大体、顾大局的精神所感动，解衣露膊，背着荆条，上门去向蔺相如请罪。从此，他们两人捐弃成见，结成誓同生死的至交，团结一致，共同抵抗秦国的侵略。

为什么当初廉颇要和蔺相如闹矛盾？主要是存在“争列”的思想，老想着位次的先后，没有认识到一个国家人才辈出是好事，有人超过自己更是好事。他看到蔺相如出身低微，在短短的时间里，从一个宦官的门客，升到大夫，又升到相国，名字排在自己的前头，就不舒服。又为什么后来廉颇能悔过自新？主要是从蔺相如的话得到启发，愧悔“争列之过”，懂得了应该从国家利益出发去考虑问题。

现在，“争列”的事也常有出现。在经济体制改革中，有一些企业实行厂长（经理）负责制，有的人便提出这样的问题：以后是书记大还是厂长（经理）大？有的当惯被称为“第一把手”的党委书记，不愿改变“党委书记是第一把手，厂长（经理）是第二把手”的旧观念，不肯把生产经营和行政管理指挥权交给厂长（经理）。有的看到中央关于经济体制改革的决定中谈到，要在不太长的时间内，形成一支社会主义经济管理干部和技术干部的宏大队伍，把党委书记排在厂长（经理）、总工程师、总经济师、总会计师之后时，竟说党委书记是“老五”了。这种情绪，显然是不对的。

更多的人是能够顾大局，他们看到过去党政不分、以党代政、书记包揽各项工作的弊端；看到现代化企业必须有集中的统一的领导和生产指挥；看到随着经济的发展，信息瞬变，很多问题应当迅速决策，当场拍板，从而认识到实行厂长（经理）负责制是非常必要的。作为共产党的干部，应该时刻记住党和人民的利益高于一切，不要计较个人排列第几的问题。

廉颇作为一个古代有名气的将领，在处理名利地位问题这一点上，不失为后人的镜子。

（原载《南方日报》1984年12月3日）

“进贡”小考

春节将至，送礼的多起来了。前几天，两位在乡镇企业工作的朋友，运了一面包车的东西到广州来，从早到晚，到处串门，十分繁忙。我问他们做什么事，回答说“进贡”去，给“关系户”送礼。

谈到进贡，不由得引起我对它考究的兴趣来。

进贡一事，最早见于《尚书·禹贡》：“禹别九州，随山浚川，任土作贡。”说禹制九州贡法，任其土地所有，定其贡赋之差。那时候的所谓进贡，其实是一种赋税制度。赋税是国家的一项主要收入。在封建社会，国家大权由皇帝掌握，有的地方除了交税之外，还专门向皇帝进贡。这种进贡，没有品种和数量的规定，于是进贡与赋税也就有分别了。

进贡大多是由上面提出来的，下面进贡是被迫的。唐玄宗时，杨贵妃喜欢吃荔枝，要四川、广东一带进贡荔枝，为此跑死了许多马，累死了许多人，下面怨声载道。唐德宗时，要地方官吏每天每月向中央官吏送礼物，名叫“日进”“月进”，下属官吏不敢不执行，老百姓也很反感。

进贡也有下面主动送上去的。有些地方官吏为了达到某种个人目的，向皇帝谄媚奉承，进贡珍禽异兽、珍宝奇货。这种做法，历代都有。

值得一提的是外国的进贡。汉朝时，叶调国（今爪哇）、天竺国（今印度）等都先后遣使进贡，贡品包括“国之珍宝”“乐及幻人（魔术师）”。我国的统治者则回赠金、银、丝织品，对使者也给以极为优厚的赏赐。这种进贡，实际上是一种可以取得高额利润的贸易。

如此说来，我的那两位朋友显然是用词不当。进贡是封建社会地方官吏给皇帝送礼的专用名词，今天是不能随便套用的。

但是，虽说不能套用，而在某些方面，送礼同进贡却有类似之处。乡镇企业给城市里的“关系户”送礼，有些是出于无奈的，送礼不送礼，不大一样，不送礼嘛，在原材料来源、产品销售方面，就有许多问题难以解决；有些是主动的，是想为个人、为本单位捞点好处，讨个方便；有些则把它看做一种交易，有往必有来，他们早就尝到过送礼的甜头。

搞送礼，以钱开路、以物破门，个人或小单位可能获得暂时好处，但是换来的却是社会风气的败坏，受损害的最终是国家，这是令人不能容忍的。

当然，逢年过节，朋友之间，私人互相赠送点礼品，则不应在反对之列。

（原载《南方日报》1985年2月4日）

“纱帽易人”堪借鉴

五代时后梁的开国皇帝朱温，镇压过农民起义军，为人凶恶残暴。在历史上，人们对他贬斥的多，这是很自然的。但有一件事做得不错，为后人所赞赏，那就是惩处弄虚作假者，让其“纱帽易人”。

有一年，宋州（今河南商丘）发大水，百姓生命财产遭受损失。朱温的侄子、宋州节度使衡王朱庆谅，却派人向朱温呈献“瑞麦”，一茎三穗，以此炫耀“政绩”。谁知朱温看后，对这种报喜不报忧的弄虚作假做法，不但不欣赏，而且很反感，说：“丰年为上瑞。今宋州大水，安用此为！”并且“诏除本县令名，遣使诘责友谅”，接着是“以兖海留后惠王友能代为宋州留后”。这样的惩处，可以说是不轻的。

古往今来，弄虚作假的人为数不少。而我们党则一再提倡实事求是作风，并且把弄虚作假作为一种不正之风加以反对。因此，现在明目张胆地搞浮夸，说假话，造假事，显然在不断减少。但是，这种现象并没有绝迹，弄虚作假、报喜不报忧的事还时有所见。有的人讲成绩津津乐道，讲缺点遮遮掩掩；有的人喜欢做表面文章，只求金玉其外。我就曾听说过有这么一个单位，本来生产搞得很差、经济效益也不好，内部问题很多，然而每次开经验交流会，这个单位都争着上台发言，大讲其经验和成绩，弄得人们哭笑不得。

要刹住弄虚作假之风，最重要的一条是不能让弄虚作假者占任何便宜。为什么有人那么热衷于弄虚作假？究其原因，主要是谋取私利。治假就要抓住以假谋私这个要害，将弄虚作假者骗取得到的荣誉和职级一律收回。还要根据其情节轻重给予必要的纪律处分，包括“纱帽易人”。如果让弄虚作假之徒志得意满，实事求是的精神就发扬不起来。

当然，有的弄虚作假可能同“上有所好”直接有关。有的领导人往往认为下级的“政绩”也就是自己的“政绩”，他们“听喜则笑，听忧则跳”，有的甚至纵容或诱迫下级说假话。因此，治假也要从领导作风治起。如果上级领导者坚决反对报喜不报忧的浮夸作风，又很少官僚主义，能经常深入实际了解情况，弄虚作假之风必然刮不起来。

在大力提倡实事求是作风的时候，了解一下朱温是怎样惩处弄虚作假者的，特别是对他自己的侄子也不例外这一点，那是不无好处的。

（原载《南方日报》1986年1月6日）

也是从“三毛热”想到的

过去我对三毛知之不多。最近读了《南方周末》登载的《从“三毛热”想到的》一文，受到启迪，便跑到书店，一下子买了八本三毛的小说集和散文集。这几本书是湖南文艺出版社出版的，每本都已印刷多次，印数少则十多万册，多则二十多万册。可见，“三毛热”真够“热”的了。

读了三毛的《撒哈拉的故事》《哭泣的骆驼》等几本书之后，我感到“三毛热”是“热”出有因的。三毛的书是以自己生命的历程写成的。她一生闯荡世界，去过五十九个国家，见多识广，其作品充满异域斑斓情调，能给读者以传奇式的亲历其境的感受；三毛是个感情丰富的才女，许多事物都能令她浮想联翩而赋予生命，她笔下的人物，情真意切，充满浪漫情趣，能让你莞尔而笑，乐不可支，也可使你热泪盈眶，哀而不伤；三毛的作品博采众长而独树一帜，文笔流畅，涉笔成趣，读来令人回肠荡气，酣畅淋漓。因此，三毛的书受到青年读者的喜爱，是理所当然的。

如今有些人的书，向壁虚造，平铺直叙，读来味同嚼蜡，本来未够格出版，但作者却想出名扬世。一旦遇出版社退稿，就抱怨出书难；如果出了书没人要，又大叫卖书难。目前我国出版社多数实行自负盈亏，对平庸之作，自然不敢多印，因为出版社无力承担亏损。于是，有人拉赞助，把亏损转嫁给企业；也有人靠借钱出书，搞到债台高筑。做这种既费心思又破财的事，何苦乃尔！

工商界有句老俗话：“酒香不怕巷子深”。其实对文学界也适用。一般而言，好书并不难出，也不会难卖。当然，也有好书不能出版的情况，但毕竟是少数。汪国真的诗，是先在读者中以手抄本的形式传播，后来才被出版社发现而出版。不到半年时间，两本诗集发行量超过二十万册。钱钟书的《围城》最近再版，广州有家小书店进书一百册，两小时内就被抢购一空。可见，重质量，这才是最重要的。

经济部门目前正在开展“质量、品种、效益年”的活动，文化界也应该形成重视抓质量、品种、效益的风气，写出更多为读者所喜爱的书来。

（原载《南方周末》1991年5月3日）

V　夜谈随录

I　平凡与伟大

——姚慈贤事迹启示之一

本报6月19日发表了长篇通讯《慈怀报国贤母心——姚慈贤和她五个儿子的故事》后，在南粤大地引起强烈反响，一个学习爱国拥军好母亲姚慈贤事迹的热潮正在兴起。人们都在盛赞姚慈贤了不起，真伟大。

姚慈贤并没有什么轰轰烈烈之举。她是一个普通的农村妇女，和千千万万平凡的人一样生活、工作。她不识字，不会讲大道理。但她身处一隅，却胸怀祖国，先后把四个儿子送去参军，时刻不忘教育儿子精忠报国，自己却不辞劳苦，挑起家庭重担。正是这些充分展示了她伟大的胸怀。

何谓伟大？就人物而言，指的是对人类社会做出丰功伟绩的人。像岳飞、文天祥、林则徐等民族英雄，征战沙场，为国捐躯，是一种伟大；像李白、苏轼、曹雪芹等杰出文学家，才华出众，写下许多不朽之作，是一种伟大；像张衡、华佗、毕昇等著名科学家，学识渊博，对发展科学做出巨大贡献，是一种伟大；像孙中山、毛泽东等革命家，为挽救民族危亡而英勇斗争，更是一种伟大。他们之所以伟大，是因为他们为祖国为民族干出了一番轰轰烈烈的事业。除此以外，还有另一种伟大，那就是在平凡的工作岗位上，有一分热发一分光，为祖国为人民默默奉献的人。姚慈贤就是这种人。要使祖国繁荣富强起来，需要越来越多能干出轰轰烈烈事业的人，更需要千千万万像姚慈贤这样的人。

伟大出自平凡。无论是哪种伟大，都是从平凡开始的。老祖宗有教诲："泰山不让土壤，故能成其大；河海不择细流，故能就其深。"伟大的事业都是从一件件平凡的事情做起，并积累起来的。人的能力有大小，职位有高低，只要能尽忠职守，埋头苦干，就能一点一滴做出不平凡的业绩来。要像政治家、文学家、科学家那样干出轰轰烈烈的伟绩，需要具备较高的素质和机遇，不是每一个人都能做到的，但默默奉献，报效祖国，事事带头，以身作则，以自己的光引发别人的光，以自己的火点燃旁人的火，从平凡中见伟大，则是人人都可以做到的。这里最重要的是要有爱国之心、报国之情。

遗憾的是，有那么一些人，缺乏崇高理想，没有远大目标，糊里糊涂过日子，怎说得上干出一番业绩？而另有那么一些人，虽然知道人生斯世，应干一番伟大事业，但却不愿意从平凡事做起，缺乏螺丝钉精神，那也将一事无成。

我们要学姚慈贤，当平凡人，干伟大事，为社会主义大厦添砖加瓦。

（原载《羊城晚报》1995年7月5日）

舍小家为大家

——姚慈贤事迹启示之二

古往今来，爱国的故事万万千。“爱国”二字一直被看做是民族的第一气节，人格的第一价值。历来的仁人志士，无不把祖国的利益放在高于一切的位置上，留下了许多历史美谈。

远古治水的大禹，三过家门而不入；汉代霍去病懂得有国才有家，“匈奴未灭，何以家为”；宋末文天祥毁家以纾国难；清代林则徐以身许国，力挽狂澜；身无分文的布衣之士，也都以“位卑未敢忘忧国”明志……

人们也许还记得，1937年日寇侵华，陈毅多年没有回家，有一个记者在招待会上攻击他“不爱家”。陈毅大义凛然地反驳说：“国难当头，共御外侮；国事未决，家事难问。”“国之不存，家又安在？”老一辈革命家在处理国与家的关系问题上，堪称一代风范。

“有国才有家。”这是一个人人皆知的道理。今天祖国已进入一个新的历史时期。时代召唤国人继承和发扬爱国主义传统，正确处理好大家与小家的关系。“爱国拥军好母亲”姚慈贤舍小家为大家，成为我们这个时代的爱国楷模，学习的榜样。今天考验一个人是否爱国，主要是看他是否顾大局，识大体，以国家利益为重。市场经济的大潮涌来，人人都想发家致富，这原本也是一件好事。但毋庸讳言，一个“富”字却也引发了私欲膨胀，物欲横流。有人为金钱着魔，有人为了“富起来”不择手段。某些所谓“大款”，原来专靠挖国家墙脚，甚至不惜出卖国家民族利益，内外勾结，鲸吞巨款，中饱私囊。有人把“阿爷的”当成一块肥肉，都想割一块，“不吃白不吃”。如果打自家小算盘的人越来越多，为国分忧讲奉献的人越来越少，国家民族的前途便很可虑。姚慈贤的爱国事迹和高尚情怀此时此刻传扬开来，带露凝香，令人倍感清新可贵，极为醒目。

姚慈贤有五个儿子，个个年轻力壮，要想个人致富，哪愁没有门路，哪样会落在别人后头？但深明大义的这位农村妇女，甘以瘦弱之躯为儿负重，毫不犹豫地先后送出四个儿子参军，自己乐于清贫。她什么时候都把大家的利益摆在小家之上。尽管她还负着债，但前不久市里成立教育基金会，她又把仅有的一点钱捐了出去。她的举动，对那些不知靠何门道发迹，对那些只知打自家或小团体小算盘的人，是个当头棒喝。

姚慈贤的爱国情怀是质朴的，同时又是深沉的。她小时目睹国弱被侮的情景，亲受日寇铁蹄践踏的苦难，切身体会到有国才有家的道理。因此，她真诚、实在地去实践她的报国之志。如果人人都能像她一样，我们的国家，我们的民族，就大有希望。

（原载《羊城晚报》1995年7月7日）

说忠话孝

——姚慈贤事迹启示之三

在我国，人们历来视忠孝为立身做人之本，齐家治国之道，强调做人要尽忠尽孝。但又有人常发出“忠孝两难全”的感叹。忠孝能否两全？爱国拥军好母亲姚慈贤以自己的行动做出了很好的回答。

深明大义的姚妈妈，先后把四个儿子送去当兵，教育他们安心部队，学好本领，对国家有所作为，可谓忠也；她不辞劳苦挑起家庭重担，尽心侍奉年老多病的婆婆和身患重症的丈夫，可谓孝也。在她的教育和影响下，儿子们都有出息，在部队是忠于职守的好军人，在家里是孝敬长辈的好儿孙。从这位好母亲身上，我们看到了忠孝两全的美好形象。

由此想到我们的革命前辈，他们许多都是集忠孝于一身的人。像李大钊、毛泽东、朱德等，他们对党、对国家、对人民忠贞不贰，对自己的长辈充满热爱，始终不忘养育之恩。

即使在古代，忠孝两全者也有其例。文学作品中的花木兰代父从军的故事，就是当时社会现实的真实反映。实际上，忠与孝一直都是古仁人志士恪守不渝的两大优秀品德。

忠与孝，是中华民族的传统美德。然而，今天时代进步了，这两个字的含义与过去有所不同，“两全”的要求也不一样。

旧时代的“忠”特指“忠君”，“孝”的核心是“无违”。那时还强调忠君是目的，孝为根本，正所谓“以孝治天下”“百行孝为先”“孝子出忠臣”，而“孝”又有一整套理论、条规和仪式。比如，提倡“养儿防老”，“父母在，不远游”；老人死了，儿孙要守孝、戴孝、服孝等，少了哪一条都是不“尽孝”。据说，早在殷代，殷王小乙死了，他的儿子武丁就曾为他守孝三年，不理喻国事。这套例规，一直沿袭了很长时间。

今天，我们有了新的忠孝观。忠，是取忠诚之义，强调忠于祖国、忠于人民；孝是指善事父母、尊老养老。不主张“父母在，不远游”，而提倡“好男儿志在四方”。我们也纪念逝去的老人和祖先，但提倡文明办丧事，举行有意义的活动，而不取过去那种愚昧落后的纪念仪式。总之，尽忠尽孝，“尽”在思想和实际行动上。

如此说，忠孝是统一的，是能够两全的。姚慈贤能做到这一点，正是由于她有新的忠孝观。她的丈夫不幸去世，按往常习惯，儿子特别是大儿子必须回来奔丧，但姚妈妈得知大儿子、二儿子此时正在部队执行紧急任务，于是没有及时催他们赶回来；死者入土第二天，在家的三儿子假期告满，她又要他从速返回部队。乍看起来，这似乎有悖于“孝”，但这恰恰表明她在紧要关头，以国事为先，对“孝”则重实际、不重表面形式，用新的忠孝观，正确处理了忠与孝的关系。与那些为奔丧而抛开繁忙公务，甚至不惜动用公款公物搞葬丧迷信活动的人相比，岂不显得姚妈妈十分高尚么！

（原载《羊城晚报》1995年7月11日）

从家书引起的联想

——姚慈贤事迹启示之四

一家人总免不了有别离。或外出做事，或参军戍边，或旅居异国他乡，在别离的时候，往往通过家书来交流情况，而家书怎么写却很值得研究。姚慈贤给在部队的儿子写信，告知家中情况，从不报忧，被人传为佳话。

自古以来，家书是人们生活中不可或缺的一个部分。杜甫在《春望》诗中说："烽火连三月，家书抵万金。"写的是沦陷区游子牵挂眷属平安的炽热情怀。张籍在《秋思》诗中说："洛阳城里见秋风，欲作家书意万重。复恐匆匆说不尽，行人临发又开封。"反映了寄家书的郑重与紧张情绪。岑参在《赴北庭度陇思家》诗中说："西向轮台万里余，也知乡信日应疏。陇山鹦鹉能言语，为报家人数寄书。"描绘了盼家书的迫切心境。从这些千古名句中，可以看出家书在人们心目中所占的重要地位。

"天下之本在国，国之本在家。"家书不仅可以抒发父母儿女、兄弟姐妹之情，描绘祖国锦绣河山之景，而且还可以叙述豪情壮志，阐明道德境界，倡导治学作文。近日翻阅《华夏家书》，读到秋瑾致大哥秋誉章的家书，她那"水激石则鸣，人激志则宏"，不断激励自己，不甘与世浮沉，碌碌而终的宏图大志，真是令人钦佩至极。读到林觉民给妻子陈意映的家书，他那"为天下人谋永福""吾牺牲百死而不辞"的为革命事业的献身精神，则不能不令人怦然心动。好的家书可以使亲人受到感染和鼓舞，精神为之振奋。

一滴水可以映照出太阳的光辉，一封信可以反映出一个人的心灵和情操。十多年来，姚慈贤不管是亲人病重，还是家乡受灾，或是经济拮据，都不在家书中提及。她给在部队的儿子的每封信，封封报平安，不让儿子们忧家分心。正因为如此. 姚慈贤四个从军的儿子，都安心服役，并不断成长，个个入了党，人人立了功。在母亲的影响下，儿子们也不把战场上的危险、工作中的艰辛告诉家人，让父母担心。他们在家书这个领域中，也谱写了一曲动人心弦、感人肺腑的社会主义精神文明之歌。

但是，在现实生活中，也有一些人，他们总是在家书中叫苦连天，甚至夸大其词地诉说亲人疾病如何严重，经济困难到断米下锅，要求在外地的亲人迅速寄钱寄物。这就使对方不看家书则已，看了家书就头痛，增添了无穷的忧虑。这叫人怎么能安心工作呢?

我们并不提倡写家书都要隐悲，真情实话不可不讲，但不应在书信中故意渲染家中的困难和疾苦，令对方增加精神负担。

（原载《羊城晚报》1995年7月18日）

漫谈家风

——姚慈贤事迹启示之五

古人有云：教子必以义方。

姚慈贤没有读过书，虽然不知书却比许多人更识理。她以大义教子，以中华民族传统美德育儿，言传身教，形成文明家风。她的儿子们在部队成才，绝非偶然，与母亲的教育息息相关。

说到树立文明家风，重要的问题是教育下一代。古今中外有识之士，无不把子女教育看作是社会的基础、国家的大事而予以高度重视。

中国人历来十分注重家风。从晋代潘岳写了《家风诗》开始，历代都有人写下种种训辞去倡导和教育子孙继承优良家风。其中最著名的是北齐颜之推给子女写的训导辞，后人把它编成《颜氏家训》。明代朱柏庐的《治家格言》也家喻户晓。享有“包青天”美誉的包拯，以廉洁约束子孙，还把家训刻在碑上，立于庭院中，何等郑重其事。宋代学者司马光编著了十卷《家范》，用史事阐明家庭伦理、道德规范和治家方法，成为后代家庭教育必备的案头书。

有人说，当今社会缺乏的不是头脑而是品德。这话不无道理。列宁曾认为，道德能帮助人类社会提高到更高水平。而高素质民族总是把德育摆在首位。许多老一辈革命家在教育子女时，也都重在品德。周恩来曾多次鼓励侄女扎根草原；任弼时曾因儿子骂过人，亲自写信向对方道歉，说“孩子骂人，大人要担负缺乏教育的责任”；彭德怀教导侄子侄女和陈毅教育幺妹不搞特殊化的故事，都相当感人。老一辈革命家对待后代的要求从来是非常严格的。如果说，以上说的是伟人的事，那么，姚慈贤应该就是普通人学习的榜样了。

然而，恕我直言，当今天下做父母的，在子女教育问题上是存在种种缺陷的，忽视品德培养的现象相当普遍。有人对子女一味溺爱，物质上有求必应，对他们品德上的问题却听之任之。殊不知“溺爱会使子女毁灭”（马卡连柯语）。有些人为了子女成龙，逼孩子学这学那，花多少钱也在所不惜，对更重要的品德教育却不愿花一分钱。而另外一些人，在孩子面前遇事不能以身作则，常常有意无意间把自己的劣言丑行传给子女，不知不觉养成了子女的恶习和坏品行。

在这件事情上，正如鲁迅说的“种牡丹者得花，种蒺藜者得刺”，最后免不了自食恶果。父母的影响是最直接，也是最深刻的。难怪有个哲人曾说：“国民的命运掌握在母亲手里。”这话实在耐人寻味。

家庭是社会的细胞，而家风应该说是社会风气的基础。不是常听有人在抱怨时下社会上的种种不文明，慨叹“道德沦丧，世风日下”吗？我想，与其坐着发牢骚，不如行动起来，学学姚慈贤，从我做起。端风正俗人人有责。尽这个“责”，首先恐怕就是端正自己的家风。

（原载《羊城晚报》1995年7月21日）

忧乐之中见胸怀

——姚慈贤事迹启示之六

忧与乐，是正常人所具有的两种心境。可是，因何而忧，因何而乐，以及两者的交替转换，却各不相同：

有人以私欲的满足为乐——蜀后主阿斗，亡国后当了“安乐公”，身陷魏营，或饮或食，或歌或舞，感到很满足，当歌女演出蜀地歌舞时，在场的一些蜀汉大臣纷纷落泪，而他竟说：“此间乐，不思蜀。”

有人不以物喜，不以己悲，以别人之忧为忧，以别人之乐为乐——唐诗人杜甫的茅屋为秋风所破，他想到“安得广厦千万间，大庇天下寒士俱欢颜”；若一旦眼前出现此屋，则“吾庐独破受冻死亦足”。

显然，两种忧乐观的不同，在于胸怀不同。早在950年前，范仲淹把古仁人之心概括为：“先天下之忧而忧，后天下之乐而乐。”他要提倡的，就是做人要有为国为民的博大胸怀。

爱国拥军好母亲姚慈贤，是位农村妇女，大概没有读过《岳阳楼记》，不一定知道范氏这句名言。但她的行动充分体现了这句名言的含义。俗话说，人无远虑，必有近忧。姚妈妈像任何人一样，心中也有一连串的忧。经济拮据，家人患病，一大堆农活缺人去干，能不忧？但她先忧国家之忧，毫不犹豫地把儿子们送去参军卫国。她也有乐，但不是由于发财，她也并没有发财，她最大的快乐是儿子们在部队做出了贡献，立功受奖，每当她得知此事时，都郑重其事地庆祝一番。平时，她助人为乐，把困难留给自己，把方便让给别人，对邻居友爱至深。没有博大的胸怀，她能做到这样吗？

尤其值得一说的是，这位胸怀博大的好妈妈，是个平民百姓。范仲淹当时提出这种忧乐观，除了本人作为励志，恐怕更多的是针对为官当政者言。所以，历代文官武将，乃至当今大小干部，把这句话作为人生格言的，不乏其人。但有人做到了，有人却没有做到。眼下就可见到这样一种人，他们口头上或许把“先天下之忧而忧，后天下之乐而乐”这句话背得烂熟，而实际上他们的“忧”，并非国家如何稳定发展、老百姓如何走向富裕，而是最怕自己的荷包不胀。他们的“乐”不是在国家发达、人民富足之后乐在其中，而是在国家尚有困难、群众中仍有不少人在贫困中度日之时，不惜挥霍国家资财，侵吞人民劳动成果，争先取乐。这种人，实在连平民百姓都不如。

我们的党政干部是人民的公仆。公仆就应有公仆心：首先把国家的忧患得失放在前头，一己的忧患得失放在后头；先使国家进步、繁荣、昌盛，人民欢乐，然后才考虑自己的欢乐。手中有了权力，要用来为群众办事，绝不能当作谋取私利的资本。要做到“为官一任，造福一方”。这才是应有的胸怀。姚妈妈不是官，手中没有权，对待忧与乐却能把自己与“天下”连在一起，以“天下为先”，这种胸怀值得我们学习。

（原载《羊城晚报》1995年7月24日）

真情无价

——姚慈贤事迹启示之七

许多人在说到时下人际间冷漠时，都无不痛心疾首。其实，在我们的社会里，对别人疾苦漠不关心，甚至为一己之私不惜出卖别人利益的人虽有，但绝大多数人还是懂得，世间存在比个人私利更可贵的东西，那便是情与义。

不是吗？发生在姚慈贤和上南村民身上的互相关怀、互相帮助的感人故事，就为我们时代描绘了一幅美好的新风俗图。他们的故事证明：世上有真情，人间有爱心。正是有了这种真情和爱心，才使神州变得如此美好。

人生于世究竟为谁而活着？这是个古老而时新的话题。早在几千年前，老祖宗们便为此争论不休。墨子说，人活着应该“利他”，并身体力行，到处扶弱济困；杨朱则针锋相对，说要“为我”，并向世人宣称他“不拔一毛而利天下”的信条。人们当时便纷纷痛斥杨朱的“为我”之说，简直与禽兽没什么两样。直到今天，这两种对立的人生哲学，依然在生活中普遍存在。当然，尽管死抱“人不为己，天诛地灭”信条的人任何时候都有，但甘为众人奉献的人总是越来越多，并且成为全人类的一个共同美德。这也是人类社会能不断进步和发展的原因之一。

有个哲人说过：“利己的人最先灭亡。”因为他为自己而生活，除了那个“我”字，便一无所有。这种人，很快便会为社会和周围的人群所唾弃。

陈毅有诗云：“我要为众人，营私以为羞。”古今中外，心灵高尚的人从来都不是为个人而活着。米丘林说：我的劳动果实是为人类谋利益的。居里夫人说：人民的愉快就是我的报酬。鲁迅说：只要能培一朵花，就不妨做做会朽的腐草。高尔基写过丹柯掏出自己的心化作火炬，照亮路人的童话。希腊神话中的普罗米修斯，为人类的光明和温暖，从上帝那儿，盗来火种，而自己被捆锁在岩石上，天天遭受饿鹰的啄食。中国神话中的夸父，为群众解除旱灾而逐日，自己渴死在路上……这些，是对服务人类，造福人群，大善大美者的颂歌！

真情无价。许许多多在日常生活小事上处处为别人着想，一点一滴付出自己的真情和爱心的普通人，也同样可贵，同样值得尊敬。像姚慈贤那样，几十年如一日热心助人，虽然做的大多是生活琐事，但却如旱天里的甘露，那份真情，那份爱心，浓烈如酒，温暖了多少人的心。她为别人付出了真情和爱心，别人也以同样的真情和爱心回报她。这些纯朴的普通劳动者，共同在上南村的土地上，用心灵培养了绚丽的人类文明之花。

但愿这类心灵之花开遍我们的神州大地！

（原载《羊城晚报》1995年7月28日）

谈贫论富

——姚慈贤事迹启示之八

贫与富是古今中外无人不谈的老话题。然而，什么是富？什么是贫？却有种种说法。古希腊有一位哲人说过：贫和富，是表示缺乏和充足的字眼，因此，凡缺少某种东西的人就不富，而不缺少什么东西的人就不贫。这就有个如何对待的问题。

对一个家庭来说，摆脱贫穷，追求富裕，这是天经地义的事。姚慈贤的家乡上南村，临近海边，种菜业和捕鱼业都很发达，一个劳动力每年至少可收入万元以上。有人劝她别送那么多儿子去参军，留下来发家致富。她不在乎，说："光把儿子当成摇钱树，谁来保卫国家？"她的儿子认为，人家都富裕起来了，我们家也该有劳力在家赚些钱吧。她还是不在乎，说："钱当然是要想办法赚的，等你服兵役尽完义务回来也不迟。"这就是她对待贫与富的态度。

姚慈贤把儿子们送到部队去了，家里劳动力少了，收入不如别人多，房子也没有盖起来，看起来是比别人穷了，但实际上她拥有一笔巨大的精神财富。她对国家对民族做出的贡献，受到社会的高度评价。

贫与富总是相对而言的。有些人物质上虽然不丰，精神生活却很充实。有些人物质方面虽然富了，精神方面却是个穷汉。至于那些靠邪门歪道发财的人，更为人所不齿。晋代与王族斗过富的石崇，被后人捧为"福星"，但《晋书》就说他"尝刺荆州，劫夺远使，沉杀诸商，以致巨富"；南朝宋杜骥，史称"贪横而家累千金"；沈勃发的则是壮丁财，他受皇帝委派回乡"募人"去上战场，"多受货贿"；梁朝的鱼弘更靠残剥搜刮致富，史称他所到之处有"四尽"——水中鱼尽，山中獐鹿尽，田中米谷尽，村里民庶尽。这些人非法致富而又为富不仁，最后都没有好下场。特别是石崇，成了富豪以后，更加穷奢极侈。他家养有美女千余，其中有一名叫做绿珠的，是他用一斛珍珠买来，藏娇于豪华的金谷园中。权贵孙秀见绿珠美艳照人，能歌善舞，便派人上门要求石崇转让，石崇不肯，便闹到出兵围捕。结果是绿珠坠楼而死，石崇弃尸东市，演出了一出黄金美人的悲剧。

民富才能国强。鄙人并非提倡人人都来安贫乐道，而是主张生财有道。这个“道”不仅是门道的“道”，也是道德的“道”。在我们的社会主义社会里，门道和道德是相互关联的。遵纪守法，符合道德准则，这样赚来的钱，才可心安理得。离开社会主义道德去辟赚钱的门道，只能是歪门邪道，必然会损害国家和人民的利益，到头来只会自己堵自己的道。我们要提倡共同富裕，先富起来的人不要忘记国家，不要忘记集体，也不要忘记帮助别人。

遗憾的是，时下有的人赚钱不择手段。偷盗抢掠、诈骗拐赌、贩毒卖淫、权钱交易等等，统统成了“致富门路”。“发财”的手段也不分古今，食色方式正在古为今用。饮食方面玩弄新招，什么孔府菜、红楼菜，等等，层出不穷。那么，士大夫津津乐道的官妓侑酒又会不会复活呢？谁知道。

（原载《羊城晚报》1995年8月1日）

爱国拥军
——姚慈贤事迹启示之九

姚慈贤是爱国拥军的好典型。她的爱国思想，集中体现在积极送子参军，以实际行动教育、支持儿子在部队建功立业上。她的模范事迹，向人们揭示了一个深刻的道理，就是：人人须爱国，爱国必拥军。

说到中国人民解放军，我们把它比作“长城”，比作“柱石”。它是一支坚不可摧的强大的人民武装力量。正因为有这样一支在党领导下的力量，国家的长治久安，社会的稳定繁荣，人民的安居乐业，才有了可靠的保证。所以，拥军是爱国的题中应有之义。

我们的军队是人民子弟兵，与人民群众有着鱼水相依的密切关系。有首歌唱道：“我是一个兵，来自老百姓。”既然我们的兵来自老百姓，建设强大的军队就离不开广大群众的支持。所以，送子参军又是拥军题中应有之义。

送子参军这事，看起来不难做到。其实，这里表现出来的强烈的义务感和责任感，表现出来的崇高的无私奉献精神，并不是人人都有的。谁不知道，养大一个儿子留在家里，有助于发家致富？改革开放以来，由于子女精明能干走上致富之路的人，比比皆是。谁又不知道，即使在和平环境里，部队执行任务也会有遇到生命危险的时刻？佛山市公安局侦察员黄如航，在解救人质的战斗中，就不幸光荣牺牲。可见，这里有一个如何处理国家和个人利益的关系问题。如果你的思想境界高，懂得保证国家安全和社会稳定人人有责，知道服兵役是光荣义务，把国家、人民的利益与个人、家庭利益联系起来，就会以国家、人民的利益为重，毫不犹豫地送子参军；否则，你就有可能觉得当兵吃亏，不那么支持孩子参军。姚妈妈就是由于深明大义，具有舍己为国的奉献精神，才会先后把四个儿子送到部队里去。人民解放军是培养人才的一座大熔炉、大学校。正如姚妈妈说："儿子们的成长全靠部队的教育培养，如果不是人民解放军这座大熔炉的锻炼，儿子们哪有今天的出息！"

值得一提的是，在新中国成立初期，政权处于新生的状况下，人们"保家卫国"的观念是很强的，那时许多人都以参军为荣。随着国家不断强盛，特别是改革开放以来，市场经济迅速发展，人民生活得到了改善，出现国泰民安的新景象。在这种和平环境里，少数人的国防观念有些淡薄了，脑子里对个人致富考虑比较多，对国防建设的需要想的相对较少。在送子参军问题上，有的人未能正确对待。这是与时代精神不相适应的。我们无论什么时候都要居安思危，不能忘记当今世界还不大安宁，社会上还存在着不稳定的因素，加强部队建设是我们的重要任务，是社会主义现代化建设的客观需要。我们要尽支持部队建设的义务和责任。

军爱民，民拥军，是我们的优良传统。我们要让这个传统继续发扬光大，要像姚妈妈那样，以实际行动爱军、拥军。

（原载《羊城晚报》1995年8月2日）

应知重理想

——姚慈贤事迹启示之十

如今，全国人民都在学习“爱国拥军模范”姚慈贤的事迹，而姚妈妈自己也受到了极大的教育，思想境界也在不断提高。不久前，姚慈贤庄严地向上南村党支部呈交了入党申请书。她已把爱国之情升华到追求崇高理想的高度，决心把自己的一切贡献给人类最壮丽的共产主义事业。

姚妈妈有这种崇高理想，是值得称赞的。笔者在称赞之余，借此也想来谈一谈理想这个问题。

理想是人生旅程的指路明灯。理想也就是志向和追求的人生目标。古人说：“人无志不立。”一个人如果没有理想，没有前进的方向和追求的目标，饱食终日，无所用心，一生浑浑噩噩，对社会毫无用处，活着还有什么意义？相反，理想越高，志向越大，这个人的生活就会越充实，越能发挥聪明才智，对社会也就越有益。当年的诸葛亮，便谆谆告诫他的后辈：“志当存高远。”老一辈革命家也无不教育年轻一代要有崇高的理想。60年代初，陶铸还专门为广州地区的高校学子作了《理想·情操·精神生活》的演讲，并印成书广为发行。可见他对青年一代期望极高。

理想能给人无限向上的动力。它使古往今来的杰出人物历尽艰辛而能百折不回。早期的共产党人方志敏，便说他为共产主义的崇高理想，毫不稀罕豪华大厦，宁愿居陋室茅棚，宁愿嚼苞粟菜根，宁愿睡猪栏狗窝似的住所，宁受一天做 16点钟工的劳苦。实际上，老一辈的革命家都无不为壮丽的共产主义事业奉献自己的一切，鞠躬尽瘁，死而后已。

如果说，过去的革命志士为迎来新中国，抛头颅洒热血，那么，我们今天这一代处于世纪之交的中国人，负有建设社会主义现代化强国的历史使命，更不能没有崇高的理想，尤其跨世纪的年轻一代，更应当树雄心立壮志，时刻准备迎接新世纪的挑战，以便随时随地献出自己的聪明才智。

祖国的未来就在年轻一代身上。然而，有人说，当代中国青年贪安逸图享受的多，有崇高理想的少。这话看来不无偏颇，但也足以警世。倘若一个民族的青年一代把金钱看成一切，一味追求行乐和享受，穿必讲名牌，行必讲名车，喝必讲名酒，住必讲豪华，而什么理想、道德和社会责任都不讲，那么这个民族、这个社会恐怕就很危险了。很显然，今天中国需要的是有理想、有道德、有文化、有纪律，富于献身精神的一代。他们应当是有饮马之志的战士，而不是什么听莺载酒之徒。

陈毅教导得好："应知重理想，更为世界谋。"这应是今天中国人的共同座右铭！

（原载《羊城晚报》1995年8月4日）

VI 散文通讯

紧握接力棒 代代创辉煌

几度风雨，几度春秋。《羊城晚报》在艰难曲折中走过了38年的历程。38年来，在党的领导下，在社会各界的热忱扶持下，我们羊城晚报人以勇于探索的精神和“第一个吃螃蟹”的姿态，奋力开拓，战胜了一个又一个困难，使报社的事业蒸蒸日上，创下了不平凡的业绩。作为羊城晚报人，我们喜悦，我们自豪！我们更感到任重道远，必须紧握接力棒，迎接更大的挑战，夺取更大的胜利。

在新中国的报业史上，《羊城晚报》占有辉煌的一页。1957年10月1日，《羊城晚报》呱呱坠地了。她是新中国成立后共产党创办的第一张大型晚报，为世人所瞩目。她从面世那天起，就如一匹骏马，风驰电掣闯入报业圈，大显身手；她扎根群众，贴近生活，内容丰富，形式新颖，雅俗共赏，深受读者的喜爱。虽然是地方性报纸，但她的影响早已超过省界，蜚声海内外。然而，十年动乱，是非混淆，黑白颠倒，《羊城晚报》在劫难逃，被迫停刊达13年之久。读者却仍然心向往之。

党的十一届三中全会的春风，使《羊城晚报》获得新生。复刊后的《羊城晚报》，喜逢办报的黄金时代，她继承传统，保持特色；改革图新，上新台阶；大展宏图，创一流报纸。那种生机勃勃、兴旺发达的生动局面，为人称道。在全国报刊林立、竞争激烈的今天，《羊城晚报》发行量一直高达百万份以上，历十多年而不衰。广告营业额、利润和设备也都名列全国前茅。

翻开这本纪念册，当你看到那一幅幅创业者的照片，看到那一张张饱经沧桑的面孔，崇敬之情不禁从心底产生。是他们，老一辈羊城晚报人，在开创基业之时殚精竭虑，鞠躬尽瘁，奠定了报社事业发展腾飞的坚实基础。是他们，独辟蹊径，开拓创新，奉献出自己的青春和智慧，闯出一条充满生命力的办晚报的路子。他们的功绩，他们的优良传统，他们的高尚品德，将长留在后来人的心中，激励着一代代羊城晚报人。

长江后浪推前浪。《羊城晚报》复刊后，一批中年人在老一辈的带领下，继承前人的事业，成长为报社的骨干。他们团结全社同人，勤于学习，勇于实践，继往开来，是事业有成的一代。他们身居陋室，胸怀大志，在办报条件十分艰难的情况下，以“哀兵必胜”的信念，发挥聪明才智，谱写新的乐章，为《羊城晚报》增添光彩。从纪念册上他们留下的身影，我们宛如看到他们在努力拼搏的一串串足迹，他们为后来者做出了榜样。

《羊城晚报》是个大熔炉，“冶炼”过一批又一批青年俊才。《羊城晚报》的未来寄托在青年一代的身上。望着那一张张风华正茂、神采飞扬、充满自信的笑脸，令人感到《羊城晚报》后继有人，前程无限。这些青年人没有忘记：前进的道路有鲜花，也有荆棘，更有高山峻岭等待他们去攀登，还有急流险滩需要去跋涉。任重而道远。我们相信，青年一代将会在艰难险阻的征途上脱颖而出，挑起历史的重任。有了他们，《羊城晚报》的未来将会更加灿烂辉煌。

大潮奔涌，百舸争流。我们的时代处在世纪之交。21世纪是个什么样子？人们猜测纷纭，但都认为，那将是个全面竞争、机遇与挑战并存的世纪。作为为人类事业鸣锣开道的报纸，肩负着更大的历史重任，更毫不例外地面临着新的挑战和竞争。每个羊城晚报人，都要居安思危，怀着历史的责任感和时代的紧迫感，随时准备以最佳的精神状态，创造更辉煌的业绩。

“我见青山多妩媚，料青山见我应如是。”面对如此瑰丽的伟大时代，诗人用多彩的笔墨展开神秘的帷幔，展露出世界所包含的美；歌手用美妙的歌声吹散清晨的雾霭，展示大自然蓬勃的生机；我们——新闻工作者，是真善美的歌颂者，是假丑恶的鞭挞者。“铁肩担道义，妙手著文章”，坚持正确的舆论导向，是我们的座右铭。伟大的时代，光荣的任务，呼唤我们在时代大潮之中满腔热情地宣传人民群众创造历史的伟业，毫不留情地清除社会主义现代化建设道路上的重重障碍，当好推动时代前进的号角。

让我们同心协力，创造更美好的明天！

1995年8月于广州

（原载《我是羊城晚报人》，羊城晚报出版社1995年版）

毛泽东同志教导我们实事求是
——记六位老干部回忆延安整风

伟大的延安整风运动在我党的历史上写下了光辉灿烂的一页。它像一部播种机，把马列主义、毛泽东思想播送到每个革命者的心田上，培育了党的实事求是、群众路线的优良传统和作风；它像一座大熔炉，锤炼出成千上万的干部，使全党空前团结起来；它像一盏明灯，照亮了前进的航程，为抗日战争和解放战争的胜利奠定了思想基础。延安整风与毛泽东同志的名字是紧密相连的。

在纪念毛泽东同志诞辰八十五周年的日子里，我们访问了曾经参加过延安整风的六位老同志，他们是：吴南生、陈越平、黄静波、马甫、郑星燕、欧阳山。这些跟随毛泽东同志革命几十年的老干部，怀着深厚的无产阶级感情，回忆毛泽东同志对他们的亲切教诲，歌颂延安整风的光辉业绩。每一位同志的回忆对我们都是一次生动的党史教育，一次深刻的毛泽东思想教育。它仿佛使我们看到当年毛泽东同志在延安的音容笑貌，看到毛泽东同志在宝塔山上指点江山、激扬文字的动人情景。

一

毛泽东同志领导的延安整风，是坚持实事求是的生动体现。凡是到过延安中央党校的同志都清楚地记得，一进大门，就可以看到毛泽东同志亲笔题写的“实事求是”这四个大字。

实事求是是马列主义、毛泽东思想的精髓，是中国革命取得胜利的法宝。

当我们访问省委书记吴南生的时候，他反复告诉我们，延安整风是全党在毛泽东同志领导下，用实事求是的精神总结我们党领导中国革命二十多年的斗争经验，特别是与王明机会主义路线作斗争的历史经验的一次思想政治运动。吴南生同志当年在中央党校学习，曾多次聆听毛泽东同志的教诲。

吴南生同志说，延安整风是实事求是的典范。众所周知，王明“左”倾机会主义路线对中国革命造成的危害十分惨重。王明长期生活在国外，对中国革命实际毫无所知，可以说他从没有真正在中国土地上革过命。但这个自称是“百分之百的布尔什维克”的机会主义者，却拿着马克思主义的片言只语装腔作势，指挥一切。他们打着反“立三路线”的旗号，以一种比立三路线更“左”的面貌出现，主张打倒一切，不断地进行“反右倾”，提倡什么“斗争高于一切，一切为了斗争”，“不断地扩大和提高斗争”。他们要红军冒险进攻大城市，去同帝国主义和国民党“决战”；经常不顾条件，号召组织政治罢工、罢市、罢课，搞游行示威，“飞行集会”，等等。在王明“左”倾机会主义路线下，党在白区的工作遭到了严重损失，党的各级组织几乎全部被破坏。1933年初，在上海的临时中央也站不住了，不得不迁入毛泽东同志领导的江西中央革命根据地。

他们那些教条主义分子，摆着一副“钦差大臣”的架势，坐着轿子，经过闽粤赣边区到达中央苏区。两脚还未着地，就哇啦啦地大肆指责，说这也“右”了，那也“右”了，宣称当时党内的主要危险是右倾机会主义。他们排挤了毛泽东同志在中央的领导地位，从军事、政治、经济各个方面全面推行“左”倾机会主义路线。他们实行残酷斗争，无情打击，大批杀害苏区的好党员、好干部；他们无限制地扩大红军，弄得土地无人耕种，他们对工商业乱加打击，使军民连盐也吃不上。“钦差大臣”飞到哪里，哪里的革命事业就遭到严重摧残。

毛泽东同志经常用三句形象的话批评王明的主观主义，说他们不知道人是要吃饭的，路是要一步一步走的，子弹是可以打死人的。他们是一伙从本本上讨生活的人。毛泽东同志指出，这种将马克思列宁主义当宗教教条看待的人，是一种蒙昧无知的人。遵义会议确立了毛泽东同志在全党全军的领导地位，但王明路线所造成的思想影响还没有得到清算。毛泽东同志正是为了发动全党，总结历史经验，清除机会主义路线的影响，为革命的新发展做好思想准备而领导我们党开展延安整风的。延安整风开始的时候，毛泽东同志在党校讲话中就说，“我们要在党内发动一个启蒙运动，使我们同志的精神从主观主义、教条主义的蒙蔽中间解放出来”。所以，延安整风运动，也是我们党的一次思想解放运动。

延安整风之所以搞得那么好，大家能解放思想，开动机器，又团结一致，是同毛泽东同志坚持实事求是、坚持群众路线分不开的。整风中充满着民主精神。毛泽东同志不仅领导这次整风运动，作了许多报告，还经常和大家一起讨论问题。比如，有一段时间，党校的学员讨论什么叫毛泽东思想？大家各抒己见，非常热烈，后来毛泽东同志也发表自己的意见。他说，毛泽东思想不是我个人的思想，是千百万先烈用鲜血写出来的，是党和人民的集体智慧。他还说，我个人的思想是发展的，我也会犯错误。比如，我写的一些东西，写了又改，改了又写，为什么要改了又改呢？就是因为有错误嘛。吴南生同志说，在延安整风时，毛泽东同志非常尊重党内外群众的意见。大家都知道的“精兵简政”这条意见，就是曾任陕甘宁边区政府副主席的党外人士李鼎铭先生提出来的，毛泽东同志认为他提得好，采用了。毛泽东同志在党的七大作的政治报告《论联合政府》，也是先发给大家讨论修改的。当时，我们党校人手一册，反复讨论、修改。到《论联合政府》正式发表的时候，我们一看，凡是大家提出修改、补充的好意见，哪怕是一点小小的好意见，也被采纳到报告里面了。毛泽东同志这种坚持走群众路线、充分发扬民主的精神，给我们以非常深刻的教育。

谈起延安整风，曾经长期战斗在陕北根据地的老同志更感到亲切。省革委会副主任黄静波是多年在陕北根据地工作的。1939年，毛泽东同志曾在一块漂白布上亲笔题写了“坚决执行党的路线”八个字赠给他。每当他想起毛泽东同志的这个题词的时候，就受到极大的鼓舞。黄静波同志说，在整风中，我们根据毛泽东同志倡导的实事求是的精神，对陕北根据地的历史和现状作了分析。在整风之前，陕北根据地也吃尽了王明机会主义路线的苦头。王明以“左”得不可再左的面目出现，把陕北根据地在土改中对地主不搞肉体消灭，给富农以生活出路，污蔑为“富农路线”，把不轻易冒险攻打大城市，坚持农村割据，坚持游击战争，攻击为“梢山主义”，对党员、干部打的打，关的关，杀的杀，甚至把领导根据地人民进行艰苦斗争、受到人民爱戴的刘志丹等同志诬为反革命，关押起来，弄得陕甘宁根据地几乎被葬送。毛泽东同志率领的中央红军到达陕北后，及时纠正王明机会主义路线的错误，救出了刘志丹等同志。这时，根据地的干部和群众从心底里喊出：是党中央、毛主席救了陕甘宁的革命，救了大批党的好干部。在整风中，大家学习了毛泽东同志的一系列讲话，对王明机会主义路线进行了清算，分清了路线是非。大家从切身的感受中体会到，毛主席的路线是我们党唯一正确的路线，只有跟着毛主席，才能沿着马克思主义的轨道前进。

毛泽东同志不仅领导我们清算了王明机会主义路线的恶劣影响，还领导我们清算了张国焘的错误。张国焘不服从党中央的领导，多次搞分裂，非法组织伪中央。当长征北上以后，他又以欺骗的手段，拉一部分人离开中央，向新疆远征，途中孤军无援，弹尽粮绝，遭到惨败。1938年春，他只身逃出陕甘宁边区，叛变了党，叛变了革命。张国焘虽然跑了，但是他搞的那个山头主义、宗派主义并没有得到彻底消除，还有一定的影响。怎么消除这些东西呢？简单地宣布谁对谁错是不能解决问题的。在整风中，毛泽东同志采取实事求是的办法，提出要承认山头、照顾山头、消灭山头，引导大家从思想上认清山头主义的危害性。这就大大地增强了党的团结统一，调动了各方面的积极性。

二

在延安整风中，毛泽东同志实事求是的作风，也体现在对待党的文化工作上，体现在对知识分子的政策上。省委党校党委副书记、副校长郑星燕，省文联主席欧阳山详细地给我们介绍了这方面的情况。

我们访问郑星燕同志时，他拿出了珍藏几十年的“延安生活点滴留迹”宝贵资料给我们看。这里面有毛泽东同志签署的请他参加延安文艺座谈会的通知。郑星燕同志当年任中华全国文艺界抗敌协会延安分会的专职党支部书记。郑星燕同志说，延安整风期间，毛泽东同志作的《在延安文艺座谈会上的讲话》，是一部马克思主义文艺思想的经典文献，它照亮了无产阶级文学艺术发展的道路。

那时的情况是，大批文艺工作者抱着满腔的热情，先后从敌占区和蒋管区奔向革命圣地延安。他们对国民党的专横腐败不满，对共产党崇敬热爱，他们追求光明与进步，要求抗日，要求革命。但是，他们当中的许多人由于长期生活在国民党统治区，工作在上海的“亭子间”，都不同程度地存在着轻视工农、轻视实践的弱点，有的甚至立场不正。到了延安以后，他们不少人仍然以旧的世界观和思想感情对待群众、对待党的文艺事业。有的人甚至宣扬“人性论”“人类之爱”“写光明与黑暗并重”这类东西；有的人要以所谓“鲁迅笔法”来“暴露”解放区的“黑暗”，讽刺和攻击党与革命人民。当时托派分子王实味发表了《野百合花》，含沙射影地攻击延安革命根据地，散布流言蜚语，说什么解放区“衣分三色，食分五等”，“歌啭玉堂春，舞回金莲步”，发泄对党的不满，迷惑了不少人。在这种情况下，文艺究竟应该为谁服务，又应该如何服务，就成了当时亟待解决的问题。在毛泽东同志的领导下，文艺工作者参加了整风运动的学习，批判了王实味之流的反党言论。1942年5月，党中央又召集文艺工作者举行座谈会，讨论文艺工作中的带根本性的问题。

为了开好文艺座谈会，毛泽东同志坚持从实际出发，听取群众意见，先后找了许多文艺工作者个别谈心，了解他们的愿望和要求。在交谈中，他总是聚精会神地听取对方的意见，态度非常诚恳、热情。郑星燕同志说：5月2日是文艺座谈会召开的第一天，下午一时半，毛泽东同志站在杨家岭办公厅楼下会议室的门口，笑容满面地同进入会场的同志一一握手。当跟我握手我说出自己名字的时候，毛泽东同志亲切地说：“啊，你是文抗的支书。”我立即点头回答。事隔三十多年了，毛泽东同志和蔼可亲的面容经常在我脑海中浮现，他密切联系群众的作风一直激励着我前进。

毛泽东同志对文艺工作者非常关怀。对那些要求入党、要求进步的作家，给予热情的鼓励和帮助。他还指示有关部门给作家打新窑洞，尽量给他们提供较好的创作环境和学习条件。一次，他了解到一位南方作家患有胃病，不宜吃粗粮，就派人送去大米，使大家深受感动。

毛泽东同志实事求是、群众路线的作风，给每一个文艺工作者留下深刻的印象。欧阳山同志是一位老作家，他兴奋地回忆起延安文艺座谈会召开时的情景。那时，毛泽东同志经常和大家坐在一起讨论、研究，边听边插话。参加座谈会的人无拘无束，想说什么就说什么，无所谓扣帽子、打棍子，真是畅所欲言，各抒己见。欧阳山同志说，百花齐放、百家争鸣的方针虽然是后来提出来的，照我看来，那次座谈会实际上是百花齐放、百家争鸣的雏形，是鸣放的典范。毛泽东同志在讲话中对文艺工作者提出的要求，没有作什么硬性的规定，大家都心服口服，自觉地去执行。我们深深体会到，只有遵照毛泽东同志指引的方向，坚持文艺为无产阶级政治服务，为工农兵服务，作家创作的道路才无限广阔。《讲话》是一个划时代的文献，《讲话》以前，文艺虽然也是党领导的，但问题不少，缺点很多；《讲话》之后，方向明确了，文艺就有了很大的发展。

对于文艺工作者的每一点进步，毛泽东同志都非常高兴，给予充分的肯定。欧阳山同志说，在座谈会之前，我虽然写了一些作品，但不能正确反映工农兵，也不能为工农兵所接受。文艺座谈会后，我逐步意识到要去接触工农兵，努力反映工农兵，后来写的一些作品，也就比较容易为工农兵所接受。记得1944年6月，我在延安写了一篇反映合作社一位女纺纱能手的速写，题目叫做《活在新社会里》，发表在6月30日的延安《解放日报》上。毛泽东同志看了以后，于第二天凌晨给我写了一封信，对我作了热情鼓励，并邀请我们7月1日下午到他家里吃饭。我想，毛泽东同志领导全党，正在指挥紧张的抗日斗争，工作那么忙，对一个普通的文艺工作者这样关怀备至，这就更加鞭策我按毛泽东同志指引的方向去努力。过了不久，我就到延安县柳林子村南区合作社体验生活，在那里住了一年半。火热的斗争生活激励着我，工农兵的英雄形象鼓舞着我，以后我写出了长篇小说《高乾大》。参加延安文艺座谈会在我的创作道路上是一个转折点，延安的生活永远值得怀念。

三

省革委会外事办公室主任马甫同志，知道我们是来请他回忆毛泽东同志领导延安整风的伟大革命实践，表达对毛泽东同志的深切怀念的时候，他非常认真地对延安生活作了回顾。他详尽地介绍了毛泽东同志在整风期间如何坚持实事求是的原则，如何爱护干部，团结一切可以团结的力量，及时纠正审干工作中的偏差的情况。

马甫同志说，延安整风主要是总结党内两条路线斗争的历史经验，提高全党的马克思列宁主义水平，同时也对干部进行一次审查。当时，在延安工作的绝大多数人坚决拥护党的坚持抗战、团结、进步的主张，反对蒋介石投降、分裂、倒退。但也有极少数人，在当时革命处于极端困难的时刻，公开攻击共产党，和敌人唱一个调子。因而群众自然地对这极少数人的言论和行动产生了怀疑，怀疑他们到延安来是不是革命的？于是，群众便提出审查他们的历史。这样做是必要的。经过审查，挖出了一些隐藏得很深的阶级敌人，搞清了少数人的严重问题，审干工作取得很大成绩。但后来受到当时直接负责这项工作的那个人的干扰破坏。他在审干中搞极“左”，搞扩大化，又是作报告，又是抓典型，大搞逼供信。胡说从大后方（指蒋管区）到延安参加革命的，很多都是“国民党派进来的特务”。接着，各单位召开大会，逼那些被怀疑的人上台去坦白交代。你不上去，就把你包围起来哄，有的被搞车轮战，有的被关押，一时气氛很紧张。毛泽东同志听到这个情况，批评说，简直是风声鹤唳，草木皆兵，特务如麻，闹得人人自危；并指示立即停止这种错误做法。当时用逼供信搞出的一个所谓“大特务”，报纸上已经公布了，有关领导部门批准判处死刑，要枪毙。毛泽东同志知道后立即制止。

毛泽东同志指出，我党历史上，在王明、张国焘错误路线下，搞审干肃反，伤害了很多好同志。特别是随便杀人，杀戒一开就难以收住，错杀了很多好同志，有血的教训。只要有人在，错了好纠正，人杀了，头是不能再长出来的。真正的特务也一个不杀，就是王实味也不准杀。后来，蒋介石进攻陕甘宁边区，在敌人追击中，王实味多次耍无赖，于是在途中把他枪毙了。事后，毛泽东同志多次批评杀王实味是错误的。

为了纠正审干工作中的偏差，毛泽东同志亲自为中央起草了《关于审查干部的决定》，也就是大家常说的“九条”方针。当时，毛泽东同志还反复强调一个不杀，大部不捉，反对逼供信，重证据，不重口供。那时，毛泽东同志还亲自纠正审干肃反中扩大化的错误，到群众中做思想工作。1943年底，延安大学合并到行政学院，被审查过的同志意见很大，说毛主席、周副主席知道了，一定会给我们平反。不少同志给毛泽东同志和周恩来同志写信申诉，说他们不是特务，不是国民党，不是三青团，但挨了整，被戴上了特务、国民党、三青团的帽子，要求党给他们做出实事求是的结论。毛泽东同志接到信以后，亲自来到行政学院，在一千多教职员工和学员大会上讲话，说在审干中，伤害了不少好同志，冤枉了好人。这像洗澡，为了消毒，在水里放些灰锰氧，但放多了，烧坏了皮肤，这很快会好的。他还说，有些好同志被错戴了帽子，我们党是实事求是的，帽子戴错了就要把它摘下来。并说，有反必肃，有错必纠，这叫实事求是。现在要对审查过的同志进行复查，甄别定案，错了的平反纠正，帽子戴错了摘下来，放下包袱，轻装前进。

听了毛泽东同志讲话以后，全院沸腾，人人心情舒畅，奔走相告。学院选调了一批干部，和专门机关相结合，开展甄别定案工作。受过审查的同志，主动提供情况，提供调查线索和证明人，配合甄别工作，使这项工作进行得很顺利。

在延安整风中，毛泽东同志非常爱护干部，十分注意团结一切可以团结的人。那个时候，有的人即使是在被审查，组织上仍然放手让他们做工作，信任他们。有的确实是国民党特务，但如果坦白交代得好，愿意改正，党一样会把他们留在革命队伍里，调动他们的积极性，发挥他们的作用。可是，后来林彪、“四人帮”却反其道而行之，硬是把革命同志当敌人，动不动扣帽子，打棍子，搞封建法西斯专政，非要置人于死地而后快。

四

经过延安整风运动，大大提高了广大干部的政治思想水平，增强了全党在马列主义、毛泽东思想基础上的团结。延安整风根据实事求是的精神所采取的正确方针和思想教育方式，对我们党的建设有着不可估量的意义，在广大干部中留下了难以磨灭的印象。

省委常委、宣传部部长陈越平给我们谈了这方面的体会。当时陈越平同志在中央党校学习。他说：毛泽东同志一开始就给整风运动定下了两条正确的宗旨：“第一是‘惩前毖后’，第二是‘治病救人’。”通过整风达到“既要弄清思想又要团结同志”两个目的。毛泽东同志反复强调整风运动是一个普遍的马克思主义教育运动，反复强调要充分发扬民主，知无不言，言无不尽，要从团结的愿望出发，经过批评、自我批评，在新的基础上达到新的团结。这同王明搞的“残酷斗争、无情打击”形成鲜明的对照。

在延安整风中，毛泽东同志在纠正审干过“左”行动的时候，曾在一次报告中公开向我们赔礼道歉，说：他“是则是，团结抗战；非则非，摘掉帽子赔个不是”。这种实事求是的态度给我们很深的教育。毛泽东同志倡导的这种实事求是的作风，不仅体现在整风的全过程，而且贯串在党的各项实际工作中。有一件事在延安人民中成为美谈。1942年，陕甘宁边区政府向当地农民多征购了四万担粮食。农民有怨言。有一天下雨打雷，打死一个人。有人就说为什么雷没有劈毛主席？这话很快传到毛泽东同志的耳里，他听后，不但不追查，不责怪群众，还指示有关部门把公粮减下来，并领导根据地军民开展大规模的生产运动。毛泽东同志在作报告的时候，念了一副对子：自己动手，丰衣足食，新式武器，锄头一把。大家响应毛泽东同志的号召，大生产运动很快就轰轰烈烈开展起来了，它既使革命的物质需要得到满足，粉碎了敌人妄图扼杀根据地的阴谋，又使农民负担减轻，农民得到休养生息。群众衷心地高呼“毛主席万岁！”满怀喜悦地高唱《东方红》！

陈越平同志谈到，延安整风教育是多方面的。除了大家的共同感受外，还有我个人的切身感受。我是一个知识分子出身的人，在学校学习成绩好，就产生一种优越感，最突出的是自高自大和个人英雄主义。这个东西的根源，通过整风把它挖了出来，从马克思主义理论上认识到它的害处。开始，毛泽东同志批评知识分子最无知识，自己还接受不了，好像当头泼来一盆冷水。后来，看了毛泽东同志在谈到他如何从资产阶级和小资产阶级感情转变为无产阶级感情的过程，再想想自己，就心服口服了。对我来说，从小资产阶级的感情逐步转过来，也是整风成果的一个体现。整风还使我认识到，革命是自觉的，谁要是只执行别人交给的任务，谁就不是真正的共产主义者。我到延安之前，虽然有救国救民的抱负，有共产主义的理想，但是也夹杂着寻找个人出路的杂念。经过整风才懂得，个人主义思想与共产主义革命是不相容的。毛泽东同志领导的延安整风对我世界观的转变，对我树立革命到底永不动摇的思想起了很大的作用，这是我永志不忘的。

为了牢记毛泽东同志的教导，发扬延安精神，陈越平同志把在延安整风时期听毛泽东同志报告的笔记本，以及当年纺织的羊毛毯、装东西用的马褡子等物品，一直珍藏了几十年，作为革命的传家宝。

（刘陶、黄国平、方棣华参与本文写作，原载《南方日报》1978年12月27日）

可敬的人

采访广东省农村老党员代表座谈会的工作早已结束了，但是，这些革命老人的形象，还不断地在我们脑际浮现。

在采访报道活动中，我们同来自农村的几十位老党员频频接触，感到他们身上有一种品德的魅力，如同磁石吸铁一般吸引着我们。这种吸引力非常强烈。他们在战火纷飞的年代是不怕牺牲的坚强战士，在社会主义建设时期是勤勤恳恳的“老黄牛”；他们对党对人民贡献甚大，而对党对人民要求甚少，是最可敬的人。

坚定的信仰

在珠岛宾馆一棵枝叶婆娑的老榕树下，一群少先队员围着几位农村老党员在听革命故事，小朋友们听得多么入神，个个脸上流露出敬仰的表情；老同志们如数家珍，越说越激动。

最惹人注目的，是一位1927年入党的老伯伯。他个子不高，身板结实，虽然已是79岁的人，却精神奕奕，声音洪亮。他是琼山县三江公社的王钻吉。

王钻吉同志入党的时候，正是第一次国内革命战争失败，中国革命处于低潮的时期；在蒋介石“斩尽杀绝”的政策下，革命力量受到了很大摧残，党遇到了极大的困难。然而，王钻吉坚信共产主义是正义的事业，毅然决然地投入了党的怀抱。

王钻吉入党后，党组织分配他当交通员，送情报，同时负责为部队筹备粮饷。遇着部队打仗，他又参加担架队。他入党的第二年，在一次国民党反动派的“围剿”中被抓走了。后来，党组织把他营救出来。

1945年，国民党反动派为了吞掉抗日战争的胜利果实，大肆搜捕和屠杀共产党员。王钻吉又先后两次被抓去坐牢。党组织又设法营救。敌人对他一次比一次凶狠。但他却始终相信党，十分坚强。最后一次被捕，敌人把他关在一个暗无天日的地洞里，对他进行严刑拷打，企图从他的嘴里得到我们党组织的一些情报，但不管敌人如何软硬兼施，他总是守口如瓶。他的爱人曾经来探望他，他要爱人转告党组织：我虽身陷地狱，但决不背叛革命。我已经做了牺牲的打算！他还嘱咐爱人，如果自己被杀害，家里人一定要坚持革命，永远跟党走！在革命战争中，王钻吉经受了考验。解放以后，他继续为实现共产主义这个目标而奋斗。由于我们工作上的失误，更由于林彪、“四人帮”的破坏，前些年，我们党的形象受到了损害，某些同志因此对我们的事业产生怀疑情绪。但王钻吉对党的事业的信念却坚定不移。他始终保持革命战争年代那么一股热情，出色地完成党交给他的任务，得到领导和群众的赞扬，曾光荣地上北京参加全国群英会。

听了王钻吉事迹介绍，谁能不由衷地尊敬这位革命老人呢！认定了正确的目标，就始终朝着这个目标走去，百折不挠，勇往直前，如同涓涓细流，昼夜不停地奔向大海。许多革命老人的可敬之处，就在这里。

淳朴的气质

要是有人问：这些农村老党员给人们最深刻的印象是什么？我们可以用两个字回答：“淳朴”。在这些老同志身上，散发着一种泥土的芬芳气息。他们不仅穿着朴素，而且待人谦逊。他们处处严格要求自己，听从党的安排，自觉地把自己摆在普通劳动者的位置上。

你看，英德县的陈开细，是1926年3月入党的老同志了。在大革命时期，他积极宣传革命道理，参加过全省闻名的英德农民自卫军攻打伪县府的战斗。后来，又在同地主武装战斗中，光荣负伤。在革命低潮时期，陈开细被国民党反动派迫得流离失所，可是他并没有屈服。在解放战争中，他为北江支队筹款筹粮、购买枪支弹药、收集情报，做了大量的工作。但他有功不居功，解放以后，他服从工作需要，安心在农村务农。

你看，潮阳县的郑阿高，是1937年入党的老同志。1949年以前，他当过交通员，又上山打过游击，曾经出生入死；1949年以后转业到地方工作，从供给制转为工资制。评定工资的时候，他自报二十五级，以后一直拿这一级的工资。后来，因为身体不好，组织上动员他退职回乡务农，他就回乡。他就是这样实事求是地对待自己、对待工作的。

你看，惠东县的陈林娘，是1935年入党的老同志。1949年以前，他做地下工作，历尽艰辛，为中国人民解放事业立下汗马功劳；1949年以后，他服从党的需要，在家务农，带领群众走社会主义道路，曾经领着几位社员到荒山野岭安营扎寨，披荆斩棘，办生产队果林场。如今，果林场已是林木葱茏，果实累累。他用自己的模范行为，赢得了群众由衷的尊敬。但是，也有人对这种埋头苦干的精神不理解，对他说："林娘伯，你是一个老党员，为党为民立过功，为什么还在家乡耕田？"他听后笑笑地回答："我参加革命不是为了做官，再说给官我做，我的水平低也担当不起。现在我在家耕田，也是党的需要，这有什么不好呢！"从这几句话，我们听到一个质朴的共产党员的心声。

例子用不着再举下去了。这些革命老同志的事迹，使我们想起了铺路石。它摆在那里，是那样平凡，可是它的作用又是那么重要。正是千千万万这样的"铺路石"，铺成了我们事业胜利的、宽阔的道路。

宽广的胸怀

在农村老党员代表的活动中，还有一个镜头是我们难以忘却的。一次，他们游览广州城，眼前是一幢幢新建的鳞次栉比的高楼，一间间商品琳琅满目的商店，一群群穿着漂亮、脸带笑容的行人。看到这美好风光的时候，一位代表激动得掉下了眼泪。旁边一位青年同志问他："为什么这样？"这位老同志回答说："我看到城市人民生活改善得那么快，觉得我们的血汗没有白流；只要大家能过上好日子，我就更感到我们过去的艰苦和牺牲是值得的。"这是多么宽阔的胸怀！其实，有这样胸襟的，又何止这位代表呢！

这里，我们还想给大家介绍另一位老党员。

东方县四更公社的赵廷佳，是1937年入党的老同志。入党后，他曾经担任过地下党的支部委员、支部书记，工作很有成绩。1938年，随着革命形势的发展，党组织为了打击封建势力，壮大革命力量，成立了农民协会等群众组织。赵廷佳担任了农民协会主任。这个协会非常活跃。1940年，党组织派他当赤卫队长，他积极带领民兵配合部队打击日本鬼子和国民党反动派。同时，他们在地方上组织小股活动，除暴安良，深受群众的支持和赞扬。日本帝国主义投降以后，赵廷佳留在农村，做地下工作，发动群众收粮运粮，积极支援部队。

由于他在中华人民共和国成立前对党的事业立了功，所以海南岛一解放，就被选为代表，出席广东省第一届人民代表大会。后来，一直在农村工作，曾经被评为劳动模范，出席过海南劳动模范代表大会。

“老骥伏枥，志在千里。”胸怀共产主义的赵廷佳，一直精神抖擞战斗在第一线。而对于过去一起革命的同志一个个都出来工作，还担任了一定的领导职位，他给予诚恳的勉励；对于一批批年轻人的成长，他由衷地感到高兴，并积极做好传帮带。心灵是多么美丽！

这里，还有一点值得说一说的，就是这样好的一位老党员，在十年动乱时却被污蔑为“假党员”“叛徒”“特务”，受尽了肉体上和精神上折磨。但是，赵廷佳根本不计较个人的荣辱和得失，他想的是党的事业和人民的利益。他白天挨批斗，晚上点着一盏煤油灯，孜孜不倦地学习；他虽然连农村党支部领导成员的职务都给撤掉了，但他想的仍然是怎样改变家乡的面貌，使社员过上好日子。粉碎“四人帮”后，他又担任支委。这位年已古稀、饱经风霜的革命老人以他宽阔的胸怀，为建设家乡做出贡献，群众怎能不钦佩呢！

朋友，当你开始同这些老同志接触的时候，也许感到他们很平凡。但是当你了解了他们一生的经历之后，就会感到这平凡之中蕴藏着伟大。他们的心灵深处，是一个多么丰富瑰丽的世界！他们的高贵品格深深地印在我们的心中。

（原载《南方日报》1982年8月11日）

芝加哥期货市场巡礼

100多年来，美国经济的发展与芝加哥期货交易有着不可分割的联系。在芝加哥参观访问两天之后，美国朋友问我们还想看哪些地方时，我便脱口而出：看期货交易所。

芝加哥期货交易所，是目前世界上规模最大的期货市场。步入拉萨尔街的南端，我们便看到一座引人注目的45层高的大楼，其顶部耸立着一座9.3米高的塑像——古罗马的谷物和丰收女神。踏进大楼，我们首先登上专供游客参观期货交易的走廊。参观廊里放着各式各样的资料供游客选取。据介绍，芝加哥期货交易所，是1848年由82位商人组建的。

芝加哥地处密歇根湖畔，毗邻中西部肥沃的牧场，是美国重要的谷物中转站。随着商品交易的需要，一个中央化的市场——芝加哥期货交易所便应运而生。近一个半世纪以来，这个交易所的交易方式，从非规范化到规范化，交易的商品从大豆、小麦、牲畜到贵金属以至债券、票据、换汇。特别是1975年，这个交易所在金融期货交易中引进了一系列的金融证券。1982年又开始了一项市场革新——选择权期货，它使投资者所冒的风险降低到最低限度，将期货市场推进到一个新的更高的层次。该交易所的交易量在持续增长。目前美国大的期货交易所有12家，芝加哥期货交易所占全国成交量的77.5%。

我们从参观的走廊，俯视交易大厅。它是一个升起的八边形平台，有梯级通往里面。这样的结构使买卖双方都能看得见对方。交易场所的总面积相当于一个足球场那么大。交易大厅由各会员公司的交易站、市场情报系统、电信联络系统和交易区组成。每个交易站通过电话、电传机接受顾客指令，然后由信息员将这些指令快速送给该公司在交易区中的经纪人，成交后再将消息传回原来发出指令的地方。

对我们这些外行人来说，特别感兴趣的是交易者的服装和手势。交易大厅内，人头攒动，沸沸扬扬。交易者穿着不同颜色的交易服，系着领带，佩戴着各种交易徽章，以表明自己的身份。交易是以喊价的方式进行的，并以标准手势来表示，手心向内表示买方，手心向外表示卖方。交易者还可以用手势表示买入或卖出的价格以及数量。乍看起来，期货交易似乎很混乱，吵吵闹闹，像猜拳行令，手舞足蹈，实际上它是一种程序清楚、效率很高的现代化交易。

芝加哥期货交易所在五楼还设有一个访问中心，除公众假日外都对外开放，人们可以从这里了解到交易所的许多情况。自美国在芝加哥创办商品期货交易所以来，美国农业避开了许多风险。人们评价说，美国农业发展与芝加哥期货交易之间“具有夫妻一样牢不可分的关系”。它在美国经济中发挥着举足轻重的作用。期货市场的主要功能是风险转移与价格发现机制。企业为追求最佳经济效益，就得回避市场风险，而期货交易可以通过买卖期货合约来补偿现货市场上的不利价格，将风险转嫁给愿意投机交易的人，实现风险社会化。同时，供需双方通过在期货市场公开平等竞价，买卖标准合约，使商品价格水平不断变化，逐步形成一个能反映长期需求的、准确的、有权威的价格。国家可以通过它观察市场的趋势，从而对生产、流通和消费实施有效的调控。

为了保持信息灵通，芝加哥期货交易所设置有高科技功能的通信网络。交易所地板下大约有8700公里长的电话电缆，交易厅里电话机、电传机不计其数。在这里交易的1000多人就是通过这些先进的通讯设备与外界联络的。我们清楚地看到，大厅工作人员不断地在记录各种商品价格的变动，并用电话、电脑进行传送。电子屏幕上的字母和数字不停地闪烁移动。电子报价板随时显示场内交易的最新行情；现货价格统计板显示主要现货市场有关商品的价格和存量；高速电报机不断地把其他交易所的行情显示出来。据介绍，环绕大厅周围的价格显示板每天约显示九万次价格的变化。甚至连主要农作物产区的天气状况也不时在电子屏幕上显示出来。这里的信息也不断往外传送，传给全美国各个交易所和有关单位，传到80多个国家和地区。

在期货交易中，最活跃的要数投机者了。也许有人会问，期货市场中的投机者是否只起消极作用？其实不然。投机者并不产生风险，他们只是想通过风险来获取利益。如果在一个市场中没有风险承担者，那么避险者将很难达成一项协议。因为卖方（短期避险者）想得到可能的最高价格，而买方（长期避险者）则想得到可能的最低价格。投机者正是沟通供求双方的桥梁，使市场运作得更有效率。至于投机者是否会使市场价格更不稳定，著名的“弗里德曼命题”提供了明确的答案：低进高出是投机获利的基本原则，只有低水平的投机者才会采取价格下跌销售、价格上升购买的不智行为，这种低水平的投机者将逐渐从市场中被淘汰出去，剩下的是具有极佳预测能力的投机者，因而市场价格不会大升大跌，能够得以稳定。

我们过去一直把俗称“买空卖空”的期货交易视为资本主义国家的一种特有现象，把期货市场视为冒险家的乐园，这未免失之偏颇。其实，它是商品经济发展的必然产物。期货市场的设立非但无损社会主义经济，还会促进商品交流和市场发育。

（原载《羊城晚报》1992年9月13日）

Ⅶ　老记金秋

和谐温馨二十年

寒来暑往，时光流逝。广东省老新闻记者协会成立二十周年了。二十年，在历史的长河中只不过弹指之间，而对于一个群众组织来说，则是弥足珍惜的难忘岁月！

广东省老新闻记者协会成立于1986年10月13日。从成立那天起，便坚持从老年人的共性和新闻工作者的特点出发，筚路蓝缕，开拓创新，团结和组织一批老新闻工作者，开展各类健康有益的活动，其一举一动，都给大家留下印象。会员的欢迎，社会的称誉，证明我们走过的路子是对的。

二十年来，省老记协的发展足迹，凝结着开创者和广大老记的心血与辛劳。历经风雨组建的和谐温馨的老记之家，展现出夕阳的辉煌。

在实践中探索定位

广东省老记协成立时，正值广东改革开放之初。作为老新闻专业工作者的群众组织，当时在全国为数尚少，属于新事物，协会该怎么办？路在何方？会章虽对性质、任务和活动有初步规定，但经验不足，又缺乏借鉴，只能在实践中探索，寻找准确定位。

多年来，通过在实践中探索，与其他省、市（区）老记协交流切磋，历届理事会逐渐对老记协的性质，有了比较准确的认识，深切体会到：新闻从业人员是一个具有强烈的社会责任感和历史使命感的群体，虽然离开了原来的岗位，但老骥伏枥，壮心不已，依然在关注国家的命运和社会的发展，关注新闻事业前进的步伐，希望参与各项社会实践活动，继续做出贡献。省老记协的产生适应了这一愿望，为老记们找到了新的归宿。

实践证明，省老记协的建立能把老记们组织起来，继续为社会主义事业施展才华，奉献力量，做到既有益于老新闻工作者的身心健康，更有利于安定团结与社会和谐的大局。

省老记协基于这一实践和认识，给自己做出一个准确的定位：它是党领导下的以行业为特点、以老新闻工作者为服务对象的群众团体，中心任务是把老新闻工作者团结在党的周围，通过切实有效、灵活多样的工作，为老新闻工作者服务，为发展党的新闻事业服务，成为党联系老新闻工作者的桥梁和纽带，成为老新闻工作者合法权益的维护者。

二十年来，广东省老记者历届理事会按照自己的宗旨，牢记自己的承诺，尽力服务会员，服务社会，努力以智慧开启人们的心扉，用余热温暖我们这个时代。

不断摸索服务模式

省老记协从成立之日起，凝聚的是一群具有鲜明特点的成员——新闻专业人员。他们的思想觉悟和文化素质较高，有强烈的政治敏感性，又有丰富的新闻实践经验，具有群体的智力优势。历届理事会根据这些特点，为了找到让他们继续服务社会，又能服务自己的方式方法，在不断实践中，摸索出一套不同时期的不同服务模式。

综观二十年间，省老记协历届理事会对服务模式的选择，主要根据两条：一是社会的发展变化和需求，二是自身的优势和条件（包括智力、财力）。

省老记协成立之初，广东正处于改革开放大潮中，适逢开创事业的难得机遇，协会又有一群从事记者、编辑工作多年的资深会员，于是创办了反映改革开放广东主旋律的《今日南粤》（年刊、广东大事记），成为研究和了解改革开放广东的窗口，一办就是13个春秋，收到较好的社会效益和经济效益。

其后又创办了《南粤记者报》，开展讲学和培训新闻队伍等活动，在“安老励少，传故启新”中发挥了积极作用。随着形势的发展和自身条件的变化，这些服务模式逐渐为其他模式所取代。

回顾二十年，广东省老记协服务会员、服务社会的模式，归纳起来有如下几种：组织学习，跟上形势；出版书刊，奉献余热；办书画展，再现才华；敬老祝寿，交流养生；联谊聚会，叙旧谈心；表彰荣誉，不忘贡献。这些活动项目和服务模式，有定期和不定期，做到每年的活动形式多样，内容丰富多彩。尽管岁月流逝，往事渐忘，但老记们对这些活动都留有印象，铭记在心。

讲服务做实事重实效

广东省老记协服务会员、服务社会的活动，不论采取哪一种模式，都崇尚实干，不事张扬，做一件成一件，不花哨，重实效，让每次活动都给人留下较深刻的印象。

出版书报刊，是省老记协长期坚持的一项活动。它既服务会员也服务社会，充分发挥本身群体智力优势，除了《今日南粤》外，省老记协编辑出版的《我的记者生涯》，也是深受欢迎的一本有特色的书籍，已连续出版六辑，收入了大量会员的文章，也有年轻记者的经历。这是一套透过个人实践经验，宣传党的新闻工作者优良传统的行业性、集体性回忆录，也是一套富有地方色彩的新闻记者丛书。这套书的出版，引起了省内外的广泛关注，全国性的《文艺报》曾一再发表消息并加以评述。

进入新世纪后，省老记协主编出版的《新世纪抒怀》，全书选辑会员作品48篇共13万字，反映了老记们在新旧世纪之交的见闻、感怀和展望，表达了老记们人老心不老，继续发挥余热，积极参与各种社会活动，以及与病魔顽强斗争的精神，抒写了感人至深的人文情怀。老记协各分会及会员个人也先后出版各种文集和书画集。羊城晚报老记协主编的《老记文存》、广州日报社委会编的《激情年代》，都是记述老记人生足迹的作品结集，不仅丰富了我省的新闻著述，也砥砺了后来者。

举办书画摄影作品展，是省老记协继承和发扬中华文化优良传统，展现老记精神风貌和艺术修养的平台。1995年9月和2000年12月，省老记协先后在广州文化公园举办两届书画摄影作品展，共展出作品306幅。此外，羊城晚报老记协、广州日报老记协和广播电视老记协都先后举办了书画展或摄影展，不少会员自己也举办过书画或摄影作品展。广州日报老记协为资助贫困学生、救济南亚海啸灾区，曾经举办过数次书画义卖挥毫活动。

每年的新春联谊会和重阳节的敬老祝寿活动，是省老记协办得颇具特色和影响较为深远的两个活动项目。以2006年新春联谊会为例，2月20日的东方宾馆国际会展中心座无虚席，500多名会员与省老领导林若、朱森林、黄浩、张汉青和省市新闻界领导、老同志欢聚一堂，共贺新春，这一盛况空前的聚会，在广州新闻界亦属罕见，充分反映了省老记协的影响力和感召力，每年的敬老祝寿活动，也办得有声有色，内容和形式各有特点。

2002年老人节，省老记协的祝寿活动，组织五位老寿星座谈交流“老有所学、老有所为、老有所乐”的经验，获得与会者的关注和共识，成为别具风格的祝寿会。这些活动，只是省老记协在二十年间活动的一个缩影，但从一个侧面反映了省老记协历届理事会的办事风格和实干，也显示出省老记协的活力和凝聚力。

二十春秋老记情

会员们称省老记协为“老记之家”，或叫“和谐温馨的家园”。这看似平常的称呼，却蕴含深厚的感情：一是省老记协为会员提供的各种服务，不仅为他们创设了聚首谈心、重叙旧谊、交流体会的平台，也为他们提供了展现才华、追记人生事业足迹的载体，实现了为社会再作奉献的宿愿；二是省老记协这个“家”，是省市新闻界资深老同志在离退休之前，乘改革开放的春风，共同发起组建起来的。

这些资深老记们，在1949年前或建国初期，很多都在同一单位、同一部门或兄弟新闻单位并肩战斗，一起经受磨难，一起同享欢乐，他们有着共同的生活经历，彼此情谊深厚。现在虽然年迈，怀旧忆友之情依然，每逢在这个“家”里相会，深感温馨无限，视为人生一大乐事。

打开局面固然不易，如何巩固发展，就更需要心力和智慧。省老记协成立后，历届理事会都能团结合作，民主协商，和谐共事，开拓创新，做到老记不老，活动不断。省老记协现有会员523人，比组建初期的207人增加了一倍多。这个“家”凝聚的正是这些资深老记们和一批仍在岗位上拼搏的同志。他们珍爱老记协的感情，是故友之情，是战友之情，是爱家之情，也是献给老记协二十华诞的一份厚礼。

我们深信，在省委宣传部的领导下，在各新闻单位的支持下，在全体会员的共同努力下，一定能把省老记协办成名副其实的老记们和谐温馨的家园！

2006年10月于广州

（原载《广东省老记协成立20周年纪念特刊》）

夕阳也辉煌

过去一年，我国人民在推进社会主义现代化进程中开拓前进，取得了辉煌的成就；我省新闻事业蒸蒸日上，令人振奋。

今年是我国推进全面建设小康社会进程的重要一年，经过努力，我们的国家将会更加富强，民族更加振兴，社会更加和谐，人民更加幸福。“老记们”可以快乐地颐养天年，争取多活多看多享受改革开放和现代化建设所带来的成果。

在过去漫长的岁月里，老新闻工作者忠实履行党和人民赋予的光荣职责，政治坚定，工作勤恳，遵纪守法，作风扎实，为党的新闻事业做出了重大的贡献，在革命、建设、改革中发挥了积极的作用。今天，虽然大多数已不在新闻工作第一线，但年老志不减，仍胸怀大局，心系党的新闻事业。

“老牛亦解韶光贵，不待扬鞭自奋蹄。”认真学习邓小平理论和“三个代表”重要思想，积极参加保持共产党员先进性教育活动，自觉培养与时俱进的品质，运用自己的丰富经验和智力优势，在力所能及范围内，用各种方式继续为新闻事业发挥余热。

莫道桑榆晚，夕阳也辉煌。老年是人类生命过程中一个必然阶段，也是一个宝贵阶段。人生如戏，人生如歌，老年作为人生的过程来说，是成熟时期，从必然王国进入自由王国，阅历丰富，感悟良多，人情练达，世事洞明，他们对许多客观事物的观察、思考和处理，老成持重，缜密周全。

耕耘一生，老年算是收获的季节，是人类生命最后阶段，也是人生睿智，最值得珍惜的时光。许多人认为老年是提供咨询、培育人才最有优势的群体。因此，非常尊重老人，善待老人，我们省新闻单位的在职领导、在职员工就非常尊重我老记者。当然，老记者也要向年轻人学习，思想常新，与时俱进。

鸡年即将来临，老记们通过省老记协发出“祝福”，希望夕阳也辉煌：

首先，祝福国家世风日上，社会和谐。胡锦涛同志提出“立党为公，执政为民”，并要“以人为本”。现在又在进行提高党的执政能力建设，进行保持共产党员先进性教育活动。可以预期我们党、我们国家一定会越来越好。

其次，祝福各新闻单位兴旺发达，财源广进。我们和在职的同志都是同坐在一艘船上，同舟共进，息息相关，我们所在的单位是离退休人员赖以生存的一根重要支柱，单位的日子好过，我们的日子也好过，在岗同志很辛苦，我们要支持他们集中精力把工作搞好。

再次，祝福记者们健康长寿，鸡年吉祥。人生最大的财富是健康，老年人尤其是如此，我们要学会养生之道，多多保重，平静心态，健体神安，做到寿而康，夕阳也辉煌。

2005年10月于广州

（原载《广东省老记协会刊》2005年第48期）

亲情 友情 同志情

明天是老人节，今天我们在重阳登高的白云山脚下，在环境优美的云海槟城酒家，给80多位值年寿星祝寿。

大家特别高兴的是，今年的寿星比往年又上了一个等级，有90岁的会员出席会议。我相信，以后90岁以上的寿星会越来越多。

如今，大家热衷于健康话题。过去，我们交流长寿之道，谈论养生之术，主要是从老人自身的修养去探讨。比如，老人要懂得爱护自己，合理安排作息，合理安排运动，合理安排饮食，以保持身体平衡。又比如，要淡泊名利，要宽以待人，要胸怀爱心，要笑口常开，以保持心理平衡。这就是古人云“体壮曰健，人怡曰康”。

其实，根据社会调查和寿星们的体会，老人自己的主观努力固然重要，但提供良好的客观条件也必不可少。只有主客观两方面的条件都具备，才能更好达到寿而康的目的。要有什么样的客观条件呢？我认为，最重要的就是，要有亲情、友情、同志情。

亲情，就是夫妻融洽，父慈子孝，兄弟和睦。综观许多长寿老人，家庭关系、亲戚关系都处理得很好。寿登耄耋，平时生活的照顾，病中的护理，靠的都是老伴和女子。

俗语说，夫妻相处三分客，老了更应该如此，老年情爱之花就能常开不败。做父母的看着儿女有出息，生活幸福，会感到心满意足。有的老人遭受儿女们踢皮球式的“待遇”，就会度日如年，老景凄凉，兄弟姐妹间的互相帮助也必不可少。

人生苦短，生命脆弱，如果缺乏亲情，身心受伤，不利于身心两健。亲情，是激活长寿的因子。

友情，朋友之情，能令人身泰神安，也可使人添寿。中国有一句老话：“在家靠父母，出门靠朋友。”因此，许多人喜欢交朋友，老人也不例外。常言道，衣不如新，人不如故，相交愈久，知之愈深，感情就如陈年佳酿，愈觉醇香，有时真有“不是亲人胜似亲人”的感受。

青壮年时，大家在一起工作，一起经受磨难，一起同享欢乐，有着共同的生活经历，彼此情谊深厚。现在许多人已年迈苍苍，怀旧忆友之情也油然而生，深感友情之不可缺少，真挚的友情比黄金更珍贵。老友相见，重叙旧好，能够令人寂寞消除，生活充实，增添欢乐，感到安慰，感到无限温暖。

为什么有的老年人喜欢参加同学会、校友会？因为回忆起当年风华正茂时的情景，使人不思老，不知老将至；为什么有的老年人碰到不愉快的事情就找熟人聊天，说说心中的话？因为可使淤积之气一扫而光。许多经验证明，有友情的滋润，健康指数大幅增加。

多年来，省老记协除了在“内聚人心，外献余热”方面发挥力所能及的作用外，还组织许多活动，就是为了滋润老记们的友情。

同志情，老新闻记者协会这个群体是一个做出过重大贡献的群体，也是一个弱势群体，一个需要领导关照的群体。老干部是党和国家的宝贵财富，广大老干部为我国革命、建设、改革做出了重大贡献，建立了卓越功勋。没有广大老干部的长期英勇奋斗就没有今天。

其实，伟大事业的成功，都是无数“个人奋斗”的总和，这包括新一代的努力，也包括老一代的努力和铺垫。现在，老记协的会员年龄越来越大，年老体弱，开支增加，特别是今年以来，物价高涨。老年问题是社会问题的一个重要方面，要真正解决问题，需要相关领导对老同志具有深厚的感情，创造一个敬老爱老助老的良好氛围，这些都是大家所关心的。

老人健康，应包括生理、心理、社会、环境四者的和谐统一。这里我们只是突出谈了社会方面的问题。

2007年9月于广州

（原载《广东省老记协会刊》2007年第54期）

欣赏书法，怡情养性

说真的，我并不善于书法，但喜欢欣赏书法。欣赏是一种良好的休息方式，一种高雅的精神享受，可以美化心灵，滋润人生。

今年春节，年轻人都在忙着进行网络通讯，向朋友拜年。我却来个“独乐”，拿出珍藏多年的两幅书法进行欣赏。一幅是李锐同志的条幅，一幅是吴南生同志的横幅。这都是作者亲笔书写赠送给我的。

1994年冬的一天，广东省委原书记任仲夷同志和曾任毛泽东同志秘书、中央组织部原常务副部长李锐同志，到羊城晚报社参观出报流程和指导工作。李锐同志在新中国成立初期，曾任新湖南报社社长，对新闻工作很有感情。我当时是羊城晚报社社长，在我们向老前辈介绍工作情况后，李锐同志把已经写好了的条幅送给我。

我接过条幅打开一看，写的是李白的《早发白帝城》：“朝辞白帝彩云间，千里江陵一日还。两岸猿声啼不住，轻舟已过万重山。”当时，我如获至宝，深表感谢。

李锐同志的著作很多，我也读过一些，但欣赏他的书法，这还是第一次。他这幅书法，用笔与结体似乎随意，但细细品来，却感到结构舒朗协调，点画刚柔相济，字形方正沉稳又富于弹性。有技巧，有韵味。再深入体会，则发现其蕴涵着无穷的笔墨意象，是真情的流淌，是心灵的沟通，是阅历的汇融。越欣赏，越令我赏心悦目，陶醉神往，爱不释手。

《早发白帝城》，是人们熟悉的一首唐诗。现在为李白编年谱者，多认为此诗是乾元二年（759年）诗人流放夜郎途中，遇赦得释，回江陵时所作。诗的前两句总叙白帝城至江陵舟行之速，后两句则选取其中具体的、生动的、霎时间的情景。我曾乘船游过长江三峡，到过白帝城，到过江陵。回想起来历历在目，仿佛穿越到了唐朝时代。

2007年春节，我和广东省文联原执行副主席赖海晏到广东省委原书记（当时省委设有第一书记）、省政协原主席吴南生同志家中拜年。进门后，他便热情为我们泡茶，请我们往一张靠墙的沙发坐，并说这是党和国家领导人江泽民、胡锦涛同志坐过的地方。我们便坐了下来。

吴南生同志很早就参加革命，为党和国家做出很大贡献，德高望重，从中央领导人到普通老百姓都很尊敬他。我们广东新闻工作者更视他为知己，他多次为我省新闻单位和记者编辑排忧解难。他既是一位思路敏捷、富有远见的党政领导人；又是一位富有才华的作家、书法家、书画鉴赏家。我早就想请他给我写一幅字，作为永久留念。这次给吴老拜年，大家情趣浓浓。于是，我便借此机会向他求赐墨宝。他问我要写什么？我回答说，遵从吴老的意思。其实我心里想，让作者自选写什么更有意义，更能体现其价值观、审美观，并对受书人表达期望。临离开时，他还送给我一张胡锦涛同志和他的合影照片。

这年夏天，吴南生同志便托人把写好的横幅送到我家。他写的是宋代辛弃疾《清平乐·独宿博山王氏庵》的下阕："平生塞北江南，归来华发苍颜。布被秋宵梦觉，眼前万里江山。"我越看越喜欢，大脑皮层的细胞一时处在最惬意的状态。

吴南山同志书法之漂亮，早已闻名遐迩，为人们交口称赞。他用笔极其有力，刚劲而又优美，变化灵活，精致而又舒展，意到笔随，浑然天成。结构完整，行气贯通，气势雄浑，寓情寄意。吴老用纸也很讲究，用的是古味浓郁的珊瑚红宣纸，在纸与字的关系上达到黑红相映、虚实相生的艺术效果。

辛弃疾曾任江西安抚使。淳熙八年（1181年），四十二岁的他在江西被免官，回到上饶带湖闲居。他多次到博山游览，这首《清平乐》是他在博山写的作品之一。上阕写的是景物，写荒凉颓败的破庵景象。吴老书的是下阕，是抒情。表达作者生长北国，曾遍游大江南北之意。他在回想多年来塞北江南的往事，心情不能平静。虽然睡梦之中能得到短暂安宁，但一觉醒来，恢复祖国万里江山的责任感，又回到了他的心上。

我边欣赏两幅优美的书法，边朗诵那上面写着的唐诗宋词。思绪悠悠，深感休闲生活的乐趣、雅趣、情趣。在职时忙于工作，既感到同事对工作的认真和对自己的关爱，有时也难免感觉到那些“乱哄哄，你方唱罢我登场”，那些等级界限、人际亲疏、人情冷暖的情况。退休了，不用理事，不必应酬，喜欢读书就读书，喜欢旅游就旅游，喜欢欣赏就欣赏。对过去那些不如意的事，完全可以弃之脑后，过那平和宁静、心舒胸畅的生活。

欣赏可感悟艺术。中国书法源远流长，从那美丽的汉文字中，可以感悟涵蕴无穷的笔墨意象。它发之于笔，出之于心，融之于道，达之于神，绝妙地抒发着人们各种各样的感情。那些极其复杂的只可意会不可言传的情感图像，书法中一根根线条却能灵敏地表现。可以说，欣赏书法，也是许多中国人的一种审美行为。

欣赏可颐养身心。唐诗宋词是祖国文学殿堂的瑰宝。因此，许多书法家都喜欢抄录诗词，人们在欣赏书法的同时也欣赏诗词，同样可以受到美的陶冶。有的书法家把诗词抄写送给友人，事先是经过细心选择、灵感独运的。这里既有书者的想法和情感，也有受者的欣赏和理解。许多优秀诗词，用心品读进去，也许可化解与生命相悖的忧烦与浮躁，颐养身心，使人逍遥自在，神游美景，不亦乐乎！

最后，用著名书法家启功先生的七言联作此文结尾：昔闻笔力能扛鼎，旧说文心似涌泉。

（原载广东省老记协编《老记金秋》）

Ⅷ 缅怀先贤

品格似兰 事业如松

——陈越平同志诞辰100周年纪念

历史车轮滚滚向前，革命前辈功不可没。我省宣传战线的老领导陈越平同志诞辰100周年了。我和越平同志接触较多的是1969年至1971年他任《南方日报》社革委会副主任、党委书记、社长、总编辑的时期。后来越平同志调任中共广东省委宣传部部长、省委常委期间，因采访工作的需要，也常有联系。在接触当中，我觉得他善良、公正、廉洁、实干。

善良。越平同志为人善良、正直。他读过许多圣贤书，很早就参加革命工作。我与他交谈时，常感觉到他有一种特殊的优良气质，他世事洞明，人情练达，能明是非，善辨真假，既有凌厉而冷峻的目光，又有博厚的悲悯之情。

上世纪六七十年代，由于极“左”路线的影响，南方日报社不少干部夫妻处于两地分居状态。这给干部的生活带来许多不便。越平同志调任南方日报社领导以后，非常同情这些干部，通知人事部门和一些有关部门主任，要设法解决好这个问题，先后让一些夫妻（包括子女）分居的干部享受天伦之乐。

他从善如流，为群众谋福。为出早报，出好报，一些干部、职工经常上夜班。他时常督促有关部门办好食堂，做好夜宵。虽然当时社会物资供应比较困难，但南方日报社的饭堂还是供应较好，深受欢迎，夜餐更令人们十分满意。连住在报社招待所的通讯员也可以享受夜餐，称赞报社对人非常友善，处处为大家着想。

古语云“黄金无足色，白璧有微瑕，求人不求备”。他对存在这样那样缺点的干部也关心，循循善诱，使这些干部很快提高认识，改正错误。领导真诚相待，使其积极发挥作用，为党的新闻事业建功立业。

公平。报纸质量的竞争，其实是人才的竞争。经过多年的培养、教育，报社人才济济，有才华的人很多。越平同志慧眼识骏马，既能发现人才，又能把有作为者放到指挥岗位上。

根据当时形势的要求，《南方日报》理论部负责省委、省政府重大活动的报道，负责社论、评论工作，为理论版的组稿和编辑工作。人数不多，但任务繁重。越平同志虽是报社的领导，但对理论工作情有独钟。他在理论部过党的组织生活，常和大家一起学习，谈工作，谈经验，使人得益殊深。他对干部都很熟悉。他很赏识有才华的人，大胆给他们挑担子。

他在干部中从不搞亲疏关系，拉帮结派，人人积极工作，个个心情舒畅。在他的身教言传中，理论部干部的业务水平提高很快。后来，他虽然离休了，当时在理论部工作的人员中，被提拔为副省级干部的两人，被提拔为正厅级干部的两人，被提拔为副厅级干部的两人。至今还有人笑称当年《南方日报》理论部风水特别好，是个出人才的地方。这与越平同志的教育、培养是有很大关系的。

廉洁。越平同志在南方日报社当领导时期，社会风气很好，报社的风气更好。没有发生利用公款请客送礼的事情，也没有发现有什么贪污受贿的情形，更没有买官卖官的现象。但在那个年代，职位虽然有高低之分，但经济生活却差别不大。俗语说，“来如风雨，去似微尘。”“纵有钱财千万，夜眠只有八尺宽。”领导者并非例外，不能要求特殊。

越平同志在报社工作期间，人们称赞他两袖清风，一身正气。在报社饭堂吃饭时，自己带着碗筷和干部职工一样到厨房窗口排队买饭菜。他边吃饭边和干部聊家常，谈工作。因此，他同群众非常融合，大家都非常敬重他。他当时住在新河浦四横路的一座宿舍里，我们有时晚上送稿给他审阅，看见他家的陈设、家具都非常简朴，同一般干部没有什么两样。有一次谈起他在延安的情况，他津津乐道，还把在延安中央党校学习时的一些资料简报拿给我们看。他对当时延安干部廉洁、朴实的优良传统念念不忘，从面部流露出一种留恋之情。

实干。上世纪60年代末、70年代初，《南方日报》为了能配合省委中心工作，经常在报纸一版下辟栏发表署名文章。这些文章或约请专家学者撰写，或我们理论部的记者编辑撰写。越平同志对这个专栏的文章非常重视，经常亲自出题目，出观点，授写法，并由他最后审阅修改定稿。对新闻采编工作，他也很内行。有一次，他派我和另一位同志采访当时三水的县委书记蔡辉同志，出发前他给我们交代任务，写好稿后我们送给蔡辉同志看，蔡辉对稿件作了一些修改后退给我们。我们把稿件送给越平同志，越平看后满脸笑容说，蔡辉同志身为县委书记，工作繁忙，还那么认真地修改稿子。

1980年，筹备《羊城晚报》复刊工作，越平同志不仅敢于担当，而且事事躬亲。他思贤若渴，荐才从容。古时有请诸葛亮出山，刘备三顾草庐的故事；今日有越平同志为请吴有恒同志担任羊城晚报社党委书记兼总编辑，四次到吴有恒同志家。前三次都被拒绝，直到第四次，吴有恒同志才答应到报社任职。《羊城晚报》复刊后，很快得到了群众的喜爱，取得很大成绩，站在全国优秀晚报的前列。上世纪90年代初，我从南方日报社调到羊城晚报社工作，他告诉我，工作要有创新，也要保持传统中有价值的精神遗产。

一年前，越平同志已乘鹤西去。尽管岁月流逝，往事淡忘，但越平同志那无私无畏的共产党员光辉形象，对党的宣传事业的无限忠诚和热爱之情，却会永远在人们的心里打下深深的烙印。他的一生，可以说，品格似兰芳香温馨，事业如松繁荣茂盛。

2013年3月30日于广州

（原载《他从延安走来——陈越平诞辰一百周年纪念文集》，广东人民出版社2014年版）

一个老共产党员的高尚情操

——忆吴有恒同志二三事

吴有恒同志的才华，我早已仰慕。早在1956年，他任中共广州市委书记处书记，分管经济工作时，我曾经听过他在一次大会上作的报告。他的报告语言风趣，条理清晰，论述深透，给我留下了深刻的印象。

60年代初，我读了他的长篇小说《山乡风云录》《北山记》，对这位昔日的司令员、市委书记的文学才华甚为钦佩。1980年初，《羊城晚报》复刊，与《南方日报》同在一个大院。当时，吴有恒同志是《羊城晚报》复刊后第一任党委书记兼总编辑，我则在南方日报社工作，上下班时，有时碰头见面，打招呼。

我有缘向他请教则是在1991年5月我从南方日报社调来羊城晚报社工作之后。由于工作关系，我时常到他家里探望他。接触多了，对他思想、品德、情操便有了更多的了解。

吴有恒同志为办好复刊后的《羊城晚报》倾注了他后半生的全部心血，做出了巨大的贡献，在广东乃至全国新闻界享有崇高的声誉。

他离休后，对办好报纸和报社内部建设仍十分关心。我每次到他家都主动征求他对办好晚报的意见，但他很少直接评论报纸，有时在我们再三请求下，他也只是鼓励的多，指责的少。

记得有一次，在谈到扩版增张，如何增强可读性时，他说，办晚报，就要力求在内容和形式上，做到政治性、思想性、科学性、知识性、趣味性相结合，把报纸办得生动活泼、丰富多彩。他还说，我们的报纸是党和人民的喉舌，我们要密切关心人民群众的政治生活、经济生活和文化生活，我们有责任反映、引导和丰富人民群众的生活。要做到这样，报社的领导就要有胆识，有魄力，要不断有所创新，有所发展。听了吴有恒同志的教导。我想，他当年主持羊城晚报社工作时，能够把报纸办得那么出色，这和他胆识过人、魄力超群是分不开的。他很善于把中央和省委的指示精神与晚报的特点结合起来，因而把报纸办得生动活泼，深受读者欢迎。

“气岸遥凌豪士前，风流肯落他人后。”如果用李白这两句诗来形容吴有恒同志的品德，也是贴切的。吴有恒同志淡泊名利，特别是在晚年，很不愿意显扬自己。前几年，有人向他提出要写他的传记，他多次谦让地说：“生人不立传。”后来作者还是写了，并将部分稿子送给他审阅，稿子放着，但他看也不看，并对其弟弟和儿子说：“我反对写我的传记，稿子我也不看，但人家要写，我也没有办法，只好让人去写吧。”

1990年5月，广东省文联等单位联合举办“吴有恒文学作品研讨会”，文联派了一位负责同志登门请吴有恒同志参加。对这次大型的高层次的研讨会，他一再表示不愿意参加。后来，在他的老战友、原省委宣传部副部长一再要求下，三天的研讨会才勉强地参加了半天。他不为名利、不图闻达的精神，不愧为后人的楷模。

厄运时所需要的美德是坚韧，而幸运时所需要的美德是节制。党的十一届三中全会以后，吴有恒同志的冤案得到昭雪，并当选为省人大常委会副主任。职务高了，但却严于律己，平时生活非常简朴，不追求享受，更没有为亲属谋取财产。他逝世后留给予孙后代的，是一柜柜的书籍。他认为，留给子孙后代的真正最可宝贵的不是钱财、房产，而是成才自立的精神财富。

1992年，羊城晚报社实行房改，准备将报社公房卖给干部职工。吴有恒同志住的是二层楼的旧式小洋房，按国家政策规定，这种小洋房是不准卖给干部职工的，有人劝他向报社重新申请一套房子，并把它买下来，将来可以留给儿女。但他不为所动，并没有重新申请住房。他说，和我当年一起参加革命的，不少人不要说没有房子，连生命都牺牲了，我们这些幸存者有房子住就很好了，怎么能够过多地计较个人利益，甚至为自己的子孙后代谋取利益呢？吴有恒同志这种思想境界在今时今日是多么难能可贵啊！这与那些抱怨“分不到好房子就死不瞑目”的人相比，真是有天渊之别。

我们去探访吴有恒同志时，最牵挂的是他的身体健康。从1991年开始，他的双腿无力，行动困难。我们一再劝他多走动，说生命在于运动。他却说，运动能长寿，静养也能长寿。鸟儿，天天在飞，不见得就长寿；乌龟很少走动，但却很长寿。他还说，80年代开始，他每年都参加省人民代表大会。会议期间，有些老同志天蒙蒙亮就起来打太极拳，他却在房子里静坐。到第二年开会的时候，天天打太极拳的人有的已经走了，离开了人世，而他却又来参加会议。

其实，吴有恒同志并非是个不爱活动的人，他年轻的时候，山上山下，征战沙场，不知爬了多少山，走了多少路。1939年秋，他从广东出发去延安出席中共七大会议，徒步而去，长途跋涉，历时一年又一个月，才抵达延安。1945年4月，七大开完后，他又从延安徒步而回，也跑了差不多一年的时间。他现在喜欢静养，其实是从他的年龄、身体状况出发的，是实事求是的一种表现。他的动静观是充满辩证法的。

吴有恒同志从去年10月起，就受病魔折磨，住进了省人民医院，不省人事达九个月之久。对于他的不幸去世，我们全报社的同志都感到痛惜，表示深深哀悼。他在《羊城晚报》复刊后所做出的重大贡献，我们将时时铭记在心，永志不忘。

（原载《羊城晚报》1994年9月17日）

Ⅸ 为书作序

Ⅰ 寄情著述乐晚年
——曾仁忠《往事难忘》序

舞文弄墨的人，在走完人生之旅第一个行程之后，许多人仍壮心不已，想老来绵延壮年愿，趁智力尚未减退之时，把自己丰富的经历，写成一本回忆录。然而，真正能做到的人却寥寥无几。即使见多识广，经纶满腹，如果不用文字固定下来，就永远是空的。曾仁忠心里想到的，行动也落实了，一本《往事难忘》的回忆录，已经呈现在我们的眼前。

我和曾仁忠相识在1975年初秋，他正处于“不惑”之年。那时，我在《南方日报》当记者，他是五华县工交办公室的业余新闻通讯员，因工作关系而建立了友谊，此后经常有联系。大概是今年（2002年）7月的一天，曾仁忠给我打了一个电话，说他正在写一本回忆录，希望我写一篇序言，接着又把书稿寄来。阅读了书稿，虽然没有轰轰烈烈、惊天动地的场面，文字朴实无华，却也是一种热爱家乡的感情沉淀，一种醉心事业的自然流露，是一部五味纷杂的人生长篇。我欣然为之作序。

曾仁忠为人热情厚道，喜实干厌飘浮。我曾问他，何物最情牵？他毫不犹豫地回答，写稿。他对新闻报道十分痴迷，把工作以外能腾出的时间都投入到写稿中去，穷年累月，孜孜不倦，成果丰硕。几十年来，他采写的稿件被各级新闻媒体采用的达2500多篇，有不少还获得好新闻奖。他于1994年曾出版新闻作品选《大潮浪花集》。看了这本集子，便知作者勤奋。他不为名利争得失，笔耕不辍为国劳。他尽情讴歌社会主义的新鲜事物，努力赞颂改革开放的伟大时代。他不停地写作，除了对社会主义事业具有高度使命感和责任感外，就是对写作情有独钟，对新闻报道很有兴趣。常言道：“兴趣是最好的老师。”兴趣可以使一个人的智能得到更大限度、更持久的发挥。他在新闻报道方面能取得如此显著的成绩，同他浓厚的兴趣和真诚的投入是分不开的。

现在曾仁忠宝刀未老，余霞美好，又写起回忆录来。起初，当我听到他说在写回忆录时，还感到有些惊讶：一是，他大半辈子辛劳，现已届“古稀”，本该逍遥自在，何必自寻苦吃；二是，天从未“降大任于斯人”，掌握鲜为人知的事儿极少，也未曾结识过什么要人名人，知道的趣事不多。这怎么写回忆录呢？后来，看了他的书稿，改变了我的看法。他的这本《往事难忘》，说的是平常事，表的是平常心，但有相当广涵度。他对五华家乡山川草木、河流道路、市镇乡村、名胜古迹，充满浓郁依恋之情。他既写家乡的衰落，也写家乡的兴盛，并随之流露出喜怒哀乐，极富广东客家地区的情趣。他回忆了自己漫长生涯中的风风雨雨，将难忘的经历与感受、经验与教训，都写了出来。既有成功的欢欣，又有失败的酸涩；既有深厚友情的眷恋，又有世态炎凉的烙印。有许多东西早已不复存在，是青年人想也想不到的。看得出来，这是他对社会处处留心事事留意的深厚积累，是他对生活乃至人生的深刻感悟，非常难能可贵。

人生总得有所追求，有个生活目标，老年人也不例外。如果丧失追求，没有目标，势必将周围世界视为一片沙漠，一口枯井，什么老有所学，老有所为，老有所乐，只能是一句空话。正当的追求和生活目标，是精神的支柱，是生命的火焰。有追求才有奋争，有奋争才有成功，有成功才有欢乐。黄金易得，快乐难求。老来从事读书写作，既是生活的追求，也是快乐的源泉。曾仁忠是一个经历岁月沧桑的人，他写作《往事难忘》，为自己晚年生活增添了无穷的乐趣，也体现了生命存在的价值。对后人，更是一种贡献，一种滋养。若是想到这本著作是从一个鬓发灰白的老人心灵结出的果实，敬佩之心便会油然而生。

走笔到此，许多熟悉的离退休老朋友的身影一个个从我的眼帘闪耀而过：有的在莳花养鸟与琴棋书画中欢度时日；有的在与儿孙逗乐中安享天伦之乐；有的在游览祖国河山和领略异域风情中令心情愉悦；有的则在频频回首往事中获得心灵的慰藉；有的几项兼之。我想，像曾仁忠那样寄情著述，怡然自乐，未尝不是一种色彩斑斓的离退休生活。

2002年11月10日 于广州

心有千千结　缱绻是乡思

——李一兵《潮汕乡情》序

“君从故乡来，应知故乡事。”游子的缱绻乡思从来感人肺腑。古往今来，人们留下多少刻骨铭心的吟咏，成为所有离乡别井者的心声。

几乎每个人都会用自己独特的方式去表达各自的乡情。

一个离开故乡已半个世纪的人，而他桑梓情深，绵延不断，有时甚至魂牵梦萦，对家乡父老亲朋的音容笑貌，对故土的山山水水、一草一木，深深印在脑海中，从不忘怀。

一个年过“花甲”退休已有六载的人，仍然情系家乡，“退而不休”，不辞辛劳，穷搜博采，秉笔抒发故乡情，奋力宣传家乡。

这就是李一兵和他新近编著的文集《潮汕乡情》。

那是2002年国庆节后不久，李一兵到我家，刚刚坐下，就从皮包里拿出一摞书稿，希望我能写篇序。他说，为了编写这本书，他时断时续花了几年时间，多次回潮汕家乡搜集材料，阅读了大量报刊、书籍，倾注了深厚的感情，消耗了几许心血。他酷爱家乡之情，眷恋故土之心，感人肺腑，我极受感动，无法推辞，欣然应命为之序。

这件事也牵起我的一些回忆。李一兵是我的老朋友，说起来还很有缘分。1965年《广州日报》复刊时，我们几乎是同一时间被调进报社，并都被安排在理论部当编辑。当时，他给同事们的印象很好：为人耿直，不隐瞒自己的观点；富有正义感、同情心；讲诚实，重友谊。为传播马列主义、毛泽东思想真理，为宣传党的路线方针政策，为推动社会主义事业的发展，他孜孜不倦，勤奋学习，埋头苦干，具有高度的使命感和责任感。后来，因为“文革”的原因，《广州日报》《羊城晚报》

相继被迫停刊，我被调到南方日报社工作，李一兵则去了中共广东省委组织部。粉碎“四人帮”后，《羊城晚报》复刊，他主动要求又回到了新闻战线。

1991年，因工作需要，我从南方日报社调到羊城晚报社，从此我们又经常见面，在一起磋商工作。这时，他在群众工作部当副主任，经常下乡下厂，接触群众，了解社情民意。他对社会主义美好事物，热情讴歌；对丑恶现象，无情鞭挞，兴利除弊，抒写心曲。这些在他1995年出版的著作《漫漫人生路》中，有充分的反映。我辈大都历经风霜，磨难多而胆子小，像他这样敢于坚持真理，敢于伸张正义，的确令人赞赏。

在日常交往中，他常常用潮汕话，谈论潮汕人物风情、古今趣事，挚爱潮汕的深情，溢于言表。其实，我也是半个潮汕人：母亲生于斯，长于斯；我小时候也曾在潮汕生活，在潮汕读书，对潮汕也略知一二。潮汕，确实是一个很有特色的地区。这里气候宜人，物产丰富，山灵水秀，风光如画。民众讲着特殊的方言，形成了独异于人的风俗。而且，由于山川文物之熏陶，优秀传统教诲之感召，文化氛围浓郁，人文荟萃，精英辈出。又因地处南海之滨，有足迹遍及世界各地的海外潮侨和港澳台同胞。这是一个发展社会主义现代化建设和精神文明建设极具潜力的地方。这一切，使我读起《潮汕乡情》，倍感亲切。

许多人离退休以后，内心并不服老，只要身体尚好，总想再干点什么。李一兵也不例外。他出于热爱家乡的一片深情和对于家乡一切的深刻认识，最后还是利用自己长期当记者、编辑的优势，挥洒汗水，辛勤编著《潮汕乡情》一书。读了《潮汕乡情》，使人对潮俗潮艺，名胜风光，名特食品，当代乡贤，都有进一步的了解，并增长知识，得到心灵陶冶，情趣盎然。据我所知，李一兵编写这本书的目的：一是抒发爱家乡之情。爱家乡和爱祖国是紧密联系着的，爱家也是爱国的一种具体表现。二是为了宣传潮汕。通过阅读这本书，让人了解潮汕，知道潮汕，热爱潮汕，进而为振兴潮汕经济、文化、教育、科技事业贡献力量。

“莫道桑榆晚，为霞尚满天。”人生在世，总是有各种追求，包括物质的、精神的追求。老年人一般不像许多中青年人那么多功利因素，但求老有所为，不为名利，不图闻达；著书立说求的是生活充实，求的是内心快乐。在职时，忙于工作，公务缠身，无暇顾及其他。退休后，时间充裕，可以自由地发展兴趣，发挥所长，做自己喜欢做的事，继续为社会做点贡献。我们这些从事新闻工作的人，在工作岗位退下来以后，依然勤奋写作，以笔耕为乐，把自己的学问流传于世，沾溉后人，日子也可以过得有滋有味！我想，李一兵在写作《潮汕乡情》时，是深知其中三昧的。

2002年11月于广州

一座党群的“连心桥”
——陈淦林主编《龙城印记》序

东莞《石龙周讯》（原名《石龙报》），创刊将十周年。《石龙周讯》主编陈淦林同志将该报十年来部分有代表性的新闻作品结集出版，冠名为《龙城印记》，要我作序，我欣然应允。

我之所以为《龙城印记》作序，是因为我了解陈淦林，了解他如何为人和为文；了解《石龙周讯》，它是石龙镇党委、镇政府与群众的一座“连心桥”，为宣传党的路线、方针、政策，反映群众的意志和呼声，做出了骄人的业绩。

陈淦林同志与新闻媒体结缘已近40年。他早在20世纪60年代就不断给东莞县广播站写新闻稿，初露写作锋芒；70年代初至90年代中，他一边在企业工作一边给广东省几大媒体写新闻稿，多次被评为优秀通讯员；1996年冬，他在石龙镇工会副主席的岗位上，按照镇党委要求创办《石龙报》并担任主编，直至现在。

我认识陈淦林同志是在1972年，那时他在石龙螺钉厂任职，我在《南方日报》社当编辑，他时常送稿件到报社。当时，他是一个风华正茂的青年人，敬业乐业，作风踏实，为人厚道，待人热情，写稿注重真实，文字朴实无华。编辑部的同志都很喜欢他，他在报社和广播电台有许多朋友。

《龙城印记》是《石龙报》《石龙周讯》的浓缩本，是主编和记者编辑十年的佳作，也是他们在3650个日日夜夜辛勤劳动中的结晶。读着这些篇章，好似听到龙城一首首优美的散文诗，又如看见石龙一幅幅独具匠心的速写画。它扣动着人们的心弦，让人们仿佛置身于秋收时节的田野上，为金黄美丽的稻谷和甜美成熟的瓜果所陶醉。

热情讴歌石龙改革开放的成就。石龙是广东历史上“四大名镇”之一。经过多年的努力，现在是国家星火技术密集区、国家信息化建设试点城镇、广东省中心镇。石龙镇面积有10.38平方公里，是东莞乃至广东最小的镇之一，在土地资源缺乏的情况下，选择了走以电子信息产业为支柱的发展工业路子，每平方公里土地每年创工业产值12亿元；每平方公里土地每年为国家贡献税收达3900万元。经济发展非常迅速，文化建设成效显著。《石龙周讯》对石龙不断取得的成就，给予了充分的报道。例如《一平方公里办成七件大事》《千年古镇跃上信息化快车道》《历史名镇迈向商贸重镇》等，都展示了石龙经济建设所取得的巨大成就。人们一看下去，就会感到石龙镇蒸蒸日上的喜人景象。许许多多外来工同声称赞石龙，都说自己是身在异乡胜在家。

努力为构建社会主义和谐社会鼓与呼。构建和谐社会，是党中央在新的历史时期提出新的战略思想和战略任务，也是新时期我们新闻宣传工作必须承担的一项重要使命。说到和谐，人们都会想到人与人之间的和谐、人与社会的和谐、人与自然的和谐，然而，社会的和谐，本质上是人与人之间关系的和谐。《石龙周讯》在这方面做好了很多工作，他们通过《以人为本，构建和谐社会》《融合劳资关系，构建和谐企业》《构建和谐医院，建设现代医院》等报道，对引导人民群众树立和谐理念，理顺情绪，把矛盾解决在基层，化解在萌芽状态，消除各种不和谐因素，营造良好的和谐氛围，起到了积极的作用。

在宣传上关注民生，着力解决群众的切身利益问题。近年来，随着以人为本的理念日益深入人心，随着新闻事业的快速发展和新闻报道领域的不断拓展，以民本思想为基点，以平民视角和人文叙事手法关注和表现普通百姓生活现状的民生新闻，正逐渐成为一种共同的新闻报道取向。《石龙周讯》也不例外，他们与时俱进，适应潮流，让民生新闻占据版面重要位置。虽然近年来我国各项事业全面发展，人民生活总体实现了由温饱向小康的历史性跨越，但亲近民生，关注民生，仍然是紧迫而现实的重大课题。目前，教育、就业、社保、医疗、社会风气、贫富差距、人际关系等问题，都对人们的生存和发展构成很大压力。《石龙周讯》在宣传报道中，重视疏导民意，缓解民怨，反映群众的呼声、愿望。《白血病儿亟盼救助》《人间自有真情在》《特警队员热心为民的故事》等报道，直接为普通百姓呼唤，为群众解决生产生活困难助一臂之力。

激励人民提高文化素质，为打造社会环境的文化氛围不遗余力。石龙镇有着近千年的悠久历史，历史遗迹、历史文物较多，文化底蕴深厚。近年来，石龙镇委、镇政府进行了全面规划，花大力气，在城市建设中融汇古今文化，以文化为灵魂，提升城市的魅力，取得了显著的成果。《石龙周讯》在报道百米石雕《石龙古镇图》、金沙湾广场、明清家具博览馆、举重博物馆、奇石馆、科技创新中心等工程时，都具体、生动地体现了古镇历史文化与现代风貌的有机结合。《石龙周讯》在宣传社会文化方面也很突出，《“举重之乡”塑像诞生记》《石龙龙舟品牌大步走向世界》，以及民间收藏、古玩文化一条街等等，这些报道有声有色，充分显示出石龙镇在打“举重之乡”牌、“龙舟文化”牌、“民间收藏”牌等方面的成功之举。

《龙城印记》收集的新闻作品荟萃，既有消息、通讯、评论，又有新闻照片插图，都是当时、当地、当事人有关活动的纪实。它既有趣味盎然的自然和人文知识，更有石龙人民进行物质文明、精神文明、政治文明建设的豪情壮举。写事历历如绘，写人栩栩如生，虽是已逝时光，读来仍颇有回味。我由衷地祝愿《石龙周讯》越办越好，取得更多更大的成就。

2005年12月于广州

弘扬爱国主义的时代主旋律

——《慈怀报国贤母心》序

《慈怀报国贤母心》一书由新世纪出版社出版了。这部书集结了1995年在《羊城晚报》发表的关于爱国拥军模范姚慈贤的部分消息、通讯、评论和照片。它向我们介绍了姚慈贤的感人事迹；介绍了她的事迹在潮汕平原乃至整个南粤大地引起的强烈反响；介绍了民政部、解放军总政治部和广东省委、省政府、省军区对姚慈贤的表彰和命名，是一本生动实际的爱国主义教材。

姚慈贤是近年来继韩素云之后涌现出来的又一位有重大影响的爱国拥军典型，是千千万万个军人好母亲的楷模。她坚持以国家利益为重，把养子报国作为自己的最大心愿和光荣义务。从1979年至1990年，在家庭十分困难的情况下，先后将四个儿子送到陆、海、空军和武警部队服役。孩子们入伍后，她以坚强的毅力挑起家庭重担，既要照顾双目失明的婆婆、长期患病卧床的丈夫和有残疾的女儿，又要辛勤耕种责任田，发展家庭副业。十几年来，她含辛茹苦，默默承受着家庭重担，克服种种困难，支持儿子安心服役，报效祖国。她以纯朴的爱国之心，教育儿子爱军习武，奋发向上，立志成才。四个儿子都先后加入中国共产党，并考上军事院校，人人立功受奖，为军队现代化建设做出了贡献。

我曾经和记者一道采访过姚慈贤。她是一个普通妇女，和千千万万平凡的女性一样生活、工作；她不识字，不善言谈，更不会讲大道理。但当我们了解了她的事迹后，便为之肃然起敬。姚慈贤的先进事迹，体现了中华民族优秀妇女善良贤惠、勤劳坚强、艰苦奋斗的传统美德，体现了人民群众爱祖国、爱军队、爱家乡、爱亲人的崇高精神，体现了一位普通军人母亲甘于吃苦、乐于奉献的博大胸怀。她的事迹动人心扉，感人肺腑。

新闻是时代的记录。一个记者所采写的报道，是否真实、深刻地反映了他所处的时代，就看他能否从普通人身上发现其闪光的思想火花，能否从平凡的事迹中揭示出足以启迪人的道理来。为了宣传好姚慈贤这个先进典型，我们报社的记者多次深入到姚慈贤的家乡潮阳市井都镇上南村进行采访，把脚印留在农村基层，把笔头对准普通人生。他们努力掌握姚慈贤生活中最有吸引力、影响力的事实，并着力发掘她的精神世界，不仅生动活泼地描写出她爱国拥军的最佳事例，而且浓墨重彩地刻画了她的高尚情操。读来令人感到情真意切，朴实感人。

报纸的版面需要保持常格，有时也需要破格。有些按常规只能写几篇稿，放在较低位置的报道，如果增加篇幅，连续报道，放到突出位置上，有声有色，往往会产生意想不到的震撼人心的效果。对姚慈贤这个先进典型，我们采取既有全景式的综合报道，又有进行式的追踪报道，使整个报道充满着新鲜的动感。编辑打破了传统的编排手法，大胆地采用大标题、大照片、出彩报、印彩照的形式。消息和通讯安排得当，评论和图片搭配合理，一情一理，相得益彰；图文并茂，各展所长。这样有气势、有分量、有深度，大大加深了典型在读者心中的印象，很好地发挥了典型事迹对人们的引导作用，强化了宣传效果。

一部电影的插曲，总有一首主题歌；一部协奏曲，总有一个主旋律；一个典型的宣传理所当然的要有主调。对姚慈贤的宣传，我们紧紧抓住“爱国拥军”这个主调，把报道的主题定在传统美德与时代精神的结合点上。姚慈贤的事迹是平凡的，她没有轰轰烈烈的壮举，平凡得甚至不会引起一般人的注意。我们在报道这一典型时，始终坚持实事求是的原则，没有作任何渲染和夸张，而是用质朴的语言，把看似平凡却蕴含着伟大的爱国之情、拥军之情的事实，向读者娓娓道来，使读者在不知不觉中被典型人物的典型事迹所感染，引起共鸣，这和精心策划，抓住主旋律有着密切的关系。这本书的出版，正是想对这方面的新尝试来一次总结。

当前，我国正处在一个重要的发展时期，无论是深化改革扩大开放，还是推进现代化建设，都需要大力弘扬爱国奉献的精神。广泛开展向姚慈贤学习的活动，对于弘扬爱国主义的时代主旋律，推进社会主义精神文明建设，对于做好新形势下的双拥工作，都将产生积极的影响。

让报纸的报道踏着主旋律的节拍，奏出更雄壮更美好的乐章吧！

1995年10月18日于广州

凌云健笔意纵横
——《新世纪抒怀》序

今年是21世纪的第一年，也是广东省老新闻记者协会成立15周年。当历史的列车胜利驶进新纪元之时，我们这些跨世纪的老新闻工作者，在欢呼、欣喜之余，心中触发了许多新感受，酝酿着许多新篇章。为了让大家畅抒胸臆，记下这一历史性的新脚步，省老记协决定举办一次《新世纪抒怀》征文活动。通知发出之后，响应者众多。老记们纷纷拿起笔，发扬当年勤于思考、激扬文字的精神，以散文、随笔、杂文、书信、诗歌等形式，将新旧世纪之交的见闻、感怀、展望写出来，参加这一征文活动。

“庾信文章老更成，凌云健笔意纵横。”在评选作品时，我阅读完这些文章后，着实感动，不禁想起唐朝大诗人杜甫的这两句诗。杜甫赞的是南北朝诗人庾信，我借以赞美当今广东省老记们的文章。这本文集的作者表的是自己的意，说的是自己的话，抒写身边事，描绘世间情，情真意切，怎不感人！我读着读着，有时眉目一爽，精神振奋；有时绽开笑容，心往神驰；有时黯然神伤，泪滴衣裳。这些几十年与笔墨打交道的人的文章，无论是选材、立意，还是语言、用笔都有许多精彩的独到之处。虽不敢说文章掷地有金石声，但意境清新，出语自然，让人们从中得到心灵的启迪、理性的思考、知识的传播和力量的鼓舞，却是深信无疑的。把它汇编成册，并出版发行，对于我们自己，对于年轻的记者编辑们，无疑将是一件很有意义的事。

纵观文章的内容，给人印象最深刻的有三点。

心不服老，总想再为社会干点什么，这是其一。我们这一代老新闻工作者，是在中国土地上，经历革命斗争胜利的一代，也是辛勤、创业的一代。他们为党的新闻事业奉献了青春和力量，建立了辉煌的业绩，人人都有一本光荣的“履历书”。他们大多数虽然离开了原来的工作岗位，但仍然“老骥伏枥，志在千里”，年过“花甲”之后，还自己给自己“套夹板拉犁耙”。他们没有沉湎过去，总是注视未来，对新世纪抱着热切的期望和美好的憧憬。有的重新寻找自己的位置，继续发挥余热；有的著书立说，沾溉后人；有的积极扶持后来者，当好“参谋”；有的退为“观众”，乐于鼓呼。他们用长期积累起来的广博知识和丰富经验，通过各种各样的方式继续为人民服务，为国家的改革、发展、稳定，做出新的贡献。他们的思想和行为，让人们从中受到启发，进一步明确了许多人生与社会的哲理。

积极参加各种社会活动，陶冶情操，这是其二。许多老新闻工作者，在岗的时候就在某一方面学有专长，并且具有高级职称。离退休后，大多数人都不愿意在家闲暇无事，以“活到老，学到老，干到老”为座右铭。有的学书法，有的习绘画，有的搞摄影，甚至举办个人或家庭书画、摄影作品展览会，使人通过对作品的欣赏，而获得身心的愉悦，其乐融融。有的埋首书籍之中，自得其乐。更多的人则参加旅游，他们在游览祖国的名胜古迹、人文景观之后，有感而发，用充满激情的笔墨，赞美祖国的壮丽河山。有的人还到国外境外探亲访友，采撷殊方异域的文化精英，并将见闻与思索凝聚笔端，使人们从中领略到各地的历史风情，探视东西方文明之光。从他们的文章里，我们不仅可以看到五彩缤纷的现实世界，还可以听到老新闻工作者生命的吉他弹奏出的欢乐音符和迷人旋律。

顽强地同病魔作斗争，始终充满自信和乐观，这是其三。生老病死是人生必经的历程，任何人都摆脱不了的自然规律。不少老新闻工作者，经过几十年的操劳，茹苦含辛，身体越来越衰老，甚至多种疾病缠身，其苦处自不待言。然而，年老没有使他们消沉，疾病没有把他们压垮。他们一方面是认真对待，精心医治，另一方面是开朗乐观，潇洒自如。在积极治疗之余，坚持锻炼，使病情得到好转。身体稍好，他们又把自己有限的生命融入到无限的为人民服务之中，使生命晚霞更加灿烂夺目。从他们的自我叙述中，一个个敢于直面人生，勇做生活的强者，用自己的意志和毅力，战胜病魔的崇高形象屹立在我们的面前，我们怎能不为之感动呢？

现在看来，会员们送来参加征文活动的作品都能达到预期的要求。为了鼓励大家，按照思想性、艺术性和文风好三个评选要求，《新世纪抒怀》评委会经过认真进行比较研究，评出获奖作品九篇，其中一等奖一篇，二等奖三篇，三等奖五篇。总的来说，这些获奖作品，都具有鲜明的特征和优点，自有其“老更成”“意纵横”之处，但仅是相对来说而已；而未获奖的作品，也各有千秋，颇见功力。

《新世纪抒怀》的编委们为这本书的出版付出了心血，他们认真组稿、改稿、审稿，并编辑成书，不辞辛劳，尽责尽力。在此，谨对他们表示衷心的感谢！

2001年8月于广州

真实生活的再现

——《广东记者抗震救灾采访纪实》序

《我的记者生涯——广东记者抗震救灾采访纪实》的出版，是广东新闻界一件十分有意义的事！

浏览了广东记者采访四川汶川特大地震抗震救灾的纪实和体会，脑海里激起阵阵汹涌的波涛。字里行间，我们听见在这次抗震救灾中，记者们忘我工作、无私奉献、顽强拼搏、不怕牺牲的心声；字里行间，我们看到中华民族精神的又一次淬砺，人性之美和人情之美的又一次弘扬。他们的文章是用笔写的吗？不。他们的文章是用键盘敲出来的吗？不。他们的文章是用心灵写出来的，是真实生活的再现，当然会震撼与升华读者的心灵。

2008年5月12日，汶川发生八级特大地震，巴蜀大地刹那间山崩地裂，房倒屋塌，大量人员伤亡、失踪。灾情传来，牵动中南海，牵动全国人民。中共中央政治局常委会当晚召开会议，研究部署抗震救灾工作。胡锦涛总书记、温家宝总理亲临灾区前线，指挥抗震救灾。解放军、武警官兵、消防官兵、医护人员、抢修工人、志愿者……纷纷投入抗震救灾的战斗，取得一个又一个胜利。

灾情就是命令！汶川大地震后不到一个小时，广东的第一批记者就火速奔赴灾区，随后近300名记者分批接踵踏上征途，为了奔赴采访目的地，他们随时会遇到突如其来的余震。途中道路桥梁被毁，滑坡不断，山上不时有石头滚下来，车辆通行十分艰难，但他们全然不顾，冒死前行。有一位女记者，面对封闭的现场，仍然设法靠近震中，徒步12个小时，成为第一批抵达映秀镇的记者之一，第一时间向外界发布了救援到来前震中的信息。在灾区，她既是记者，也是志愿者。当映秀镇还是“孤岛”的时候，她记下了上百个灾区民众报平安的电话，在离开映秀到达成都后逐个代为拨打。因为交通中断，电力中断，网络中断，为了发稿，记者们历尽艰辛。有两位电视记者，为了向电视台发回新闻稿件和图像，背着沉重的采访设备，从映秀步行至成都，一次单程要走10多个小时。有的记者翻山越岭，连走带爬，在坎坷的蜀道上，步行了5个多小时；有的在成都到震中一段被称为“生死线”的路上，往返行走了多次……就这样，让受众及时看到了无数感人至深的报道。

“第一位的工作是抓紧时间救人。”我们的记者到达重灾区，亲眼看到这场空前大灾难的惨状：房子大部分倒塌，剩下的也东歪西斜；废墟上冒着一缕缕青烟，空气中散发着一股股难闻气味。我们的记者在汶川大地震中，有一个共同信念：救人！在救人中采访，在采访中救人。他们听到哪里废墟中有人声，就通知救护队前往营救。地震发生时，有一位记者刚好在成都。他得知信息后，当天下午5时多赶到都江堰救灾现场，当天夜里用租来的车往返三次从都江堰运送重伤员到成都医院救治，直到天亮。有一位记者看到一座倾斜的楼房上，有一个妇女从窗口伸出一只手在摆动求救，他立即找来救护队，共同把那个被压住的妇女救了出来。

在这次抗震救灾中，我们的记者不仅深入采访报道，还积极帮助群众排忧解难。有一位四川籍女记者得知汶川发生大地震，立即主动请缨，离开病中的女儿，成为第一批到达北川灾区的记者之一。她积极帮助受灾群众，把带去准备自己食用的干粮也分给群众。在映秀，有的受灾群众希望记者帮助他们把死去家人的遗体抬走，有位记者二话没说抬起就走。当天，他抬走了30多具遗体。此后，他四进映秀，又帮助受灾群众抬出了150多具遗体。在灾区群众亲友遇难、财产遭受严重损失的情况下，有些记者主动和灾区群众谈心，带给他们温暖和关怀，让他们倾诉苦衷，发泄悲伤，获得安慰和鼓励，重新恢复生活的勇气和信心。

一方有难，八方支援，这是中华民族的光荣传统。汶川大地震发生后，全国人民无不牵挂灾区群众的生命安全。救援人员和救援物资，从四面八方抵达灾区。这种凝聚举国之力救灾赈灾的强大精神，深深感染了广东记者的心。有的记者慷慨解囊，帮助经济困难的灾民；有的记者牵线搭桥，介绍广东的企业和灾区挂钩，促成企业捐钱捐物。有一位记者到北川采访，与当地灾民建立了深厚感情，回广州后，他依然有求必应，为灾民解难。经过他一番努力牵线，广州市花都区一间工厂已答应，接纳300名来自北川的灾民就业。目前，广东的记者们依然在为灾区安置、重建工作尽力。

人生有涯，事业常青。我省老一代新闻工作者曾经长期奋斗在采编第一线，有的参加过抗日战争，有的参加过解放战争，有的参加过抗美援朝……他们一边采访报道，一边参加战斗，留下了许多英雄事迹和优良传统。也许有人以为，那样的英雄、那样的传统离自己很遥远，其实，英雄人物、优良传统离我们并不遥远。它可以表现为对祖国主权和尊严的坚决捍卫．对祖国统一和繁荣昌盛的强烈期盼；也可以表现为在突发灾难面前关爱人民，临危不惧，无私奉献。在汶川大地震中．广东记者的表现，就是大爱大智大勇的英雄行为，就是中华民族弥足珍贵的优良传统。他们经过这次浴火重生的磨炼，在职业道德、业务水平和思想作风上都有了新的提高。正是他们诠释了新时期英雄人物的新内涵，为新时期的优良传统谱写了新篇章！

汶川大地震灾区人民遭受沉重苦难，广东省老记协的会员们感同身受，纷纷踊跃捐钱捐物，深切哀悼遇难同胞，并致信四川省老记协表示慰问。在《我的记者生涯》特辑出版之际，放眼“长江后浪推前浪”的感人前景，广东老记协的会员们更为有如此出色的新一代新闻工作者感到无比欣慰和骄傲。特辑的出版，彰显了广东记者在抗震救灾报道中付出的艰苦努力，做出的巨大贡献，反映了他们深入灾区采访报道的生动事迹和丰富经验。把这些史实系统、完整地保留下来，可以为今人借鉴并传之后世，也是广东省老记协服务社会、服务新闻事业所做的一点奉献。

2008年10月于广州

（原载《我的记者生涯》第七辑）

附　录

马镇坤新闻工作年表简编

（1935—2016）

1935年（出生）

10月30日，出生于广东潮阳县，原名马国良，祖籍广东连县。

1945—1947年（10—12岁）

在广东惠来县诚信小学读书。

1948—1950年（13—15岁）

在广东惠来诚信中学、惠来第一中学读书。

1950年（15岁）

冬，从惠来县外祖母家迁居广州与父母居住。

1951年（16岁）

8月，在广州市致用会计学校读书，就读于银行会计专业。

1952年（17岁）

8月，从广州市致用会计学校毕业。
9月，考进广州市粤秀师范学校读书。

1953—1956年（18—21岁）

9月，参加工作，由学校分配到广州交通电工器材采购供应站（在计划经济条件下一个面向中南地区的国营企业）从事商业工作。在职期间，于1953年11月至1954年6月，被选送到上海交通电工干部训练班学习电学理论和电工商品知识。学习结业后回到原单位，一直工作到1956年底。

1954年10月，加入中国共青团。1956年6月，加入中国共产党。同时，被任命为主办科员。

1957—1965年（22—30岁）

在广州市第一商业局党委工作。先任该局党委监委主办干事。在职期间，于1958年9月至1959年5月被派送到中共广东省委中级党校学习马克思主义哲学和政治经济学。学习结束后回原单位任党委宣传部主办干事兼理论教员。同时，又当新闻单位的通讯员。

1963年9月，考入广州市业余大学中文系本科班，调到广州日报社后，继续白天工作，晚上读书，修完6个学期课程。后因“文革”被迫中断。

1965—1968年（30—33岁）

在广州日报社工作。

1965年7月1日，《广州日报》复刊，被调进广州日报社理论部当记者、编辑。除了为理论版编稿、写稿外，还为新闻版写消息、通讯。例如，一版头条消息《广州市二商局领导带头学习》，长篇通讯《群众爱戴的好护士——刘瑞燕》。曾采写中共中央中南局第一书记陶铸接见学习毛主席著作积极分子的报道等，到报社第一年便被评为报社先进工作者。

1968—1978年（33—43岁）

调南方日报社工作。

“文革”开始后，红卫兵不断冲击报社，1967年，《羊城晚报》和《广州日报》相继停刊。广东三大报实行合并，从三报中抽调80多人组成新的《南方日报》办报班子，马镇坤被留下来办《南方日报》。

前期担任南方日报社第三采编组记者、编辑、副组长，继而被任命为理论部副主任、主任。这时期，主要是写一些理论文章、评论，也采写一些消息、通讯和杂文、随笔。例如《水楼大队是怎样批判假共产主义的》（1972年11月17日）、《阳江闸坡公社落实政策纪实》（1972年11月26日）、《毛泽东教导我们实事求是》（1978年12月）等，受到领导和群众好评。编辑出版《哲学问答一百题》《政治经济学问答一百题》，因适应自学考试需要，发行量达10多万册。

1987年（52岁）

1月，晋升为南方日报社副总编辑，分管理论部、信息部、《广东画报》，参加编委轮流出报值班。

2月至7月，到中央党校进修学习。

从中央党校学习回来后，继续分管采编工作外，重点抓经营管理和广州大道中报社新址建设。

1988年（53岁）

2月，被评为主任编辑。

1989年（54岁）

春，主持兴建的南方日报社新址大楼落成。

1991年（56岁）

3月，调羊城晚报社工作，任羊城晚报社副总编辑（排名第二）。协助总编辑主持全面工作，同时分管理论学术部、港澳海外版编辑部。既发扬晚报优良传统，又不断改革创新，注重把南方日报社行之有效的经验吸取过来，健全周会制度、奖金分配制度、宿舍分配制度。强化经营管理，更新印刷设备，购买房产和地产，改善员工生活，为报社创造财富。

1992年（57岁）

3月，为宣传邓小平南方谈话精神，撰写了《谈更好地坚持以经济建设为中心》评论七篇。

1993年（58岁）

1月，当选政协广东省第七届委员会委员。

是年起，享受国务院颁发的政府特殊津贴。

1994年（59岁）

3月，被任命为羊城晚报社社长。按照中共广东省委指示，开始探索一条社长领导下的总编辑、总经理负责制的新路子。据此撰写的论文《新体制带来新面貌》（载于《新闻战线》1994年第10期），曾三次在全国性新闻界会议上宣读，并被编入1995年度《中国新闻年鉴》。在探索新闻规律、摸索报纸改革途径方面，也发表了多篇新闻理论文章，其中试论羊城晚报的特点和风格的论文《突出一个“晚”字》，发表在《中国记者》1994年第11期上。

提出《羊城晚报》两年发展总体构想，力争实现“创一流报纸、一流效益、一流设备”的目标。在新闻报道方面，始终坚持高格调，突出主旋律，力求多样化，增强可读性。在经营管理方面，积极开拓，勇于进取，报纸发行量一直保持在100万份以上，广告收入名列全国前茅。在设备购置方面要敢为天下先，购置先进的印刷机，实现排版和管理电脑化；为记者提供最先进的采访设备。在报社的文化建设方面，主持编辑了《羊城晚报社史》《我是羊城晚报人》《羊城晚报藏书画选》等书籍。

11月，被评定为高级编辑。

在羊城晚报社社会效益和经济效益大幅度上升的同时，广纳英才，购置物业，建设多个记者站的综合大楼，为报社日后的新闻改革和经济发展打下良好的基础。

1995年（60岁）

4月，任广东省新闻学会会长，并担任《岭南新闻探索》编委会主任。

4月初至8月中旬，组织策划报道广东潮阳爱国拥军典型人物姚慈贤先进事迹，推出长篇通讯《慈怀报国贤母心》等经典报道，在全国引起强烈反响，受到中央领导人肯定。

1996年（61岁）

11月27日，报社领导班子换届，马镇坤因年龄关系卸任社长，退居二线。

1997年（62岁）

3月25日，鉴于马镇坤在《羊城晚报》任职期间所做出的成绩，中共广东省委宣传部决定，对其予以表彰和奖励，奖金3万元。

1998年（63岁）

1月，当选政协广东省第八届委员会委员。

3月，中国报业协会表彰马镇坤为中国报业协会做出贡献，并颁发奖牌。

12月，当选为广东省老记协第六届会长。

1999年（64岁）

1月，在省政协八届二次会议的大会上，做过《舆论监督的困难与对策》的发言。积极参加省政协组织的到地、市、县调查研究，建言献策。同月，被选为广东省老记协第六届会长。

5月，卸任广东省新闻学会会长及《岭南新闻探索》编委会主任。在任期间，他积极发动和组织新闻界人士研究岭南新闻特色，并在深圳召开研讨大会。主编《岭南新闻特色论文集》（1999年4月由广东人民出版社出版）。这本书的出版，使广东新闻界的实践经验更系统化、理论化。

2001年（66岁）

9月，因达到退休年龄，经中共广东省委批准，从9月3日起退休。

2003年（68岁）

9月，当选为广东省老记协第七届会长。

2008年（73岁）

组织省老记协会员为四川汶川地震灾区捐款20多万元。并组织编辑出版《我的记者生涯——广东记者抗震救灾采访纪实》。

2009年（74岁）

6月，省老记协换届，卸任会长职务。

在老记协任职长达十年间，组织老记者进行多种活动，为省老记办的书刊写的稿子多达数十篇，例如《和谐温馨二十年》《夕阳也辉煌》《乐观是健康的根本所在》《把人生的晚霞融入时代的曙光》等，深受老记们称赞。

2010年—2016年（75—81岁）

过悠闲快乐的生活，时常读书看报，有时也写散文、随笔，如《欣赏书法，怡情养性》。同时也关注传统媒体与新兴媒体深度融合的问题，看一些这方面的理论文章的经验介绍。

2012年4月，中共广东省委宣传部、广东省新闻工作者协会、广东省新闻学会，授予马镇坤广东省首届新闻终身荣誉奖。

2015年10月，编写出版《解读千字文》一书，帮助青少年了解中国古代文化。